社会工作作为专业力量参与脱贫攻坚，

将专业队伍、专业方法、专业力量运用到脱贫攻坚的工作中，

发挥了不可替代的专业优势和人才优势，

提升了反贫困工作的专业性。

国家出版基金项目
NATIONAL PUBLICATION FOUNDATION

大国攻坚·反贫困社会工作丛书
丛书主编　向德平

反贫困社会工作：从理论到实践

徐丽敏　主　编
刘　振　副主编

華東理工大學出版社
EAST CHINA UNIVERSITY OF SCIENCE AND TECHNOLOGY PRESS
·上海·

图书在版编目(CIP)数据

反贫困社会工作：从理论到实践 / 徐丽敏主编；
刘振副主编. —上海 ：华东理工大学出版社，2023.6(2024.12 重印)
(大国攻坚·反贫困社会工作丛书 / 向德平主编)
ISBN 978-7-5628-6360-1

Ⅰ. ①反… Ⅱ. ①徐… ②刘… Ⅲ. ①扶贫—社会工作—研究—中国 Ⅳ. ①F126

中国国家版本馆 CIP 数据核字(2023)第 116608 号

策划编辑 / 刘 军
责任编辑 / 牟小林
责任校对 / 章斯纯
装帧设计 / 王 翔
出版发行 / 华东理工大学出版社有限公司
地址：上海市梅陇路 130 号，200237
电话：021-64250306
网址：www.ecustpress.cn
邮箱：zongbianban@ecustpress.cn
印 刷 / 上海中华商务联合印刷有限公司
开 本 / 710 mm×1000 mm 1/16
印 张 / 19
字 数 / 214 千字
版 次 / 2023 年 6 月第 1 版
印 次 / 2024 年 12 月第 2 次
定 价 / 88.00 元

编委会名单

丛书总序

我国以脱贫攻坚为标志的国家级重大反贫困行动，于2020年年底取得了预期成果，绝对贫困总体上被消除。脱贫攻坚可以说是中国乃至世界反贫困史上的一件大事，值得书写一笔。社会工作作为一种专业力量参与其中，并发挥了重要作用，其实践和经验值得总结。由向德平教授主编的“大国攻坚·反贫困社会工作丛书”在这方面做了开创性的工作，值得我们称赞。

一、社会工作参与反贫困是一项重大的专业实践

(一) 反贫困是社会工作的一项核心任务

社会工作自产生之日起，就与反贫困结下了不解之缘。不是社会工作“贪恋”反贫困，而是贫困给贫困群体带来了巨大的痛苦。社会工作作为一种以帮助困难群体缓解困难、追求社会公正与社会进步为己任的专业，理应把反贫困的责任放在自己的肩上。在世界社会工作反贫困历史上，发达国家的社会工作参与反贫困基本上是通过实施社会救助和社会慈善的方式进行的，并形成了社会工作的著名模式。第二次世界大战以后，发展中国家的反贫困主要面向农村展开，经济开发、社区发展成为其主要模式，20世纪50年代联合国倡导的社区发展原则正是社会工作参与反贫困所应遵循的。20世纪80年代以后出现的发展型社会工作，一方面与发展中国家的政府、社会工作者、发展工作者的实践有关，另一方面也受产生于发达国家的社会投资

等理论的影响。这些实践取得了一定的成绩，也为后来发展中国家的反贫困提供了借鉴和参照。

我国作为经济社会政策和发展项目的反贫困工作是从20世纪80年代中期开始的，最初是经济开发，接着是扶贫攻坚，主要是发展经济，由政府部门、国有大中型企业和贫困农户承担主要责任。2015年，我国开始实施脱贫攻坚工程，中央明确要求形成由专项扶贫、行业扶贫和社会扶贫互为补充的大扶贫格局，做到扶贫开发与经济社会发展相互促进，不但注重产业脱贫，而且加强教育等多层面脱贫；要求坚持群众主体，激发内生动力，注重扶贫扶智，增强贫困人口自我发展的能力，同时实施扶贫志愿者行动计划和社会工作专业人才服务贫困地区计划。这样，社会工作力量作为脱贫攻坚的有机组成部分，有了“特殊”的实践机会，也能够更有针对性地参与反贫困行动。2017年，《民政部 财政部 国务院扶贫办关于支持社会工作专业力量参与脱贫攻坚的指导意见》（以下简称《意见》）要求中国社会工作教育协会发挥推动作用，进行教育扶贫。同时，我国开始实施社会工作服务机构“牵手计划”，从发达地区选择专业性强的社会工作服务机构，与贫困地区社会工作服务机构等进行结对。社会工作教育界积极响应政府部门的号召，组织、动员和支持各社会工作院系参与这一具有历史意义的反贫困行动。各类群体参与脱贫攻坚成为中国社会工作重建以来，规模最大、时间较长、有组织、有目标要求的集体性行动。

（二）社会工作参与脱贫攻坚取得了积极成果

按照民政部等部门的《意见》，中国社会工作教育协会参与脱贫攻坚是教育扶贫，其主要任务如下：高校社会工作专业院系要与贫困地区合作建立社会工作专业培训、教师实践和学生实习实训基地,帮助贫困地区培养社会工作专业人才;高校社会工作专业教师到贫困地区开展专业督导,引导社会工作专业在校生到贫困地区进行社会实践;支持鼓励社会工作专业毕业生到贫困地区就业。在中国社会工作教育协会的组织动员下,各社会工作院系秉持专业精神、发挥主观能动性,组织师生、链接资源、深入贫困地区,开展了多项服务,较好地完成了《意见》提出的任务,并尽己所能地为贫困地区的居民做贡献,在脱贫攻坚中取得了不少开创性成果。社会工作教育界支持了贫困地区的脱贫工作,促进了贫困地区社会工作人才和专业力量的发展,也获得了参与反贫困的直接经验,使我们感受到了当地干部群众和派驻的扶贫干部在反贫困中表现出来的坚韧不拔的精神。同时,参与脱贫攻坚也成为各社会工作院系坚持理论联系实际、开展实践教学、在实践中培养学生、在比较中进行研究的重要场域,因而参与者的收获是丰硕的。

对于参与脱贫攻坚,中国社会工作教育协会领导班子给予了高度重视,设计行动计划、动员组织力量,推动了整个工作向前发展。中国社会工作教育协会还建立了反贫困社会工作专业委员会,在贯彻落实协会的总体部署、推动整个活动发展方面发挥了积极作用。作为反贫困社会工作专业委员会的负责人,向德平教授和他主持的反贫困研究机构积极配合、主动工作,有力地推动了中国社会工作教育协会工作的开展。

二、社会工作界参与反贫困是理论与实践比较、互动和提升的过程

(一) 社会工作教育界参与反贫困是理论与服务实践的互动过程

社会工作教育界参与反贫困的特点是,一批批具有深厚社会工作理论

与知识积累的高校教师和研究生、高年级本科生开展实践活动，这同时也是他们走出课堂和校门开展社会工作服务的过程。在一定意义上，它是理论指导实践的过程，也是实践检验书本知识和理论的过程。反贫困工作是在自然环境复杂、文化传统多样的贫困地区展开的，社会文化因素深深地影响着反贫困行动的开展。在上述经济、政治、社会、文化背景下开展的反贫困，必然比书本上介绍的复杂得多。社会工作界参与反贫困，必然会遇到上述复杂因素的影响，会遇到许多亟待解决的“中国式”问题。这是一个不断比较、选择、实践和反思的过程。对社会工作教育界来说，这是一系列挑战，也是在克服困难中不断成长的过程。

（二）书写经验是反贫困理论和实践成果的延伸

社会工作者的基本品格是奉献和共享发展成果，同时社会工作教育界又有改进教育、传播知识、贡献社会的责任。从这个角度来说，将参与反贫困的经验和思考写出来，是十分有意义的事情。向德平教授主编的这套书正是此种努力的体现。该丛书组织了国内社会工作界20多位专家学者，基于社会工作实践，总结反贫困的相关模式和经验，生产社会工作知识，价值显而易见。

该丛书以实践为基础，兼顾了反贫困知识和实践的完整性。它是多视角、全方位和具有整体性的。其主要视角包括社区为本视角、抗逆力视角、内生动力视角、资产建设视角、金融服务视角、可行能力建设视角、赋权视角、贫困治理视角、心理弹性和生涯辅导视角等。它关注的服务对象主要包括儿童、老年、妇女、残疾人及西部农村中的弱势群体。该丛书既介绍既有的社会工作理论，也介绍中国特色的社会工作实践。基于本土实践，它介绍了社会工作参与反贫困模式的多样化和经验的多元化，反映了中国反贫困的经验及社会工作参与反贫困的机制，阐明了专业社会工作是如何发挥专业优势、实现服务效能的。

该丛书也是系列教材，体现了从理论到实践、从实践到知识的转化过程。这里包含了对反贫困知识和理论的选择，包括在实践中对社会工作知识的运用和反思，也包括基于实践的知识建构，还包括不同类型和不同层次的建议。该丛书内容丰富，有借鉴、有创新，可指导实践，也为反贫困研究提供了参考框架，是反贫困领域的学术力作，是社会工作本土化的重要成果。

三、在乡村振兴中更好地运用和发展社会工作参与反贫困的经验

到2020年年底，我国在总体上消灭了绝对贫困，但是相对贫困还会长期存在。中国共产党第十九届中央委员会第五次全体会议提出"实现巩固拓展脱贫攻坚成果同乡村振兴有效衔接"，我国巩固脱贫成果和反贫困的任务依然是十分繁重的。在走向乡村振兴、实现共同富裕的进程中，已经取得的反贫困经验在一定程度上依然有效，这与相对贫困现象在地域、群体、经济状况、社会生态和文化上的连续性密切相关。当然，相对贫困也有自身的特点，贫困群体有了以往反贫困的经验，有了相对好的经济基础和社会生活条件，他们摆脱贫困的内在动力和能力也有所增强。但是我们也要看到，在新的国际国内形势下，面对不断加剧的市场化竞争，相对贫困群体的生存压力不会减少，反贫困的发展性要求会更加突出。我国已经进入社会主义现代化建设的新阶段，要贯彻新的发展理念，构建以国内大循环为主体、国内国

际双循环相互促进的新发展格局，其中乡村全面振兴、遏制返贫现象发生、实现共同富裕任务艰巨。在这种背景下，社会工作者在参与脱贫攻坚中获得的经验仍然有重要的参考价值。我们也期待社会工作者群体在参与乡村振兴和解决相对贫困问题方面取得新的成果。

把论文写在祖国大地上，中国社会工作教育界以自己的实际行动在认真践行。

王思斌
北京大学社会学系

主 编 序

打赢脱贫攻坚战，是实现中华民族伟大复兴的底线要求，是贫困地区与全国一起全面建成小康社会的关键之举，是实现国家长治久安的重要保障。

我国扶贫开发进入精准扶贫、精准脱贫的新阶段。精准扶贫战略贵在精准，精准与专业具有同构性，只有调动专业的力量参与精准扶贫，才能进一步提升精准识别、精准帮扶、精准管理的精准度，才能更专业地解决贫困人口在脱贫过程中的个性问题与发展问题。社会工作参与脱贫攻坚具有重要的意义，在反贫困工作中扮演着重要的角色。

社会工作作为专业力量参与脱贫攻坚，将专业队伍、专业方法、专业力量运用到脱贫攻坚的工作中，发挥了不可替代的专业优势和人才优势，提升了反贫困工作的专业性。事实上，社会工作起源于贫民救济或慈善事业，其发展的历史就是人们与贫困做斗争的历史。社会工作的专业方法、理念正是人们在与贫困及相关社会问题做斗争的实践中逐步形成和发展起来的，因此，社会工作参与脱贫攻坚具有深厚的历史基础和重大的现实意义。社会工作参与脱贫攻坚是社会扶贫的重要组成部分。作为精准扶贫的专业力量，社会工作通过需求评估，精准识别贫困人口及其致贫原因；通过资源整合，动员与协调各方扶贫力量和扶贫资源；通过提升扶贫对象的能力，激发和提升扶贫对象的内生动力和可行能力。社会工作参与脱贫攻坚，有助于提高反贫困工作的精准性和可持续性，实现由“输血型”扶贫向“造血型”扶贫、救助型扶贫向发展型扶贫的转变。

党中央、国务院十分重视社会工作专业人才服务贫困地区的工作，《中共中央 国务院关于打赢脱贫攻坚战的决定》（中发〔2015〕34号）、《中华人民共和国国民经济和社会发展第十三个五年规划纲要》和《国务院关于印发"十三五"脱贫攻坚规划的通知》（国发〔2016〕64号）对实施社会工作专业人才服务贫困地区计划、支持专业社会工作和志愿服务力量参与脱贫攻坚提出了明确的要求。为贯彻落实党中央、国务院的决策部署，支持社会工作专业力量参与脱贫攻坚工作，《民政部 财政部 国务院扶贫办关于支持社会工作专业力量参与脱贫攻坚的指导意见》发布，民政部办公厅、国务院扶贫办综合司出台了《社会工作教育对口扶贫计划实施方案》。

为落实《民政部 财政部 国务院扶贫办关于支持社会工作专业力量参与脱贫攻坚的指导意见》的精神，贯彻实施民政部、国务院扶贫办联合制定的《社会工作教育对口扶贫计划实施方案》，深入推进教育扶贫工作，全国社会工作专业学位研究生教育指导委员会和中国社会工作教育协会积极实施"社会工作教育对口扶贫计划"，组织全国200多所高校参与社会工作教育对口扶贫工作。在反贫困社会工作实践中，社会工作教育和实践工作者积极探索，积累了较丰富的实务经验，总结了一批典型案例，产出了一系列理论成果。本丛书是中国社会工作参与反贫困成果的系统呈现。

2019年3月16日，中国社会工作教育协会反贫困社会工作专业委员会与华东理工大学出版社在武汉举行"大国攻坚·反贫困社会工作丛书"启动仪式。来自十几所高校的20余名作者代表参加了会议。会议研讨、确定了本套丛书的写作框架和主要内容。

本丛书是在全国社会工作专业学位研究生教育指导委员会、中国社会工作教育协会的指导下，由中国社会工作教育协会反贫困社会工作专业委员会具体组织完成的。王思斌教授、阮曾媛琪教授、谢立中教授、蔡禾教授、关信平教授、马凤芝教授、彭华民教授全力支持反贫困社会工作专业委员会的工作，指导本丛书的编写。

中国社会工作教育协会前任会长徐永祥教授高度重视本丛书的编写工作，为丛书的编写和出版提供了巨大的支持。本丛书寄托了全体社会工作同仁对徐永祥教授的深沉怀念！

感谢所有关心、支持本丛书的专家和同仁！

向德平
华中科技大学社会学系

目　录

CONTENTS

第一章　贫困与反贫困

贫困是人类永恒的难题，从刀耕火种的原始社会到物品丰富的当代社会，贫困一直以不断变换的内容和形式伴随着人类文明的演进，从未缺席。2015年，诺贝尔经济学奖获得者迪顿(Deaton)在《逃离不平等：健康、财富及不平等的起源》一书中提到，人类历史上对贫困和死亡的逃亡，堪称最伟大的逃亡。① 无论时代如何变迁，贫困问题自始至终是世界各国共同关注的议题，人类社会对反贫困的探索也从未停止。

贫困与反贫困是一个问题的两个方面，没有贫困也就不存在反贫困，科学合理地理解和界定贫困是反贫困研究首先要回答和解决的基本问题。只有了解贫困的症状、程度和原因，才能合理地确定具体的反贫困计划的范围和结构。② 因而，在了解反贫困社会工作之前，需要首先理解贫困与反贫困的基本内涵。

---

① 迪顿. 逃离不平等：健康、财富及不平等的起源[M]. 崔传刚，译. 北京：中信出版社，2014：58.

② 斯科伯特，孙平. 发展中国家的贫困：定义、程度和意义[J]. 经济资料译丛，1995(4)：1-10.

第一节　何谓贫困：贫困概念的多维释义

贫困是一个长期困扰人类的全球性问题。何谓贫困？这是一个既简单又复杂的问题。之所以简单，是因为贫困的特征明显、可识别性强，人们可以很容易地通过自身的生存、生活状况感知它。同时，贫困问题又绝非一个简单的问题，人们因对贫困考察、研究的角度不同，所以对贫困产生了不同的认识。这使“贫困”成为一个内涵广泛的概念：或食不果腹、衣不蔽体，或居无舍、病无医，或缺乏教育、地位低下，或缺失个人能力、话语权，等等。贫困内涵的这种广泛性是由人类需求的多样性决定的。就贫困概念的演变历史来看，贫困是一个动态的、历史的、地域的多维概念。随着时间、空间的变化和社会的进步，贫困被赋予了不同的内涵。由最初的收入上的贫困发展到能力的缺乏，再演变到权利贫困和文化贫困，贫困是一个随着经济的发展、社会的进步和人类文明程度的提高，以及人类社会对福利、平等和人权的追求而逐步深化的概念。在不同的国家，由于社会经济发展水平和生产力发展水平的差异，贫困的内涵迥然不同。当然，政府、学者对贫困内涵的理解也有所不同。认识并把握贫困的概念是对反贫困社会工作进行科学认识的前提，有利于改变人们对消除贫困的看法。笔者将从物质与经济、能力与权利、文化与精神三个维度来理解贫困的内涵。

一、贫困的物质与经济维度

我们可以从经济、社会、文化、精神、能力等多个视角、多个维度来界定贫困，因此，对贫困进行普遍认同的、统一的概念界定是难以实现的。所以，从经济意义上把握和界定贫困成了早期理论研究的主流，将贫困界定为"物质""资源"和"经济维度"的匮乏，是关于贫困的最基础的理解。

西方经济学家最早也是从物质与经济的维度对贫困进行研究，即从资源的占有情况来衡量是否贫困。古典经济学家斯密（Smith）在其交换价值贫乏论中，从劳动价值出发来论述财富的价值或商品交换价值，从而将"贫"与"富"定义为拥有支配或购买劳动的多与寡，一个人是贫是富，就看他在什么程度上享有人生的必需品、便利品和娱乐品。自分工完全确立以来，个人所需要的物品，仅极小部分仰给于自己劳动，最大部分须仰给于他人劳动。所以，他是穷是富，要看他能够支配多少劳动，换言之，要看他能够购买多少劳动。劳动是衡量一切商品交换价值的真实尺度。①

20 世纪初，英国学者朗特里（Rowntree）在著作《贫穷：对城市生活的研究》（*Poverty: A Study of Town Life*）中，对英国约克市的贫困线进行了预估。一家六口人，一周最低的食品预算为 15 先令②，加上租房、购买衣服、燃料和其他杂物的费用，他测算出一个六口之家一周要 26 先令的贫困线。当时约克市的贫困发生率约为 10%。这正是从物质视角对贫困进行的界定，即假定一个家庭的收入总和无法维持整个家庭最基本的生存需求，那便是贫困。这一研究开创了贫困研究的先河，其经典定义对后来的贫困研究产生了深远的影响。之后，雷诺兹（Reynolds）提出，贫困问题是指许多美国家

---

① 斯密. 国民财富的性质和原因的研究：上卷[M]. 郭大力，王亚南，译. 北京：商务印书馆，1972：26.

② 先令是英国的旧辅币单位。

庭没有足够的收入可以使之有起码的生活水平。① 我国国家统计局也认为贫困一般指物质生活困难，即一个个人或一个家庭的生活水平达不到一种社会可接受的最低标准，他们缺乏某些必要的生活资料和服务，生活处于困难境地。②

这种从物质与经济维度界定的贫困概念把容易受到社会变化影响的其他“相对因素”排除了，从而将贫困锁定在饥饿、营养不良、住房条件差、衣物缺失等可见的痛苦之中。这种突出了贫困的生理的、客观自然的生存标准的界定被后人定义为“绝对贫困”。这一界定标准受到后人的不断诟病，认为它未将“穷人”当作一个“社会人”来对待。由此，“相对贫困”的概念逐渐浮出水面。所谓相对贫困，是指在特定的社会生产方式和生活方式下，虽然依靠个人或家庭的劳动力所得，或其他合法收入能维持食物保障，但无法满足在当地条件下被认为最基本的其他生活需求的状态。或言之，相对贫困不是根据维持生活水平的固定标准来定义贫困，而是根据社会收入的差距来定义贫困的，其相对性特征突出。一个人是否贫困，不但取决于其自身的收入水平，还取决于社会中的其他人拥有多少收入。③ 之后，不少学者基于相对贫困的意义去定义贫困，如著名经济学家舒尔茨(Schultz)认为贫困是作为某一社会中特定家庭的复杂的社会经济状态，现在仍然存在的绝大部分贫困是由经济不平衡造成的。④ 又如，世界银行认为，当某些人、某些家庭

① 雷诺兹. 微观经济学：分析和政策[M]. 马宾，译. 北京：商务印书馆，1982：76.
② 国家统计局《中国城镇居民贫困问题研究》课题组. 中国城镇居民贫困问题研究[J]. 统计研究，1991(6)：12－18.
③ 同②.
④ 加尔布雷斯. 贫穷的本质[M]. 倪云松，译. 北京：东方出版社，2014：107.

或某些群体没有足够的资源去获取他们在那个社会公认的，一般都能享受的饮食、生活条件和参加某些活动的机会时，就会处于贫困状态。

实际上，绝对贫困和相对贫困两者之间具有密切的联系。[①] 绝对贫困是指个人或家庭缺乏起码的资源，以至于难以维持最低生活需要，甚至难以生存。这里的最低生活需要一般是指对营养和必需品的需求。随着社会经济的发展，最低生活需要的范围会不断扩大，标准也会不断提高。相对贫困则是相对于正常的生活水平或社会平均水平，而非最低或最基本的生活水平。绝对贫困主要与经济发展水平相关，相对贫困则与收入分配有关，这就决定了绝对贫困是可以消除的，但是相对贫困只能减缓而无法消除。可见，绝对贫困和相对贫困都从物质层面来界定贫困的内涵，是最基本、最传统、最普遍的方式。这种界定方式主要关注个人或家庭的收入是否能够满足基本生活需要，考虑的是经济福利被剥夺的程度，可谓抓住了贫困的基本内核。某种意义上，从物质层面定义贫困不仅易于确定贫困对象，还便于获得统计资料，以进行度量和比较分析。但从物质层面定义贫困的局限性也是明显的，即划定的贫困范围太过狭小，只认识到了贫困结果的表现形式，未能从根本上揭示贫困产生的原因，忽视了物质贫困背后所蕴含的“能力”“机会”“权利”“文化”和“精神”等方面的匮乏。因此，从物质层面定义贫困难以全面地把握贫困问题的本质。

二、贫困的能力与权利维度

我们还可以从能力与权利的维度来界定贫困。贫困不仅是一种经济现

① 郭熙保，罗知. 论贫困概念的演进[J]. 江西社会科学，2005(11)：38－43.

象，还代表着贫困者社会权利和基本能力的缺失。基于此，贫困意味着一种持续的生活困境，是一种发展、变化的社会现象。因此，贫困者仅依靠自身的努力，是难以在短时间内摆脱贫困的。

最早基于能力维度对贫困进行概念界定的机构是世界银行。世界银行在以"贫困问题・社会发展指标"为主题的《1990年世界发展报告》中，把"贫困"界定为"缺少达到最低生活水准的能力"。[①] 该报告指出，衡量生活水准，不仅要考虑家庭的收入和人均支出，还要考虑那些（如医疗卫生情况、预期寿命、识字能力、公共货物或共同财产的获得情况等）属于社会福利的内容。该报告用营养、预期寿命、五岁以下儿童的死亡率和入学率等补充指标，对"贫困"进行衡量。之后，世界银行在《2000/2001年世界发展报告：与贫困作斗争》中进一步指出，贫困不仅仅指收入低微和人力发展不足，它还包括人在面临外部冲击时表现出的脆弱性。[②]

在学术界，1998年诺贝尔经济学奖获得者阿马蒂亚・森（Amartya Sen）主要基于权利和可行能力来看待贫困问题。阿马蒂亚・森在《以自由看待发展》一书中提出，贫困者之所以贫困，主要是由于缺乏获得某种基本物质生存机会的"可行能力"[③]，即穷人应该享有的基本能力被系统性地剥夺，从而陷入贫困的"恶性循环"。在阿马蒂亚・森看来，我们不能只关注贫困者的收入，还应考虑贫困者的生存状态。无论是绝对贫困还是相对贫困，其本质都是一样的，都是由于个人的权利被剥夺或者其他条件不足造成的。阿

① 世界银行. 1990年世界发展报告[M]. 北京：中国财政经济出版社，1990：1.

② 《2000/2001年世界发展报告》编写组. 2000/2001年世界发展报告：与贫困作斗争[M]. 世界发展报告翻译组，译. 北京：中国财政经济出版社，2001：24.

③ 森. 以自由看待发展[M]. 任赜，于真，译. 北京：中国人民大学出版社，2002：43.

马蒂亚·森还指出，如果要解释饥饿现象，就必须深入研究所有权结构。除非一个人自愿挨饿，我们可以说，饥饿现象基本上是人类关于食物所有权的反映。① 在阿马蒂亚·森的影响下，能力贫困和权利贫困成为贫困概念研究的应有范畴。之后，不乏学者从能力贫困和权利贫困的维度来看待贫困的生成路径和解决途径。②③ 这些研究的共同点是，认为能力贫困不仅强调贫困者缺少收入，还强调贫困者基本生存和发展能力的匮乏、不足；而社会权利的贫困指一些特定的群体和个人无法享受社会和法律认可的工作、住房、教育、分配、医疗、财产、晋升、迁徙、名誉、娱乐、被赡养以及平等的性别权利等，他们应该享有的社会权利被削弱和侵犯，导致相对或绝对的经济贫困。

之后，联合国开发计划署（UNDP）在阿马蒂亚·森的理论基础上，开发了人类贫困指数（HPI）。在 1997 年，联合国开发计划署提出了“人类贫困”这一概念，认为除了缺乏物质福利的必需品，贫困还意味着不能选择过长期、健康、有创造性的生活，不能有尊严，自尊得不到满足，不能受到他人的尊重，以及得不到生活中重要的东西。1998 年，联合国开发计划署进一步提出，所谓人类贫困，是指人缺乏基本的能力，如不识字、营养不良、卫生条件差、平均寿命短等。2000 年，联合国开发计划署又详细地阐述了人类贫困的多维指标，如文化水平较低、寿命短、健康状况日益恶化、感染疾病等。当人们丧失生活中最基本的发展能力时，就会变得贫困。为了进一步对人类贫

---

① 森. 贫困与饥荒：论权利与剥夺[M]. 王宇，王文玉，译. 北京：商务印书馆，2009：119.

② 洪朝辉. 论中国城市社会权利的贫困[J]. 江苏社会科学，2003(2)：116－125.

③ 李刚，周加来. 中国的城市贫困与治理：基于能力与权利视角的分析[J]. 城市问题，2009(11)：55－59.

困进行测量和衡量，联合国开发计划署创建了人类贫困指数。该指数包含三个指标：第一个指标是生命剥夺，计算数值来自预期寿命不足40岁的人口；第二个指标是知识剥夺，通过计算一个地区或国家的文化水平得出；第三个指标是生活体面剥夺，包含缺乏健康服务人口的比例、五岁以下营养不良的儿童比例和不能安全饮用水的人口比例。

三、贫困的文化与精神维度

反贫困政策和措施在实施过程中会遭遇很多阻碍，从而导致反贫困的效果不佳，甚至恶化。于是在对贫困的研究中，学者们慢慢地将贫困的概念拓宽，并逐渐与精神、文化维度接轨。有学者认为贫困是指物质上的、社会上的、情感上的匮乏。它意味着食物、保暖和衣着方面的开支要少于平均水平。贫困夺去了人们建立未来大厦——你的生存机会——的工具。它悄悄夺去了人们享有生命不受疾病侵害、有体面的教育、有安全的住宅和长时间的退休生涯的机会。

贫困从表面看是经济性的、物质性的；而从深层剖析，又是社会性的、文化性的。这种社会性的、文化性的因素长期积淀后，就形成了落后心态和一成不变的思维定式、价值取向，进而形成顽固的文化习俗（或生活习惯）、意识形态（或理念），即贫穷文化。“贫穷文化”一词最早由人类学家刘易斯（Lewis）提出。刘易斯在《贫穷文化：墨西哥五个家庭一日生活的实录》中指出，在社会中，穷人因为贫穷而在居住等方面具有独特性，并形成独特的生活方式。穷人独特的生活方式促进了穷人间的集体互动，从而使他们与其他人在社会生活中相对隔离，这就产生出一种脱离社会主流文化的贫穷亚文化。处于贫穷亚文化中的人形成了独特的文化观念和生活方式，这种亚文化通过“圈内”交往而得到加强并被制度化，进而使人维持着贫穷的生活。在这种环境中成长的下一代会自然地习得贫穷文化，于是贫穷文化发生代际传递。贫穷文化塑造着在贫困中长大的人的基本特点和人格，使他们即使遇到摆脱贫困的机会，也难以凭借个人的特点和人格走出贫困。①

从文化视角研究贫困，能使贫困研究的范围从个体特征和具体环境拓宽到贫困形成的原因及其复杂性、动态性，以及社会结构和群体特征，进而使“精神贫困”的概念浮出水面。精神贫困是一个多层次、多内涵的概念，是相对于社会发展、进步及其要求而言的动态范畴。余德华曾指出，精神贫困是指因种种发展障碍和制约因素造成的某一社会群体或个人在思想道德素质、文化知识水平、价值观念、价值取向和风俗习惯、思维方式和行为方式上落后于社会主要物质生产方式，以致影响物质生活资料获取和精神生活需求满足的生存状态，是一个主要反映人的追求、信念的价值理性范畴。② 换言之，精神贫困就是指个体或者群体的精神水平落后于社会物质生产方式，或者落后于社会整体精神平均水平的生存状态。过去，我们对欠发达地区的物质贫困重视较多，而对精神贫困重视不够，脱贫理论研究落后于脱贫实践，直接导致脱贫质量不高、返贫率高，巩固和扩大脱贫成果的难度高。物质贫困与精神贫困交织在一起，并相互影响、制约。在一定意义上，阻碍贫困人口走出贫困的根本原因是精神贫困，而不是物质贫困。自 2013 年习近平总书记提出“精准扶贫”的战略思想以来，“扶贫先扶志，治穷先治愚”成为

① LEWIS O. 贫穷文化：墨西哥五个家庭一日生活的实录[M]. 丘延亮，译. 台北：巨流图书公司，2004：72.

② 余德华. 论精神贫困[J]. 哲学研究，2002(12)：15－20.

重要的精准施策。意即要彻底解决贫困问题，必须重视对精神贫困问题的研究，以便拓宽扶贫思路，更有效地解决欠发达地区的贫困问题。

综上所述，随着研究视角的不断拓展，贫困的概念不断外延，既有绝对贫困和相对贫困的概念，也有权利贫困和能力贫困的说法，更有物质贫困与精神贫困的区分。测定贫困线的方法也变得多样，包括恩格尔系数法、收入比例法、线性支出系统模型法和马丁法等不同的方法。衡量一个国家或社会的收入不平等程度的指标有库兹涅茨比率、基尼系数等。笔者认为，我们应从一个整体的视角去探索贫困的概念，因此可以这样定义贫困：人们在社会正常生产生活条件下，因收入缺乏、权利缺损和文化匮乏所导致的，生活水平低下、权益保障缺失和发展能力不足的一种状况。根据这一定义，贫困既是一种状态、一个过程，也是经济、社会、政治和文化等各种因素综合影响的结果。由此，反贫困也是多元的，我们应从多维度对此进行探索。

第二节　反贫困的理论与实践

在回顾人类社会发展历史时，我们不能只关注人类从无知走向文明的历史，还应关注人类对抗贫困的历史。即使人类文明已经发展了数千年，但人类对贫困的抗争仍在继续。反贫困一方面迎合了世界各国人民共同的期望，另一方面也是世界各国亟须解决的现实问题。如果想突破这一全球性困境，从根本上把握反贫困的基本内涵是必要的。只有明白了反贫困应该“做什么”“怎么做”的问题，才能明确反贫困的具体实践路径，从而指导反贫困社会工作健康有序发展。

一、反贫困的概念

反贫困的发展历史几乎同贫困的历史一样长。但将“反贫困”引入学术研究领域，则是 20 世纪 60 年代末缪尔达尔（Myrdal）完成的。缪尔达尔在 1968 年出版了关于发展中国家贫困问题的鸿篇巨作——《亚洲的戏剧》。之后他又出版了《世界贫困的挑战：世界反贫困大纲》。正是在此书中，缪尔达尔提出了反贫困的学术概念。①

从全球范围来看，关于反贫困的概念大体上有三种表述：一是减少贫困，即强调反贫困的重点是减少贫困人口的数量；二是减缓贫困，即强调反贫困的重点是减轻贫困的程度；三是根除贫困，即强调反贫困的最终目标是消除贫困。值得一提的是，我国一直沿用的“扶贫”这一概念强调的是反贫困的具体行为过程，旨在通过扶助、扶建的方式，促进贫困地区的经济发展，提高贫困地区人民的收入，其实质是从政策实践的角度研究和落实政府或民间的反贫困计划与项目。虽然“扶贫”这一概念在中国解决贫困的工作中得到了广泛运用，但严格地说，这种“扶贫”只能是反贫困的一种具体方法或路径。②

回顾人类对贫困的抗争，我们可以发现，反贫困是人类对一切危害自身生存的状况进行推陈出新的过程，而不仅仅是不断满足人类生存欲望的过程。如果简单地将反贫困理解为满足生存欲望，就会使反贫困社会实践陷入泥潭。需要注意的是，“反贫困”一词应该被妥善使用。虽然从局部来看，

---

① 缪尔达尔. 世界贫困的挑战：世界反贫困大纲[M]. 顾朝阳，等译. 北京：北京经济学院出版社，1991：65.

② 朱霞梅. 反贫困的理论与实践研究：基于人的发展视角[D]. 上海：复旦大学，2010.

随着反贫困的进行，绝对性贫困和暂时性贫困能够得以改善，但是从总体上来看，要消除贫困是不容易的。一方面，消除贫穷的过程从古持续到今，并非一朝一夕之功；另一方面，人们对贫穷的认识具有局限性，对致贫原因的认识存在很大差异。这两个方面的原因使得要从人类社会中彻底消除贫穷的难度相当大。当今世界的发展现状也印证了这一事实，即绝对贫困与相对贫困同时存在，世界各国的脱贫与返贫仍然在交替进行，消除贫困只能被视为人类社会一个长期性、持久性的战略目标。

一言以蔽之，从减少贫困到缓解贫困，再到消除贫困的反贫困发展逻辑，表现出了人们对反贫困内容的阶段性和过程性特征的不同理解，反映了人类社会对如何摆脱贫困的逻辑顺序和渐进过程的认知。由此可见，反贫困不仅是具有政策实践与制度分配双重含义的治理概念，还是一个与“促进人全面发展”这一社会发展终极目标紧密相关的目的性概念。究其根本，反贫困概念至少应包含以下内涵：第一，在经济层面上，从政策性、规范性的角度发展经济，满足贫困人群的基本生活需求，保障其最基本的生存权利，这是反贫困的底线；第二，在制度层面上，从制度安排和需求供给的角度落实社会权利，消除对贫困人群的社会排斥或社会歧视，保障其在就业、迁移、居住、就医和受教育等方面应有的基本权利，缩短财富收入差距，促进收入公平分配，减少贫困人群遭遇社会剥夺和社会排斥的现象，谋求社会稳定、和谐和经济持续发展；第三，在发展层面上，确立消除贫困的终极目标。

二、反贫困的特征

通过以上有关反贫困的表述和分析，结合前文有关贫困问题的论述，笔者概括了反贫困的基本特征，为大家更好地认识和开展反贫困实践提供参考。

（一）长期性

自人类文明萌芽以来，贫困一直是全球关注的社会问题和亟待解决的难题。除了发展中国家面临绝对生存型贫困问题，生产力高度发达、人均生活水平远高于其他国家的西方资本主义国家也存在着不可忽视的贫困问题。依据事实可以看出，虽然人类致力于反贫困已有很长一段时间，但目前反贫困措施所带来的效果只体现在贫困人口减少、贫困程度减弱等方面，距离实现人类社会消除贫困的终极目标仍很遥远。这充分说明，贫困是与人类社会漫长的发展历史相伴随的一个社会现象，即贫困具有长期性，这自然而然地决定了与之相应的反贫困也具有长期性。从时间跨度上来说，反贫困是一项长期任务，要想在短时间内采取绝对有效的措施来消除贫困是不现实的。这里需要说明的是，在反贫困的阶段性进程中，一些暂时性的贫困、绝对性的贫困可能被消除，但从总体上说，轻而易举地消除贫困绝非可能。这不仅是因为贫困是人类从古至今都要面临的一种社会现象，更是因为导致贫困发生的原因是多维的，而且至今人类对贫困这一社会现象发生的原因的认识远远不够，这使得要想从人类社会中完全把贫困这一根深蒂固的社会现象消除掉几乎不存在现实可能性。

（二）艰巨性

贫困的成因十分复杂，既有自然因素，也有包括个人、社会、经济、政治、文化等因素在内的非自然因素。对任何国家或地区的贫困人口而言，其贫困都不可能只是某一种原因所致，通常都是多种因素综合影响所致。贫困的这一本质特征给反贫困带来了极大的难度。此外，随着致贫原因和贫困性质的变化，贫困的表现形式更加多元。除了收入不足和物质匮乏等贫困的传统表现形式，受教育情况、婴儿死亡率、医疗保健水平、营养、卫生状况等贫困测量指标越来越多。因而，面对如此复杂、多元的贫困问题，制定政策或采取措施往往只能集中解决某一类贫困问题，而最终完成彻底消除贫困的任务还是相当艰巨的。

（三）阶段性

贫困总是与社会历史发展阶段、社会经济基础，即社会生产方式和生产关系联系在一起。因此，贫困的性质和内涵会随着它们的变化而变化。根据本书关于贫困的定义，贫困本质上是人类生存、发展所需要的物质和精神需求无法得到满足而导致的结果。因此，消除贫困的第一步就是要使人类的生存需求得到满足。如果人的基本生存需求都得不到满足，那么就谈不上高层次的发展需求。从这一角度来讲，阶段性是反贫困所具有的必然特点，也决定了随着社会政治、经济逐步向前发展，反贫困行动也必须在每个特定时期及时调整目标、任务、方式和方法。

（四）渐进性

根据贫困需求的层次递进论，随着社会一步步向前发展，贫困逐渐成为较高层次需求得不到满足而产生的一种现象。当贫困者维持正常生活的物质需求得到满足之后，绝对贫困人口数量就会减少，同时人们对物质生存之外的较高层次的需求（如安全需求、稳定需求、权利需求、受尊重需求、发展能力需求、精神需求等）将会逐渐显现并且会越来越强烈。随着人们对贫困本质和维度了解的不断深入，以及不同群体之间的相互比较，这些较高层次的需求会依次作为一种象征或标签来反映新的贫困者，同时也会成为政府反贫困的新目标，进而对反贫困的内容、手段和方法提出新要求。总之，反贫困过程具有波浪式前进、螺旋式上升的特点。

三、反贫困的战略选择

由于致贫原因的复杂性和多维性，以及自救济式和开发式扶贫后，剩余贫困人口在居住上的分散性、流动性、个人自我发展能力的不均衡性、个人所处外部环境的差异性等因素，反贫困战略呈现出多元化、多样化的特征。

（一）经济增长战略

经济增长这一反贫困战略主要源自发展经济学，主要代表人物及其理论如下：库兹涅茨（Kuznets）的倒U形曲线、韦斯科夫（Weisskopf）的发达与不发达理论、刘易斯的劳动力无限供给下的经济发展理论。

库兹涅茨在1955年提出了著名的倒U形曲线①，他认为人均国民生产总值和收入分配的不平等程度之间存在着倒U形的关系，即随着国民生产总值的增长、人均收入水平的提高，收入分配的不平等程度会加剧。但这种不平等程度在国民生产总值增长达到中等水平且呈现最高值之后，反而开始减弱。库兹涅茨发现发达国家贫富差距比不发达国家的差距更小，由此推论一个国家在现代化发展的初期，贫富差距会扩大；而在发展的中后期，这种差距会缩小。这表明，社会贫富差距与一个国家的经济发展水平密切相关。

韦斯科夫在《资本主义体系》一书中论述了资本主义体系中的“中心”国

① KUZNETS S. Economic growth and income inequality[J]. The American economic review, 1955, 45(1): 1-28.

家和“外围”国家的关系。他认为“外围”国家不发达的主要原因在于，“外围”国家主要向中心输送廉价的初级产品，而从中心获得制造品。帝国主义并不鼓励资本主义的发展，而是在外围形成一种不发达的、非工业化的状态，使其经济增长受限。由此他提出，不平等是资本主义活动固有的，且往往是资本主义积累所必需的过程，以此来增加资本主义的利润。

刘易斯基于李嘉图（Ricardo）、马克思的古典分析，提出了著名的“劳动力无限供给下的经济发展”模型。根据这一模型，刘易斯发现在经济发展的初始阶段，收入分配不平等加剧，随后便会逐步减缓。这与库兹涅茨的结论是一致的。在此基础上，刘易斯反对过早地提高工资水平或进行收入再分配。他认为，无论是提高工资水平，还是人为地改善收入分配制度，都会遏制经济的发展。这意味着，在刘易斯看来，欠发达国家现代工业部门的扩张或经济增长要以低工资和不平等的分配为前提。分配不平等是经济增长的必要效应，同时也是推动经济增长的一个原因。

库兹涅茨、韦斯科夫和刘易斯都认为不平等、贫困终将随着经济增长而被消除或得以缓解。所以，他们对反贫困开出的“处方”就是提出了以国民生产总值增长为导向的经济增长战略。从全球反贫困的发展战略来看，20世纪50—60年代，一些发展中国家普遍采取了通过国民生产总值增长来解决贫困问题的策略。20世纪60年代以来，联合国相继提出两个“发展十年”计划，要求每个发展中国家的国民生产总值的年增长率最低限度应达到5%。在联合国两个“发展十年”计划的影响下，发展中国家的国民生产总值迅速提高。

值得一提的是，20世纪60年代，虽然发展中国家国民生产总值的年增长率达到了上述指标，但同时发展中国家遇到了因绝对贫困和相对不平等而带来的现实挑战，这意味着“经济增长”的战略目标并没有实现。无论如何，作为人类最早对反贫困战略的探索，经济增长战略依然具有重要的理论意义，为以后转变反贫困战略打下了基础。

（二）再分配战略

再分配战略起源于国际劳工组织的世界就业计划。这一就业计划的目的是解决“工作着的穷人”问题，即穷人并不常常失业，只是收入太低。为此，世界就业计划旨在创造更多就业机会，并随着就业率的不断上升，提高劳动生产率，然后进入结构变革，进行收入再分配，以更有利于穷人，以此来实施一种再分配。

总体而言，再分配战略经历了两个理论发展阶段：边际上的再分配和生产性资产的再分配。边际上的再分配论源于“增长好处的再分配”战略模式。“增长好处的再分配”强调的是对经济增长的增量部分进行再分配，即边际上的再分配。对此，世界银行曾考虑过五种不同的战略：自由放任的增长战略、工资管制战略、消费再分配战略、投资再分配战略和资产再分配战略。但之后，学者们证明了边际上的再分配不是减弱大众贫困程度的可行战略。[①] 为此，反贫困发展战略的关注焦点很快转移到了“直接攻击大众贫困”的战略，即生产性资产的再分配。

生产性资产的再分配就是增长前的再分配，是对可用于经济增长的资产存量的再分配，即先分配再增长。生产性资产的再分配突出了关键性变量的再分配，强调这是发展的手段。国际劳工组织提出的满足“基本需要”

① 夏英. 贫困与发展[M]. 北京：人民出版社，1995：130.

的发展方法强调的不是发展的手段，而是发展的结果，即强调实现的目标而非实现目标的方法。关于人类的基本需要，国际劳工组织在1976年通过的《行动纲领》中有如下表述：第一是为家庭私人消费提供一定的最低必需品，即足够的粮食、住宅、衣物和家具；第二是由社会为所有（下层贫困）居民提供基础设施，如饮水、卫生、公共运输、保健、教育、文化设施等。同时还包括让贫困农民参加反贫困政策的制定和实施，并为其提供就业机会，以获得收入、树立自尊心。这一人的基本需要清单既包括了最低个人消费和公共消费需求，也包括了就业、社会权利等。但总体上，国际劳工组织所倡导的这种“基本需要方法”在目标上是保守的，没有向人类提供完满生活的即时希望，只是简单地指出了为了在一代人的生命期内达到“一个最低限度的社会目标”所需要的清单。① 1980年，国际发展问题独立委员会在《争取世界的生存》报告中，把人的基本需要概括为食品、卫生、住房和教育四个主要的领域，并认为只有从人的基本需要出发，社会发展的实质才能具有人的特色。

无论如何，不管哪种标准下的基本需要清单都极易出现简单化的倾向，容易对人的需要产生一种误导。因此，这一基于基本需要的反贫困战略构建也极易招致诟病。实际上，再分配战略唯有关注以下几点，才能充分发挥其反贫困的作用：一是保证穷人获得基本公共服务；二是强调穷人参与发展过程；三是重视有利于低收入群体的收入和财富再分配②。

（三）绿色革命战略

绿色革命代表了以技术变革替代制度变革、以科技进步替代社会进步

① 夏英. 贫困与发展[M]. 北京：人民出版社，1995：131.
② 同①132.

的一种努力。与土地改革不同，绿色革命试图通过引进、培育和推广高产农作物，利用食物生产的生物技术提高农作物产量，以发展生产力，解决粮食问题和乡村贫困问题。这一战略自诞生初期就带来了许多“诱惑”。人们认为这个战略将通过提高农产品的产量，普遍提高人们的生活水平，从而缓解贫困。同时，由此带来的粮食价格下降也将确保绿色革命给穷人带来更多利益，从而使居民之间的收入分配变得更平均。

客观地说，绿色革命已经对许多发展中国家的收入和粮食供给产生了巨大影响，如印度、菲律宾各自通过推广高产水稻和小麦，获得了某种程度的成功。印度政府在第三个五年（1961—1966 年）计划期间，把绿色革命作为明确的政策并延续至今。这一战略思想在当时的印度取得了巨大的成功：高产农作物的种植面积迅速扩大；生产大幅度增加；对进口粮食的依赖减少，使粮食达到自给自足；更重要的是，印度已能够储备大量的粮食，消除了饥荒的威胁。20 世纪 70 年代末，印度已储备近 1 500 万吨的粮食。

但也有经济学家质疑绿色革命的效应，他们认为绿色革命带来的效果充其量只能是“喜忧参半”的。[①] 如对印度而言，绿色革命并未能改变整个农业部门，粮食产量并不令人满意。更重要的是，学者们认为，由于没有进行农村社会经济制度方面的变革，土改也没有触及农村地主阶级的根本利益，印度单纯推广绿色革命的效果并不理想，尤其是未能解决乡村贫困问题，不同阶层的农民所得收益差别很大：富有的农民具有投资能力且收入颇丰；贫困农民由于无力投资和文化程度低，未能及时利用新技术，故而未能从实质上受益。对于佃农来说，这犹如一场灾难：一方面，随着土地生产率提高，地

① 夏英.贫困与发展[M].北京：人民出版社，1995：166.

主增加了土地租金；另一方面，由于绿色革命使农业变得有利可图，农村夺佃现象日益严重，越来越多的农民失去土地而加入贫困大军。之后，更多的学者对绿色革命进行了反思，并提出了许多完善的建议。

无论如何，尽管绿色革命战略存在着许多难以避免的缺陷，其贡献还是可圈可点的，也获得了许多赞誉。简言之，绿色革命有助于使人们把注意力转向粮食和农业，它间接地提出了土地改革、当地民众的参与、合作社和公共组织的战略作用，对农村地区的反贫困具有重要的价值。后期的绿色革命战略还强调就业机会、粮食价格与贫困程度之间的密切联系，突出政府的作用，例如，以粮食配给计划等手段干预市场过程，这些思想对当代各国的反贫困战略都有重要的启发。①

（四）社会服务战略

自 20 世纪 70 年代以来，人们对反贫困的战略逐渐由强调国民生产总值的增长转为直接向贫困进攻，开始重视直接为穷人提供医疗卫生、营养、教育和其他社会服务，即本书的研究主题——反贫困社会工作。笔者将在后文详述这部分内容。

① 夏英. 贫困与发展[M]. 北京：人民出版社，1995：199.

第二章　与“贫困”相伴而生的社会工作

纵览西方社会工作的发展历史，反贫困一直是专业社会工作的重点领域，也是社会工作发挥作用的重要阵地。可以说，社会工作的产生和发展从根本上源自贫困治理。下面，笔者将基于历史的视角，梳理社会工作产生的历史和生成路径，以探析社会工作与反贫困的关系。

第一节　历史回眸：贫困与社会工作的诞生

一、发端于贫困：《伊丽莎白济贫法》与社会工作的萌芽

关于社会工作的开端，人们通常会追溯到英国政府于1601年颁布的《伊丽莎白济贫法》(以下简称《济贫法》)。当时的英国正处于封建社会向资本主义转变的时期，社会问题层出不穷，贫困问题更是急剧恶化。工业革命后，随着工业化和市场经济的发展，欧洲社会经济结构发生了巨大的变化，

也给人们的生存和生活状况带来了巨大的改变：大量农民在失去土地后，从英国的乡村进入城市工厂，他们中的大多数转变成了产业工人，失去了土地，失去了生存保障，成为赤贫者。此外，城市生活的不确定性不断增加，工作中的风险因素不断增加，人们丧失劳动能力和劳动机会的可能性不断变大。在此情况下，社会问题频发，社会矛盾激增，急需一种新的社会制度来改善社会底层大众的生存状态。

在此背景下，1601年，《济贫法》应运而生。英国伊丽莎白女王针对当时社会集中出现的贫困问题，颁布了世界上第一部以国家法律形式进行扶贫工作的救助法案——《济贫法》。《济贫法》明确了扶贫的主要责任在于国家，具有如下规定：以教区为单位，向教区内有贫穷经历的、没有亲属供养的人士提供援助；各个教区应向地主征收济贫税，并设立贫民监督官和教区济贫委员会；将本地贫困人口分为体力健全的贫民、不能工作的贫民和没有依靠的儿童三类，并对不同类别的贫困人口采用不同的救济方法，如将体力健全的贫民送入习艺所，将不能工作的贫民送入救济院或者实施院外救济，为没有依靠的儿童提供培训机会。在《济贫法》的推动下，英国建立了遍布全国的院外救济体系，提出地方政府应为失业者提供就业机会，对贫困家庭的子女进行就业教育，对老年人、残疾人、病患和孤儿进行救济收容，并对不值得救济的人进行惩戒。因此，学术界大都把《济贫法》追溯为现代社会工作的起源，英国政府当时所从事的一系列救助工作也均被视为萌芽时期的社会工作。

1829年，受到严冬的影响，英国贫困人口的经济状况日益严峻，农村人口失业率进一步上升。多数贫困者的需求又不能通过地方救济院得到满足。因此，农业劳动者起义、地方暴动不断。暴乱者声称他们有权得到适度的经济救济，以支持他们度过如此艰难的时期。这种反抗极大地威胁到了当地的地主阶级，他们害怕如果这些要求被满足，会发生进一步的暴乱。为了解决这些地主阶级的担忧，1834年，英国出台新《济贫法》。新《济贫法》大体沿用了1601年《济贫法》的内容框架，但将济贫权力由分散改为集中，将原先的院外救济改为院内救济。新《济贫法》消除了《济贫法》所带来的一些不利影响，如贫民在经济上、心理上对政府产生的依赖心理，贫民的自尊和人格受到忽视，贫民谋生的自由受到干涉等。在此之后，新《济贫法》又经过多次修改，直至1948年《国民救济法》颁布。

贫困大范围发生也逼迫着当时的英国政府不得不首先采取立法手段来回应。《济贫法》虽然是一部扶贫救助法案，但对社会工作的发展有着重要意义：第一，政府负起了社会救助的责任，这在一定意义上为社会工作的诞生创造了合法性基础；第二，《济贫法》中“有工作能力的贫民需参加工作”的思想蕴含着社会工作助人自助的理念；第三，从某种意义上来说，《济贫法》确定由专门人员从事济贫救助活动可以被视为社会工作职业化的开端；第四，《济贫法》所实施的院外救济是社会工作提供服务的一种基本形式。可以说，《济贫法》对现代社会工作的诞生发挥了不可忽视的作用。

二、发展了贫困：慈善组织会社、睦邻组织运动与社会工作的起步

19世纪，工业革命发展迅猛，慈善组织不断涌现，很多教会组织和私人慈善机构也逐渐参与到救助穷人的行动中来。他们基于宗教教义筹募资金，救济穷人。其中，慈善组织会社和睦邻组织运动是当时的两大主要慈善

形式，对社会工作的发展起到了重要的推动作用。

（一）慈善组织会社

慈善组织会社于 1869 年出现在英国，1877 年扩展到美国，形成了风行英美的慈善组织会社运动。19 世纪中后期，随着英国工业化和城市化的加速，贫富分化、失业率升高等一系列社会问题日益严重，加上《济贫法》的实施效果不尽如人意，在这种情况下，各种慈善组织纷纷建立。但这些慈善组织之间缺乏必要的联系与协调，发生冲突的现象相当严重。索里牧师有感于这种状况，建议成立理事会以协调政府与民间慈善组织的活动。于是，第一家慈善组织会社于 1869 年在伦敦成立。该会社认为个人应对其贫穷负责，同时认可公共救济将摧毁贫民的自尊心、进取心和道德观念，容易使他们产生依赖心理的观点，主张贫民应尽量维持自己的生活，特别强调以道德力量来改变贫民的生活方式，鼓励私人慈善会社的建立以及私人对贫民的救济行为。

慈善组织会社开展工作的主要方法如下：① 采用“爱尔伯福制”，成立一个中央管理和联系机构，并将伦敦全市划分为若干个区。每个区成立一个分支机构，每个区由志愿者委员会负责救济分配的具体工作。② 各区负责登记区内所有救济机构受理的救助案件，另特设问询部，为各慈善组织、个别慈善家搜集申请救助者或受助者资料提供服务，避免职业乞丐钻空子。③ 各区派工作人员对所有申请人的住房、健康、教育和工资等情况进行调查。④ 提高救济款物配额，使其能够满足申请人的基本生活需要。

慈善组织会社在英国和美国的影响力很大，在随后的六年内，美国共有 25 个城市成立了会社。慈善组织会社的实践对社会工作职业化和专业化发展有着极大贡献。一方面,“友善访问员”访问申请救济者,了解其贫困产生的具体原因,因人而异,采用不同的解决方法。这种强调“个别化”的做法促使个案社会工作迅速发展起来。另一方面,社会工作者立足社区寻找社区资源,分析社区问题,社区工作也因此得到发展。慈善组织会社在协调各救济机构、慈善组织间的关系,为解决社区问题采取相互合作的同时,为社区组织工作的产生和发展奠定了基础。

(二) 睦邻组织运动

睦邻组织运动起源于 19 世纪末期,旨在组织、教育居民争取环境的改善,提高穷人的文化水平。睦邻组织运动持续近 50 年,是社区工作发展史上极富影响力的运动。

巴涅特(Barnett)发动牛津大学和剑桥大学的贵族子弟前往东伦敦教区做社区研究。牛津大学讲师汤恩比(Toynbee)加入为贫民服务的工作中,终因积劳成疾于 1883 年去世,年仅 31 岁。1884 年,巴涅特在伦敦东区成立了“大学生睦邻服务中心”,取名为汤恩比馆,以纪念英年早逝的汤恩比。当时,大多数睦邻者积极投身于汤恩比馆,开展各种各样的睦邻活动,把巴涅特的睦邻理念转化成现实,使汤恩比馆的服务对象在精神层面上得到了提升,进而让当地的穷人获得了自救,并最终达到了改变整个伦敦东区贫困现状的目标。社区睦邻运动的独特方法、提倡的服务精神和所取得的成就,无疑给当时面临种种社会问题而束手无策的世界各国指出了一条可行之路,因而在短期内被迅速传遍大部分国家。1887 年,受英国睦邻组织运动影响,科伊特(Coit)与斯托弗(Stover)在纽约成立了美国第一个睦邻组织——邻里协会,主要为社区里的新移民提供帮助。1889 年,参观过英国汤恩比馆的亚当斯(Addams)，利用赫尔(Hull)的旧宅在芝加哥成立了赫尔馆(Hull House)。

睦邻服务中心有四个特点：第一，设于贫民区，备有宿舍，所有工作人员与贫民共同生活，其口号为“工作者与工作对象相亲相爱”；第二，没有既定工作计划，视居民实际需要开展工作；第三，尽量发动当地人力，培养其自动自发和互助合作的精神，为地方服务；第四，除了使社区睦邻中心成为当地的服务中心，还尽量设法将本国和外国的文化介绍给当地居民，使社区睦邻中心成为当地的文化中心。

睦邻组织运动对社会工作的产生与发展有重要意义。它说明：社会工作旨在寻求个人与社会生活的改善，工作方式应从个人与社会双方同时入手；社会工作应随时依据人们的实际需要来安排工作，并应发动、组织或配合社会力量工作；社会工作应以整个社区为工作对象，并以提升社会福利水平为目的；这种方法不仅可用于个案工作，而且可用于团体工作、社区工作。

由上可见，无论是慈善组织会社还是睦邻组织运动，都是一种对工业化、城市化所带来的贫困问题的回应。在当时传统的社会救助方法已经难以应对大量贫困人口及其带来的诸多社会问题时，慈善组织会社和睦邻组织运动都趋于用一种“科学”的方法来解决当时社会中越来越严重的贫困问题。慈善组织会社和睦邻组织运动既有共性，又有差异，两者的差异在于采取的工作方法不同：慈善组织会社主要通过社会调查找到个体贫困产生的根源，从而进行更精准的扶贫；睦邻组织运动则是通过社区参与来解决贫困社区中的种种问题。

三、成熟于贫困：进步主义时期社会工作专业化的完成

美国经济快速增长的黄金时期是进步主义时期，这一时期的社会问题相较以前更加突出：失业率更高；贫富差距更大；绝对贫困问题更加严峻；出现了“隐性贫困”现象，即由于收入水平落后于经济发展水平而使实际收入下降。美国的社会工作就是在这一阶段完成了专业化。最早的社会工作学校也在这一时期成立。为了提高工作人员的素质和专业能力，美国开展了一系列活动。例如，1898 年，慈善组织会社开办了为期六周的纽约慈善暑期训练班，训练受薪的“友善访问员”；1903 年，该培训班扩充为六个月的冬季训练；1904 年，纽约社会工作学院成立；1910 年，该培训班发展成了一个两年制的课程；1912 年，波士顿社会工作学院开设了医疗社会工作课程；1919 年，美国芝加哥、波士顿等城市均设立社会工作学校，美国专业社会工作者训练学校协会（美国社会工作教育协会前身）成立，共有 35 所学校加入。

学界已达成共识，即社会工作成为一门学科是以 1917 年里士满（Richmond）的《社会诊断》（*Social Diagnosis*）出版为标志的。这是第一本从理论、实践详细介绍社会工作的专著，曾引领美国社会工作教育、理论和实务领域 20 年之久，为社会工作的学科化、专业化奠定了坚实的基础。① 具体而言，《社会诊断》系统地奠定了社会工作可传授的专业知识和技术，创立了个案工作的社会诊断模式，提出了界定个案工作实务的标准和社会工作

① 徐永祥，刘振. 社会工作学科的先行者：里士满学术思想述评：写在《社会诊断》问世百年之际[J]. 学术界，2017(11)：221－231.

者的职责。1922 年，里士满又出版了《什么是个案社会工作?》(*What is Social Case Work?*)一书。这些书系统地探讨了社会工作与社会各方面的联系，将人们在实践中积累的经验总结为专业知识，使社会工作呈现出更专业的面貌。至此，社会工作成为集实务（社会福利服务）、研究和理论于一体的专业。可以说，贫困使社会工作成为一个真正成熟的专业。

早有学者指出社会工作的发展受到“需求—结构”的影响。社会工作是服务于人的专业，有需求才会有发展。社会工作诞生后，社会环境发生了一系列变化，贫穷带来的需求是促进社会工作发展最为直接的动力。就服务主体而言，因贫困问题的不断加深，社会工作服务人员由最初有宗教信仰的教会慈善人员，变成了受过专业训练或学历教育的专门人员；就服务内容而言，因贫困问题的不断变化，社会工作由最初的救济贫困人群，为他们解决生计问题，转变成为问题人群提供更高层次的权益保护等服务；就服务方法而言，因致贫原因越来越复杂，社会工作服务方法从最初单一的物资发放变成后来的个案工作、小组工作、社区工作等多种方法。

第二节 因“贫”而生：社会工作的生成路径与本质特征

一、生成路径：扶贫与社会工作的关联

从专业社会工作的发展历程可以看出，社会工作与“贫困”、反贫困的发展渊源颇深。发端于西方的社会工作从根源上来讲起源于对穷人的慈善救助，这点从《济贫法》对穷人的救济即可看出。由此，扶贫在社会工作的发展

初期就成为其重要内容。某种意义上，社会工作的发展史本身就是人类与贫困的斗争史，其核心价值、专业方法也恰是在人们与贫困、其他各种社会问题作斗争的实践中逐渐形成和发展起来的。①

时至今日，贫困问题研究和反贫困行动依然是社会工作的重要领域。无论从理论层面还是从实践层面看，社会工作都是反贫困的主要力量，必将在反贫困领域继续发挥重要的作用。在实践层面，中国社会工作很少直接为农村贫困人口提供专业服务，而是更多地以综合服务或为特殊人群提供专项服务为主要形式。② 简言之，我国反贫困社会工作发展相对滞后。直到“精准扶贫”作为一种有别于传统粗放扶贫政策的新理念被政府提出并进入国家战略规划，反贫困社会工作才逐渐受到重视，并在近几年呈现出快速发展的趋势。

基于社会工作与贫困之间的渊源，我们认为，社会工作在反贫困中理应且必将发挥更重要的作用，甚至应该成为协助政府提供社会福利和民生保障的重要的专业力量。社会工作的总体目标与我国现代贫困治理理论目标有着内在的一致性。社会工作的基本理念是帮助激发扶贫对象自身的动力，挖掘其潜在的能力，促使其更好地融入社会；而贫困治理理论本身也有着将扶贫对象作为主体，提升其可行能力的目标，这在我国精准扶贫的“扶智”“扶志”战略中表现得尤为突出。在社会工作的直接工作方法中，个案工作法就是通过为了了解扶贫对象致贫的真实原因，进行长期的调查研究和

① 程萍. 社会工作介入农村精准扶贫：阿马蒂亚·森的赋权增能视角[J]. 社会工作，2016(5)：15－23.

② 林顺利，孟亚男. 嵌入与脱嵌：社会工作参与精准扶贫的理论与实践[J]. 甘肃社会科学，2018(3)：9－15.

实践帮助而最后总结归纳出来的方法。从发展历程来看，社会工作经历了产生、发展和专业化的过程，而在专业化形成之前，人们对所谓社会工作的理解大致相当于慈善行为，甚至把“社会工作”和“济贫”画上等号。

当然，严格说来，社会工作与慈善工作是有本质区别的。慈善工作是在政府倡导或扶持下，由民间团体和个人组织开展的，对遇到灾难或困难的人实施救助的一种无私奉献的行为或事业，其本质、理念、形式、对象、参与主体、方法以及目标都与社会工作有所不同。本质上，社会工作是一种专业，强调“助人自助”；慈善工作是一种事业，强调无私奉献。在形式上，社会工作强调专业方法的介入，慈善工作则主要依据爱心开展活动。在服务对象上，广义的社会工作将所有有需要的人视为服务对象，慈善工作则主要针对有特殊需要的群体。

二、道德、科学与社会力量：反贫困社会工作的本质特征

反贫困社会工作是社会工作的重要领域之一。作为社会工作的缘起，反贫困也是社会工作对本质表达最直接的领域。社会工作对公平正义的诉求本质上就是对扶贫实践的真实表达。以我国的精准扶贫为例，扶贫工作中嵌入了社会公平正义价值理念，因此，精准扶贫在迈向其价值追寻的过程中就可以有效吸纳来自政府、社会、市场的各种积极因素与力量，从而使扶贫的精准性更高，成效的可持续性更强。

总体而言，在反贫困领域，社会工作的本质是围绕人本主义的价值关怀、科学的专业实践、社会力量的参与三个维度展开的。

首先，反贫困社会工作是一种具有道德属性的实践。人文关怀的本质

就是社会工作对人自身的存在和发展的高度关注，对人的尊严和价值的深切认同，对人的解放、自由和幸福的一种热切追求。在此意义上，反贫困社会工作既是一种理性的关怀，又是一种情感的关怀；既是一种物质的关怀，又是一种精神的关怀。同时，具有道德属性的反贫困社会工作既是一种实在而具体的现实关怀，又是一种超越现实的理想关怀。从具体实践来看，无论是慈善组织会社的反贫困实践活动，还是睦邻组织运动的工作方法，均体现了人文关怀。

其次，反贫困社会工作是一种具有科学性、专业性的实践，其科学属性明显。从社会工作的发展历史来看，在福利服务提供不具备专业化特征之前，并无“社会工作”一词，正是福利服务提供的专业化进程使得社会工作出现。睦邻组织运动为了提高服务的效率，首次对友善访问员进行了培训，这开启了志愿者向社会工作者转化的进程。之后，随着专业化的不断推进，社会工作逐步形成了较为系统的知识体系和价值观念，成为在教育机构内教授的专业学科，获得了政府和社会的认可，并最终成为一门独立的学科。友善访问员与社会工作者的最主要的区别是专业化程度不同。友善访问员由于专业化程度不高，所以只能算是一种前专业状态的社会工作者。从我国反贫困社会工作的发展历程来看，在专业社会工作出现之前，民政部门提供了大部分的社会福利服务。然而，从科学属性来看，这些社会福利服务由于缺乏专业支持，大多也只是民政工作者依靠经验开展的工作，因此不能属于专业的社会工作。

最后，反贫困社会工作是一种依靠社会力量开展的实践活动。社会不仅是社会工作的逻辑起点，也是社会工作安身立命之本。在社会转型、体制转轨过程中，社会工作不应该沦为一种“治理术”，而应是一种致力于实现以人为本、回应社区需求的社会保护机制，这促使我们开始关注社会工作的“社会性”。①

当然，客观来看，社会工作并没有一种普适的专业技术。正因如此，在极具中国特色的社会历史情境之中，生发并沿袭于宗教伦理、慈善教义的西方社会工作专业体系，未经本土化则难以直接适用于中国社会。这就是在反贫困实践中，社会工作要做到本土化的原因。

① 徐选国. 中国社会工作发展的社会性转向[J]. 社会工作，2017(3)：9－28.

第三章　反贫困与社会工作的互构

第一节　反贫困社会工作

现代社会工作普遍把实现社会公平、创新管理体制、解决社会问题、化解社会矛盾、完善社会服务、促进人与社会发展等视为价值目标。① 从所涉领域来看，社会工作有多个领域，如医务社会工作、企业社会工作、矫正社会工作等。作为社会工作的重要领域之一，反贫困社会工作逐渐发展起来。

一、反贫困社会工作的概念

关于反贫困社会工作，当下学界还没有形成统一的术语，有反贫困社会工作、减贫社会工作、扶贫社会工作等术语，将反贫困社会工作与农村社会

① 向德平，姚霞. 社会工作介入我国反贫困实践的空间与途径[J]. 教学与研究，2009(6)：22-26.

工作、社会救助等混淆的情况也时有发生。但总体而言，对反贫困社会工作的解释有两种理路：一是将反贫困社会工作视为一种参与脱贫攻坚的专业力量；二是将反贫困社会工作视为一种社会工作领域的专业方法。

就第一种研究理路而言，反贫困社会工作是在反贫困的实践探索中融入社会工作专业力量，以实现受助者脱贫为专业目标。具体而言，所谓社会工作专业力量助力反贫困实践，就是将社会工作的专业价值、专业理念、专业方法运用到脱贫攻坚工作中，发挥社会工作不可替代的专业优势和人才优势，提高减贫工作的专业性，培养减贫领域的社会工作人才，并调动社会力量参与到减贫事业中，构建社会扶贫大格局，契合精准扶贫的战略需求。因此，作为一种专业力量，社会工作参与脱贫攻坚具有重要的意义。就第二种研究理路而言，社会工作是以帮助困难群体、困境社区解决问题为己任的。反贫困社会工作一直是社会工作中的一个重要领域，已形成一种专业的方法，其工作对象主要是贫困群体或极易陷入贫困的弱势人群，其工作目标是解决实际问题，提升个人能力，增进社会资本，促进受助对象融入社会。

总体而言，反贫困社会工作既可以被视为一种反贫困的专业力量，也可以被视为一种反贫困的专业方法。本书倾向于从综合的角度定义，认为反贫困社会工作是社会工作者利用专业的方法和知识，帮助贫困个体、群体、社区，摆脱贫困、解决问题，并预防贫困再度发生的过程。具体而言，反贫困社会工作包含三层含义：第一，在主体方面，中国的反贫困社会工作是在党和政府的领导下，依靠国家、集体、专业社会工作者和各种社会力量，协力而行的实践活动；第二，在专业方法上，反贫困社会工作是以贫困人口为服务对象，综合运用个案、小组、社区等专业社会工作方法，开展以人为本的社会工作介入活动；第三，在服务内容上，由于贫困概念的多样性和复杂性，反贫困社会工作的内容也相应地具有多层面和多元化的特点，既给予服务对象物质层面的支持，提升服务对象的能力，又从政策倡导层面开展结构性的服务。总之，反贫困社会工作的根本目的是解决贫困问题，增进整体社会福利，促进贫困个体走向美好生活。

二、与反贫困社会工作相关的其他概念

作为一种专业、系统的助人方法，反贫困社会工作与农村社会工作、社会救助、社会福利等有着相似之处，但也有很大的区别。

（一）农村社会工作

农村社会工作是相对于城市社会工作提出的，是专业的社会工作者通过专业价值观和方法，以农村社区为基础，遵守社会公正、社会关怀和真诚信任的伦理价值，应对农村实际问题，通过动员村民参与和增能，树立村民的自信心、自尊心和权利意识的活动。[①] 农村社会工作的目标如下：倡导政府完善政策，使政策更加符合村民的实际需求；减少社会矛盾和冲突，维护农村社会稳定与和谐；通过建立农村合作组织，使村民团结互助，以共同应对社会转型所带来的问题和压力；通过社会工作者的介入，使村民获得所需的知识，提升他们应对和解决社会问题的能力；等等。社会工作通过专业的工作方法，如个案工作法、小组工作法、社区工作法和社会行政等为村民提供直接的或间接的服务，以此来改善农村人际关系，加强村民的相互沟通，

① 韩芳.农村社会工作概论[M].北京：知识产权出版社，2017：2.

发展农村社区，最终实现农村的可持续发展。

农村社会工作与反贫困社会工作还是有很大的区别。一方面，农村社会工作以农村地区为主要服务区域，而反贫困社会工作的服务区域不仅包括农村地区，还包括城市贫困地区，尤其是在当前脱贫攻坚的战略目标实现之后，城市贫困问题将更加引起反贫困社会工作者的关注。另一方面，农村社会工作的服务内容不仅包括反贫困，还包括一切有利于农村社会发展的内容。从这一角度而言，致力于农村区域的反贫困社会工作只是农村社会工作的内容之一。

（二）社会救助

社会救助是指国家和其他社会团体对遭受自然灾害、失去劳动能力的人或者其他低收入群体给予物质帮助或精神支持，以维持其基本生活需求，保障其最低生活水平的各种措施。社会救助对调整资源配置、实现社会公平、维护社会稳定都有非常重要的作用。社会救助与社会工作有重要的联系，社会救助的开展需要专业社会工作的介入。在当代社会救助的发展过程中，单一“输血”式的物质救助越来越不能从根本上解决贫困人群遇到的问题，因病致贫、因灾返贫等现象层出不穷，导致贫困人群在社会资源、社会网络等方面的问题亟须解决，这为社会工作的介入提供了巨大空间。反贫困社会工作可以通过增能理论等专业理论和优势视角等专业视角，更好地分析贫困的原因和介入的方法，更大限度地提高社会救助的成效。

（三）社会福利

作为现代社会发展的核心标志之一，社会福利是各国社会制度建构中不可或缺的重要组成部分。然而，在不同的社会制度与文化情境中，社会福利的定义与具体实施项目是不同的。从广义上来说，社会福利是指同提升公民生活水平、促进社会发展相关的一切物质、活动和服务。从狭义上讲，社会福利则是指国家（或政府）针对社会中有特殊需要的个人和群体提供的津贴、物资和社会服务。我国的社会福利是指专为社会弱者提供各种社会福利性补贴和举办各种社会福利事业的福利制度，如社会救济，社会优抚，对困难家庭予以补助，对残疾人和高龄老人予以照顾，对在教育、住房、就医等方面存在困难的群体予以救济等。社会福利需要通过具体的实践活动才能实现。作为一种社会福利的发送体，反贫困社会工作表现为一种将国家扶贫政策传递到贫困人口的实践活动。虽然反贫困社会工作和社会福利有内容上的重合，但本质上它们是两种不同的政策实践和制度安排。

第二节　社会工作介入反贫困实践的空间与途径

作为一种助人的专业和职业，社会工作具有独特的助人理念、视角、方法、技术，并按科学的程序和标准开展工作。社会工作介入反贫困实践，与政府协同打赢脱贫攻坚战，对实现贫困地区和贫困人口的可持续发展具有重要的意义。本小节基于社会工作过程模式与扶贫工作机制的内在一致性，分析了社会工作对贫困户和贫困村进行精准识别、精准帮扶、精准管理、精准考核的整个过程，以及社会工作介入反贫困实践的空间与途径，从而实现社会工作与反贫困两者之间的互构。

一、贫困治理的“失效”：反贫困实践的双重困境

从中央到地方各级政府都加大了对贫困地区的扶持力度，取得了明显的成效。但由于贫困问题的复杂性和多样性，出现了贫困治理“失效”的现象。具体而言，表现在反贫困实践的“不精准执行”和反贫困效果的“不可持续”两个方面。

（一）反贫困实践的“不精准执行”

改革开放40多年来，我国的反贫困工作取得了显著成就，尤其是精准扶贫政策为各地的扶贫工作提供了指导，改善了以往实施过程中的“瞄不准”“扶不清”“拎不明”等问题。但是，如此一系列扶贫策略涌进乡村社会，也引发了瞄准偏差这一问题，使扶贫工作面临诸多挑战。①② 对于精准扶贫中瞄准偏差和不精准执行的情况，学界认为主要是受到以下三方面因素的影响：

一是政策因素的影响，主要体现在政策缺乏差异性，没有考虑当地贫困的具体原因，没有做到因村制宜、因户制宜。随着扶贫政策的逐渐深化和不断推进，“一刀切”、扶持模式同质化、发展等速推进等问题出现。③

二是市场机制的影响。在市场化和工业化不断发展的同时，社会分工也越来越精细化，由此造成的贫富差距进一步扩大，导致了贫困/弱势群体

① 葛志军，邢成举. 精准扶贫：内涵、实践困境及其原因阐释：基于宁夏银川两个村庄的调查[J]. 贵州社会科学，2015(5)：157-163.

② 左停，齐顾波，唐丽霞. 新世纪我国农村贫困和反贫困的新特点[J]. 贵州社会科学，2009(7)：46-52.

③ 耿新. 精准扶贫的差别化政策研究：以扶持人口较少民族发展为例[J]. 中国农业大学学报(社会科学版)，2017，34(5)：33-41.

更加贫困/弱势。随着市场的影响力不断深入农村，农民身份发生了重大改变——既是经济人，又是社会人——从而形成了"锄头＋工资"的生计模式。由于市场交易的不稳定性，农民的自我保障程度较弱，加大了贫困风险。加上市场经济的高速发展，农业商品化成为脱贫致富的路径之一，但是这也使农民在面对更大的不确定性和市场的不稳定性时，失去了对自己生计的控制能力。这是因为市场上的商品价格决定了农民的收入，一旦事与愿违，农民只能变得更贫困。① 如此，在"一只脚踏进城市，一只脚留在农村"和市场环境快速发展的双重背景下，农民面对的风险增加，面对的未知也越来越多，极易再次陷入贫困。

三是贫困主体能力的制约。贫困主体能力的制约指的是贫困人口的个人能力和反贫困积极性较弱。贫困人口在个人能力方面表现出政策敏感性不够等问题，导致脱贫难度较大。加上贫困人口在精准识别过程中参与度不足的问题，造成了扶贫资源"打偏跑漏"的概率变大。

总之，虽然我国扶贫瞄准单元经历了从县到村再到户的转变，但扶贫资源瞄准偏离的情况一直没有得到有效改善。一方面，扶贫资源瞄准与传递背后的治理和管理机制容易造成资源的使用与贫困人口的实际需求相脱离；另一方面，社会阶层分化和基层社会治理结构往往导致"精英捕获"等现象出现，这些现象成为反贫困领域的难题。

（二）反贫困效果的"不可持续"

对任何国家来说，扶贫都是一项永恒的事业，扶贫的可持续性非常关

① 古学斌，张和清，杨锡聪. 地方国家、经济干预和农村贫困：一个中国西南村落的个案分析[J]. 社会学研究，2004(2)：79－88.

键。精准扶贫虽然轰轰烈烈地开展，但已有学者开始担心，这样大规模的扶贫尽管可以产生正面的短期效应，但在扶贫资源耗尽之后又会出现什么样的情况呢？在基层实践场域，也有不少有识之士认识到了返贫困现象的严重性。

所谓返贫困，一般是指在经过扶贫开发后摆脱了贫困的部分人口再度返回到贫困人口行列的现象。① 如果没有充足的资源来继续扶贫，返贫情况会变得很严重。这种情况在其他国家的扶贫历史上都发生过。导致农村脱贫人口返贫的因素有很多，既包括自然因素、社会因素和历史因素，又包括经济因素、制度因素和贫困者自身的因素等。② 具体而言，反贫困实践中的返贫困现象出现有以下三种原因：

一是主体素质的不可持续。主体素质的不可持续是指贫困人口的身体健康、思想观念、教育水平、文化技能等综合素质得不到持续有效的提高，形成“贫困—超生多生—教育水平低—素质低—返贫”的恶性循环。③ 它是束缚贫困地区经济发展，致使贫困人口脱贫后又返贫的主要根源。

二是扶贫资源供给的不可持续。扶贫资源供给的不可持续是指外部经济、社会环境的不平等，导致农村贫困地区得不到持续有效的资源供给，如农村制度（农村扶贫制度、社会保障制度等）缺失，扶持资金不足，基础设施不完善和公共服务滞后等。贫困地区因缺乏外部支援而陷入经济困境，贫困主体的自我积累和发展能力也因此受到制约，最终陷入“贫困—扶贫资源

① 颜廷武. 返贫困：反贫困的痛楚与尴尬[J]. 调研世界，2005(1)：37－39.

② 张国红. 探究中国的反贫困与返贫困[J]. 学习与探索，2005(4)：200－202.

③ 陈标平，吴晓俊. “破”农村返贫困境，“立”可持续扶贫新模式：农村反贫困行动 60 年反思[J]. 生产力研究，2010(3)：60－61.

不足—经济困难—返贫”的恶性循环。

三是自然生态的不可持续。我国的贫困地区主要集中在地理环境差、自然生态相对脆弱的地带。特殊的地理环境使长期贫困的农户过度依赖自然资源，形成了“靠山吃山，靠水吃水”的局面。出于对富裕生活的强烈追求和脱贫致富的巨大压力，贫困人口不得不伐木毁林、乱开乱采，这使得生态环境急剧恶化，进而影响到了生存基础，陷入了“生态脆弱—贫困—掠夺资源—环境退化—更加贫困”的困境。

总之，贫困地区和贫困人口处于物质、人力、社会资本贫困叠加、负向影响的困境之中，缺乏自我发展能力，因此需要“可持续扶贫”。

二、支持与补充：社会工作在反贫困实践中的功能与作用

社会工作是20世纪新兴的一项专业的助人服务活动，以利他主义为指导，以科学知识为基础，运用科学的方法帮助在社会生活中遇到困难和问题的弱势群体，使其摆脱生活窘境。社会工作的发展与反贫困始终紧密联系在一起，可以说，社会工作是伴随着近现代反贫困实践的发展而萌芽、发育，并逐步走向专业化的。无论是社会工作的产生历程，还是社会工作的目标、基本价值理念等，均体现出与反贫困实践的极大契合性，这是反贫困的全新着力点。简言之，社会工作与反贫困实践具有互构性。具体而言，社会工作在反贫困实践中的专业优势体现在三个方面。

第一，价值理念的互构。社会工作以利他主义为导向，以社会公平正义为追求，在其学科发展的百年历程中逐渐形成了助人自助、案主自决、个别化、同理心等价值理念，这些价值理念与反贫困实践具有极强的共通性，可

以为反贫困提供价值上的合理性。

第二，专业方法的支持。社会工作既是以科学的知识为基础，运用科学的方法进行助人的服务活动，又是一门坚持实务取向的专业。扶贫工作重在精准，故而在方法层面，社会工作的专业性能够与之相匹配。不论是扶贫政策的制定、实施，还是贫困群体的识别，均需要精细化的工作方法，而社会工作专业方法可以有效满足精准扶贫对“精准”的要求。综合来看，社会工作以专业方法介入反贫困实践有助于精准目标的实现。

第三，社会性功能的补充。社会工作是一种社会力量，能够实现多元贫困治理，形成多方合力，有利于反贫困工作的开展。具体而言，作为社会力量的社会工作参与反贫困具有如下独特优势：可以较好地解决扶贫活动中对技术性和专业性要求较高的问题；更加重视扶贫的可持续性，更加注重贫困地区整体性、综合性目标的达成；重视决策的民主化和科学化，强调贫困者的个人参与，在实际操作中有较强的灵活性和针对性；有筹资渠道，能够为扶贫工作注入新的活力。

此外，社会工作对促进扶贫机制创新也有重要的作用，如提供新的扶贫开发理念与模式、引进国际项目管理的经验和方法、培养专业的扶贫机构和人才、促进民间扶贫的规范化等。

第三节　反贫困社会工作理论的实践意义

一、实践为本：反贫困社会工作理论与实践的关系

理论与实践的关系在社会工作学科发展中一直是一个备受争论的话

题。在反贫困社会工作这一实务性很强的领域，这一话题也备受争论。对此，社会工作的智慧可以对反贫困实践有所启发。社会工作是一个兼具理论内涵和实务特性的学术概念，也是与扶贫工作高度关联的专门活动。对社会工作理论与实践关系的定位，直接影响反贫困社会工作的本质，也间接影响反贫困社会工作的服务理念和服务方法。

在专业化发展过程中，社会工作形成了理论知识、专业价值和专业技能三位一体的专业体系，它们共同界定了社会工作的专业内涵。随着社会发展与社会科学发展进程的不断加快，社会工作界日益认识到社会工作已经成为一种需要专业技巧和广泛知识的智力与专业活动。要提升这一助人活动的专业认同度、社会认可度和内在效度，发展社会工作理论是必不可少的。①

多数反贫困社会工作理论并非源自本土实践，理论与实践之间存在一定张力。因此，反贫困社会工作理论不仅要有学理层面的合理性，即在认识论和方法论层面上是有效的，还要有实践层面的有效性，即要符合以社会工作实践为本的宗旨。由此，反贫困社会工作的实践不仅是以证据为本的实践，更是以反思为本的实践。由此形成的实践反过来会进一步为理论的完善和创新提供基础。

二、本土化：反贫困社会工作理论的发展空间

本土化是源于西方的社会工作在我国生根发芽必须经历的过程，也是

① 姚进忠. 阐释与激活：社会工作理论的实践逻辑演进与本土化探究[J]. 华东理工大学学报(社会科学版)，2014，29(5)：9－19.

最大限度发挥专业社会工作价值的必然选择。社会工作专业在我国恢复重建以来，在取得显著成就的同时，也一直面临着“水土不服”的发展困境，出现了理论与实践难以融合的问题。对此，国内学者几十年来从未中断过对社会工作本土化的探索，一直在反思西方社会工作专业的本土化问题。实际上，作为专业社会工作发源地的西方国家同样面临着类似本土化的问题。由此，社会工作的本土化越来越成为社会工作学界关注的重要议题。①

西方社会工作在其实践中不断提炼和发展出了各种富有生命力的理论，这些理论为全球社会工作的发展起了重要的启示与引导作用。毫无疑问，现有的西方社会工作理论体系为中国社会工作的发展与实践提供了国际视野。中国社会工作的发展与演化也吸收了西方文化的内涵。源于西方的社会工作如何在中国语境中实现知识脉络化，并指导中国社会工作的本土化实践，是中国社会工作专业在全球化和本土化过程中面临的重要问题。

在反贫困社会工作领域，学者们已经注意到建构本土化理论的重要性，并认识到这是一项长期工作，且需要从中国本土社会工作理论上升到国际化的社会工作理论。这是中国社会工作学者不懈追求的目标。很多学者认识到要形成反贫困社会工作的中国特色、中国风格与中国气派，需要回应中国反贫困领域的重大现实问题，这是推动中国社会工作理论体系形成的必经之路，也必将成为建构反贫困社会工作理论体系的新抓手，从而使我国反贫困社会工作在国际社会工作的学科体系、学术体系、话语体系上有所突破。

---

① 尹新瑞. 国际社会工作本土化研究的回顾与省思：兼论对我国社会工作本土化的启示[J]. 华东理工大学学报(社会科学版)，2019，34(4)：1－13.

第四章　西方反贫困社会工作的理论脉络

纵观西方社会工作的发展史，关于反贫困的理论研究最早可追溯到里士满的《社会诊断》一书。在随后的社会工作发展历程中，社会工作的理论与实践一直被重视与提倡。近年来，在政府的推动下，我国专业社会工作取得了飞跃式发展，并成为推进社会治理的中坚力量之一。然而，当下我国社会工作发展仍有一定的局限性，理论和学理层面的薄弱是制约社会工作发展的因素。[①] 那么，在反贫困领域，社会工作有何理论基础？具有哪些理论范式？已有的反贫困社会工作实践有哪些经验可供借鉴？厘清这些问题将会推动我国反贫困社会工作的发展。本章的主要内容是从国外反贫困社会工作的理论脉络梳理出发，逐一介绍当前国际上有影响力的反贫困社会工作理论流派，以及学者们基于各个理论流派所做的反贫困社会工作实践探索。

① 文军，何威. 从“反理论”到理论自觉：重构社会工作理论与实践的关系[J]. 社会科学，2014(7)：65－78.

第一节 反贫困社会工作理论的历史分期

截至目前，西方国家社会工作已经发展了100多年，但是其理论层面的发展则相对较短。一言以蔽之，社会工作在西方国家的发展经历了“从没有理论指导到自觉采用理论，从指导理论的单一化到指导理论的多元化，从主要借用心理学的理论到尝试借用心理学、社会学、政治学等多学科的理论”的演进过程。对于西方社会工作的理论发展过程，国内学界存在着多种观点，包括四阶段说、五阶段说、六阶段说、七阶段说等。笔者认为，这些观点有助于理解西方社会工作理论的历史逻辑，但尚不能厘清西方反贫困社会工作理论这一具体领域的演进轨迹。本书尝试借用大卫·豪(David Howe)的四阶段说，来分析反贫困社会工作理论的历史演进过程。

一、调查阶段：20世纪初到20世纪末

第一个阶段主要是从20世纪初到20世纪末，这一阶段又被称为调查阶段。这是社会工作的最初阶段，也是反贫困社会工作“初露锋芒”的历史阶段。历史上，社会工作的产生与反贫困工作有着密切的关系。在这一阶段，为应对工业化、城市化带来的贫困问题，慈善组织会社等反贫困组织，睦邻组织运动等扶贫、慈善活动应运而生。反贫困社会工作在这一阶段面临的最大问题就是扶贫资源供给的“偏差”和反贫困实践的“无效”。因此，从当时的发展来看，最需要的就是将“正确”的扶贫资源给予“有需要”的人。基

于此，社会工作调查成为当时反贫困社会工作发展的重要内容，在反贫困社会工作中起到了非常重要的作用，回应了“谁需要扶贫资源”“需要什么样的扶贫资源”等问题。扶贫对象的需求评估也成为这一阶段关注的重点。应该说，社会工作者在这一阶段主要起了“调查”的作用，即通过实际活动搜集和积累大量的事实材料，为此后社会工作对反贫困领域的分析与干预提供了必要的资料基础，进而形成了“调查—诊断—治疗”的社会工作模式。但在这个阶段，社会工作者主要关注的还是自身从事的实际工作，很少对这些工作的本质、过程和方式等进行理论上的思考。

二、理论形成阶段：20 世纪 30—50 年代

第二个阶段是 20 世纪 30—50 年代。这是社会工作理论的形成期。在这个阶段，一部分社会工作者开始意识到仅依靠经验来指导社会工作实践是不妥的，也是不够的，社会工作不应只是一门艺术，更应是一门科学。他们开始采用理论来指导自己的实践。在这一时期，伴随着个案工作、小组工作、社区工作三大社会工作方法的形成和被认可，社会工作内部也开始形成了不同的社会工作理论取向，主要包括心理动力理论、精神分析理论、危机干预理论等微观层面的社会工作理论，以及系统理论、社区发展理论等宏观层面的社会工作理论，有学者称之为“精神分析学派”与“功能主义者学派”的并立。[1] 此阶段，社会工作理论在反贫困领域呈现出明显的问题主义导向，个案工作、小组工作、社区工作等方法被广泛应用。

---

① HOWE D. An introduction to social work theory: making sense in practice[M]. London: Wildwood House Limited, 1992: 5－7.

三、理论发展阶段：20 世纪 60—80 年代

第三个阶段是 20 世纪 60—80 年代。这是一个充满生机的理论时期，在这一时期，可应用于社会工作的理论的数量增加了。社会工作者竞相从心理学、社会学等学科借用指导性的理论，形成了认知行为理论、赋权视角和系统视角等新的理论研究范式。在这一时期，为提高实践效率和提升专业认同度，社会工作不断吸收来自其他学科的概念、理论、实践方法和研究成果。社会工作的理论范式百花齐放。同时，所有社会工作理论和实践都有共同的目标，一些体现社会工作本质的概念与技巧能够从现有的各种理论与实践中抽取出来。因此，人们竞相构建一种能够把各种社会工作方法整合在一起的理论框架。这一阶段，在社会问题大规模增加的背景下，反贫困社会工作理论开始从微观向宏观发展，越来越多的研究者意识到，从宏观结构层面解决反贫困问题至关重要。

四、理论归类阶段：20 世纪 90 年代至今

第四个阶段是 20 世纪 90 年代至今，此阶段被称为“理论归类阶段”。在此阶段，多元理论并存被当作一个既定的事实，社会工作者们不再追求构造“统一”的理论框架，而是通过对各种理论进行整理、归类的方式来使理论空间有序化，从而产生了许多不同的理论分类模式。迄今为止，这些理论分类模式仍然是西方社会工作者们理解社会工作理论的基本工具。20 世纪 90 年代后期，随着全球化进程的加快和社会变迁的加速，社会工作的多样性和价值观的包容性也日益受到关注。受到全球化和多元文化主义的影响，

在反贫困领域，发展性社会工作、后现代主义社会工作、激进主义社会工作、女性主义社会工作、结构主义社会工作等理论模式和概念框架逐渐兴起。

总的来说，反贫困社会工作理论经历了从无到有，从理论外借到理论内生，从微观理论到宏观理论，从理论分散到理论整合的过程。伴随着贫困问题的不断变化，反贫困社会工作理论也不断完善。尽管反贫困社会工作理论还在不断完善，但是其理论自觉性还有待提高，理论的本土化应用还有待完善。

第二节　反贫困社会工作理论及其应用领域

佩恩(Payne)认为，特定的理论在社会工作中有其特定的利益群体，他们力图使我们接受他们的理论，从而影响我们对社会工作本质和实践的认识。[①] 在反贫困社会工作领域，不同的理论对应不同的社会工作群体，适用于不同的现实情境。当下，社会工作已经从一个因没有理论而被世人“诟病”的专业，发展为一个理论脉络纷繁的学科。社会工作理论在一定程度上已经逐渐形成体系，并开始强调以社会工作理论作为指导来进行社会工作实践研究。本书选择从发展性视角、优势视角、赋权视角、生态系统视角和女性主义视角展开论述，建构以上视角在反贫困领域的理论基础和实践框

① PAYNE M. 现代社会工作理论[M]. 何雪松，等译. 上海：华东理工大学出版社，2005：4.

架，以及以上视角在反贫困领域的实践应用。下文先进行简要阐述，后面章节将对各个视角展开具体论述。

一、发展性视角：社会工作介入产业扶贫的现实路径

发展性社会工作是一种强调将促进人们的经济参与、发展与改善其社会功能相结合的社会工作理论与方法，其突出特征是综合干预和大量使用社会投资策略。该理论模式起源于南半球部分国家的发展实践。20 世纪 50 年代，这一理论模式的发展主要得益于联合国推动的“社区发展”这一实践。直至 20 世纪 80 年代，在美国加州大学伯克利分校社会福利学院教授米奇利(Midgley)等推动下，社会发展理论才逐渐在全球兴起。2010 年，米奇利和康利(Conley)合作出版了《社会工作与社会发展：发展性社会工作的理论与技能》(*Social Work and Social Development: Theories and Skills for Development Social Work*)一书，该理论模式才得到较为系统的阐述。发展性社会工作是在社会工作实践的基础上产生的，它将生产性活动和社会投资策略应用于社会工作的专业实践，在强调经济发展的同时，也强调人类福祉的提升和改善。

发展性社会工作是反贫困社会工作的重要模式。具体而言，一般的反贫困工作与发展性社会工作的主要区别如下：前者的目标主要是助贫，或者更确切地说是帮助贫困家庭改善生活处境；后者的目标则是脱贫，即帮助贫困家庭脱贫致富或自立发展。[①] 从我国开展的贫困人口救助服务来看，开展

① 蒋国河，平卫英，孙萍．发展性社会工作视角下的农村反贫困实践：W 县 Y 村妇女互助储金会的案例分析[J]．江西财经大学学报，2018(6)：94－103．

得较多的是针对贫困地区农村留守儿童、留守老人的救助式社会服务，所提供的服务主要包括教育、医疗、心理健康和照料服务等。但作为发展中国家的一员，我国贫困问题的解决越来越需要发展性社会工作的参与，换言之，发展性社会工作在我国反贫困实践中具有巨大的介入空间。特别是随着我国进入精准扶贫的新时代，产业扶贫受到高度重视，这更为社会工作的发展性理念提供了契机。人们越来越对发展性社会工作产生了浓厚兴趣，希望借此提高减贫的效益。近些年，我国一些社会工作机构以发展性社会工作理论作为指导，开展了广泛的反贫困活动实践，如广东绿耕社会工作发展中心在云南平寨、广东从化等地开展的以“城乡合作贸易”为特色的农村社会工作实践。这些实践在某种程度上表明，我国贫困农村地区只有依赖本土化、在地化、内生性的发展性社会工作，才能使反贫困社会工作具有有效性和持续性。

二、优势视角：社会工作介入社会救助的现实路径

萨利贝(Saleebey)提出了优势视角理论。该理论关注服务对象自身的优势和能力，其基本信念是增权、抗逆力、成员资格、对话与合作等。该理论认为个人、团体、家庭和社区都有特定的优势，这些优势包括财富、能力、资源、智慧、技巧和知识等。简言之，“优势视角”是一种关注个人内在力量和优势资源的理论视角，即把人们及其所处环境中的优势和资源作为社会工作在助人过程中关注的焦点，而非关注其问题和病理。

随着国内学者的引介，优势视角已被广泛应用于我国不同的人群和各种社会工作实践领域中。在反贫困社会工作的实践领域，尤其是在城市社

会救助领域，优势视角的实践有其发挥作用的空间。优势视角理论主张通过整合、调动一切资源，协助被帮助者自我发现、自我发展，以实现自我价值。基于优势视角的反贫困社会工作理论模式的核心要义在于，维系贫困者的尊严、价值的基本理念，彰显贫困者的主体地位，协助贫困者开发优势资源。在优势视角的反贫困实践中，社会工作者在某种程度上要通过发现、寻求、探索、利用案主的优势和资源，协助他们达到自己的目标，实现自己的梦想。这一视角强调人类精神的内在智慧，强调即便是最可怜的、被社会遗弃的人也具有内在的转变能力。

需要指出的是，我国反贫困发展的最大难题是反贫困的不可持续问题。尤其是随着2020年阶段性目标的实现，针对贫困农村地区的扶贫资源将不再源源不断地供给，此时面临的最大贫困风险是"返贫困"。而优势视角所倡导的能力为本的实践路径，恰恰具有可持续性的功能，能够应对后2020时代的现实挑战。基于优势视角出发的社会工作能够立足于救助对象的优势与资源，以救助对象"有什么"为出发点，推动救助对象的能力建设，协助救助对象发掘并开发自身的潜能，依靠自身力量摆脱困境，最终实现"助人自助"的发展目标。

三、赋权视角：社会工作介入教育扶贫的现实路径

赋权（empowerment）是现代社会工作理论的一个重要概念，所罗门（Solomon）最早在《黑人赋权：受压迫社区中的社会工作》（*Black empowerment: social work in oppressed communities*）一书中使用"赋权"这一概念。所罗门认为，多数弱势群体都可能面临一系列的权利障碍，赋权

则是社会工作者与当事人一起参与的一种活动，活动的目的是减少被“标签化”的弱势群体的无权感，即缺乏技巧、知识、物质资源和情绪管理能力，以致无法令自己满意地有效扮演重要的社会角色。① 20 世纪 90 年代以来，赋权已被应用于很多不同类型的社会工作中，赋权的主要对象是弱势群体，包括失权的个人、家庭、群体和社区等。在赋权理论看来，弱势群体处于一种权能缺失的状态，而个人或群体拥有的权利是变化和发展的，无权或弱权的地位状况通过努力是可以改变的。社会工作可以增加人们所拥有的这些权利和能力，即引导个人、家庭、群体和社区采取乐观的态度，积极参与决策，通过行动来改变自己的不利处境，从而使整个社会的权力结构更趋公正。②

在社会工作中，empowerment 又可被译为增权、充权、培力、增能，是通过法律、制度赋予对象平等权利，并使之具有维护自身应有权利的能力的过程。经由这一过程，对象主体掌握足够的能力去参与影响自身生活的事件，并努力改变。③ 虽有人将赋权与增能加以区别，认为增能主要指主体发挥主动性，提升自身能力；赋权则指通过外部力量，塑造有利于弱势群体生存的客观环境。④ 进而言之，增能和赋权是改变贫困的相互补充的两个方面，统一于中国特色社会主义反贫困的事业中。但笔者认为，赋权的概念包含三种要素，即能力的增加、权利与机会的获取、自我效能感的提升。⑤

① SOLOMAN B B. Black empowerment: social work in oppressed communities[M]. New York: Columbia University Press, 1976: 10.

② 范斌. 弱势群体的增权及其模式选择[J]. 学术研究，2004(12): 73 - 78.

③ 郑广怀. 伤残农民工：无法被赋权的群体[J]. 社会学研究，2005(3): 99 - 118.

④ 陈树强. 增权：社会工作理论与实践的新视角[J]. 社会学研究，2003(5): 70 - 83.

⑤ 徐立娟，刘振，田雄. 赋权增能与系统建构：社会工作介入教育扶贫的经验反思：以 H 大学云南省 S 村暑期教育项目为例[J]. 华东理工大学学报(社会科学版)，2020, 35(2): 62 - 72.

如今，赋权取向的社会工作实务已成为一种经典模型。但是赋权理论在社会工作领域仍是一个错综复杂的范畴，在不同实践领域的社会工作中，人们对赋权的理解仍有不同。在反贫困领域，赋权视角的社会工作实务本身是一种模型，主要由专业目的、价值基础、理论基础、介入认可、建立关系、专业方法等要素构成。社会工作者正是借助此模型确定介入的步骤和要素，科学运用专业手法激发案主潜能的。教育扶贫是最能体现赋权视角的：教育既是贫困的内容，也是贫困的原因；既是脱贫的目标，也是脱贫的手段。教育扶贫是一种加大对贫困地区的教育资源投入力度，努力使贫困人口掌握脱贫致富的知识和技能，提升贫困人口的科学文化素质和就业创业能力，进而促进贫困地区的经济社会发展，以彻底解决贫困问题的扶贫方式。教育扶贫是反贫困的重要实现路径。在反贫困实践过程中，教育扶贫具有基础性、先导性、全局性的作用。要使贫困人口彻底脱贫，防止脱贫人口返贫，一个有效措施就是加强教育扶贫。在赋权视角下，教育亦是一种赋权的手段。① 教育扶贫的基本内容主要包括两个方面：一是对教育事业的扶贫，即扶教育之贫；二是通过教育对其他事业进行扶贫，即以教育扶贫。社会工作视域下的教育扶贫具有三重功能：一是可以提升贫困人口的科学文化素养，提升贫困人口的整体生存、生产、生活能力，从而消除贫困的代际传递；二是可以解决贫困地区教学条件差、硬件设施缺乏、教学资源匮乏、师资力量薄弱等问题；三是可以增强贫困地区人口的自我效能感，实现贫困人口的自立自强。

---

① 弗莱雷.被压迫者教育学[M].顾建新，赵友华，何曙荣，译.上海：华东师范大学出版社，2014：43.

四、生态系统视角：社会工作介入生态扶贫的现实路径

社会生态系统理论是国外社会工作实务的重要理论之一，并被广泛应用于各个实务领域。该理论是一个基础理论，它将系统论、社会学和生态学紧密结合起来，并且受到进化论的影响。此外，社会生态系统理论是一个比较开放的理论，其发展阶段不同，融合的理论概念也不同。20 世纪初，“社会处遇”“人在情境中”等理论范式被提出，这为后来社会生态系统理论的发展奠定了基础。20 世纪 80 年代，杰曼（Germain）等在生态系统理论的基础上，提出了“生态模型”，强调社会工作实务的干预焦点在于把个人置于其生活的场域中，重视个人与环境之间的交流和相互作用等。之后，扎斯特罗（Zastrow）等对当代社会生态系统理论又进行了丰富和发展。简言之，社会生态系统理论把人的社会环境，如家庭、机构、团体、社区等看作一种社会性的生态系统，强调每个人的生存环境应该是一个完整的社会生态系统体系，即由一系列相互联系的因素构成的一种功能性整体。

在反贫困社会工作实践中，生态系统理论与生态扶贫实践紧密相关。顾名思义，生态扶贫的工作模式就是将生态保护与扶贫开发相结合。该模式通过实施重大生态工程建设、加大生态补偿力度、大力发展生态产业、创新生态扶贫方式等，加大对贫困地区、贫困人口的支持力度，以达到推动贫困地区扶贫开发与生态保护相协调、脱贫致富与可持续发展相促进的扶贫模式，最终实现脱贫攻坚与生态文明建设“双赢”。社会工作参与反贫困工作，不仅关注物理上的生态扶贫，更加关注社会生态的建构。在反贫困社会工作中，生态系统理论强调要理解个人在家庭、团体、组织和社区中的社会

生活功能。一般认为，个人所生活的系统可以分为四个层次，即微观系统、中介系统、外在系统和宏观系统。微观系统指的是亲密关系中的人际关系形态和角色扮演；中介系统指的是两个以上的情境间发生的关联及其历程；外在系统指的是两个以上的关联情境，并在同一个间接的外在情境中发生关联；宏观系统指的是各个系统在一个更大的文化环境、民族团体中发生关联。不论求助者的需求表现在哪个层次上，其背后都与各个系统有着不可分割的联系。这就要求社会工作者应对所有相关系统予以关注。

五、女性主义视角：社会工作介入女性贫困问题的现实路径

女性主义社会工作是一项从女性的经验出发来分析问题，专注于女性社会地位与其个人困苦间的关联，通过对女性独特需求的回应，建立社会工作者与案主间的平等关系，并探讨结构上的不平等的工作。同时，女性主义社会工作也正视那些与女性有互动关系的需要。女性主义社会工作的主要任务在于引导每一位女性从生活和心理上独立起来，消除心中对男性的依赖，唤醒性别平等意识，提升自我价值感，努力提升自信心。女性主义社会工作呼吁有关机构和部门在男女不平等的现象出现时，向女性伸出援手，维护她们的尊严。

女性主义视角下的社会工作以在社会中处于不利地位的人群为导向，有利于社会工作者从多个角度看待妇女贫困的问题。在贫困的实践领域，女性主义社会工作是以社会工作价值理念为指导，以个人、团体或组织成员为对象，以性别不平等和消除性别不平等为妇女工作的起点，普及社会性别视角，致力于改善女性福祉，推动社会和谐稳定的反贫困实践。女性主义为

女性贫困问题提供了一个多面向的角度，去探索贫困妇女的内在、外在环境，以及权利、资源等分配的关系，并影响社会工作的实施模型。

与儿童、青少年、老年领域的反贫困问题不同，女性主义视角下，反贫困社会工作的特点突出体现在致力于增强女性自身的女性意识，帮助女性在面对不平等待遇时，能够维护自身权益。反贫困社会工作者试图让女性的性别意识觉醒，帮助她们从心里认识到男女是相互平等的，当受到不公平待遇、自身权益遭到侵害时，能够意识到要维护自身权益，继而从心理和生活上真正独立起来。特别是在陷入困境时，她们能够主动寻求女性主义社会工作者和相关反贫困服务机构的支持。当女性受到歧视和不公平待遇时，如果及时获得社会工作者的帮助，能够让女性服务对象切实地感受到女性社会工作的效果，更进一步理解女性主义的意义，从而再次增强女性的维权意识和对女性主义社会工作者的信任。

第五章 发展性视角下的反贫困社会工作

作为新兴的社会工作视角，发展性社会工作与传统治疗性的、个体化的临床社会工作相比，更加关注以社区为基础的参与性权利，强调使用投资策略、宣传、政策实践等干预措施进行宏观社会工作实践。在全球化的影响下，随着经济社会发展多元化，人类社会面临的反贫困问题和挑战也越来越复杂。在此背景下，发展性视角下的反贫困社会工作以其独有的发展理念在全球范围内的反贫困实践中获得越来越多的关注。本章将通过回顾发展性社会工作的形成与发展脉络，梳理发展性社会工作的理论基础与实践策略，探讨其在反贫困领域的应用。

第一节 发展性研究视角的形成与发展脉络

一、发展性视角的引入

发展性视角的兴起受到西方经济学和社会福利思想的广泛影响。早期工业化国家在经过了一个多世纪的发展之后，取得了前所未有的经济成就。然而，自 20 世纪 90 年代以来，发达国家在经历经济全球化、人口结构变化后，开始面临一系列新的社会风险和挑战。其中，越来越多的经济实践表明，经济增长并未提高所有社会成员的福利水平，甚至引发了更加严重的贫困、社会排斥、犯罪等社会问题，进而制约了经济的发展。与此同时，一些发展中国家也因一味追求经济增长而忽视社会发展，暴露出严重的社会问题，尤其是越来越严重的贫富差距和不平等问题成为发展中国家经济发展和社会稳定的障碍。人们开始质疑一直以来信奉“重经济轻社会”的发展模式，开始主张引入一种积极的社会政策概念，彻底改变传统的经济政策主导、社会政策辅助的发展观念。在此背景下，人们开始意识到政府、社会和个人应采取协调一致的行动，并通过社会福利政策的干预，满足普遍性的社会需要；在经济发展促进社会发展的同时，社会发展也要为经济发展提供动力，最终实现两者的协调、统一发展。越来越多的国家开始重视经济发展的社会维度，强调经济与社会的可持续发展。

至此，有西方学者提出了“社会发展”理念，并从不同角度进行了理论建构和拓展。其中，英国社会学家吉登斯(Giddens)提出的“第三条道路”理论包含了社会发展理念的部分元素。他主张构建一种积极的福利社会，强调由社会投资型理念代替传统的福利国家。吉登斯认为，建设社会投资国家不仅可以解决福利国家本身的问题，还可以增强各国在经济全球化压力下的竞争力；建立社会投资国家的基本原则是尽可能地对个人进行人力资本投资，而不是直接进行经济援助。另外，他还提出了积极社会福利思想，重视在满足经济利益的基础上促进人与社会的发展，强调第三部门在提供社会福利方面要承担更大的责任，发挥更大的作用，而不再是完全由政府来承担福利开支和分配，强调更加地方化的分配体制，充分调动公民参与的积极性。

在此基础上，“社会投资”理念被美国社会政策学者谢若登（Sherraden）进一步扩展。谢若登首次提出“资产为本”的社会政策理念。他认为，美国现有的经济理念和福利政策不足以应对不断扩大的贫富差距和不平等问题。因此，国家应该转变既有的以收入为基础的社会福利政策，在注重经济不断增长的同时，强调家庭福利的长期动态机制和个人资产的长期积累，推动个人、家庭和社区的发展，促进所有社会成员能够受惠，从而促进社会整体的长期发展。① 在这一理念下，谢若登认为，随着收入不平等问题的加剧，改善贫困人口的生活状况就需要以资产建设为核心，发挥资产建设的积极经济福利效应。资产建设理念的提出为反贫困社会政策开拓了新思路，其中，美国、加拿大、英国、澳大利亚等国家于20世纪末开始，分别以资产建设为理念，出台并实施了多项个人发展账户政策，为反贫困工作指明了新方向。

美国社会政策教授米奇利是首位明确提出“社会发展”理念并系统阐述发展性社会福利政策的学者。他基于对当时扭曲式社会经济发展问题的反思和一些发展中国家的经验，提出了社会发展视角和发展性社会政策。在米奇利看来，社会发展视角是一种解决社会福利和经济发展不平衡这一问题的新方法。他提出将经济发展与社会发展放在同等重要的位置上，并强调社会发展与经济发展的关系不是对立的非此即彼，而是动态协调的互动

① 谢若登. 资产与穷人：一项新的美国福利政策[M]. 高鉴国，译. 北京：商务印书馆，2005：9－10.

关系。[①] 他认为，社会发展的目标应该是在计划性的经济发展框架内，将经济与社会政策、社会福利联系起来，重点处理经济增长与社会进步的关系。另外，米奇利对传统福利国家分析范式提出疑问，认为社会福利的残余模式和制度模式是基于资本主义工业化社会情境的，存在着"工业国家社会政策偏好"的倾向，对发展中国家可能并不适用。因此，他提出将发展性社会政策作为替代思路，以解决发达国家和发展中国家出现的既有问题，并提出以刺激消费和服务为导向的经济政策需要转变为提高能力、投资于民、扩大经济参与、调动社区力量等干预措施。[②]

二、发展性视角与社会工作的融合

当代社会工作实践理念可以追溯到三个不同的起源：一是由 19 世纪城市慈善机构的贫困救济活动发展而来的治疗性的个案工作方法，它是社会工作最早出现并在后来占主导地位的一个分支；二是睦邻组织运动，通过对社区进行改良，实现助人自助的社区组织方法；三是中央集权制的社会行政方式，其政策理念强调普遍性的社会福利，认为政府需要扩大社会服务覆盖面。相对而言，后两者一方面在理念上强调社会工作在宏观层面的工作领域和作用，具有更加明显的发展性功能（如赋权、增能），是对传统治疗性个案工作方法的替代或扩展；另一方面也是为回应社会发展中日益增多的福

---

① 米奇利. 社会发展：社会福利视角下的发展观[M]. 苗正民，译. 上海：格致出版社，2009：9.

② 张秀兰，徐月宾，梅志里. 中国发展型社会政策论纲[M]. 北京：中国劳动社会保障出版社，2007：163.

利需求和复杂化的社会问题而出现的一种实践模式。可以说，发展性视角的社会工作起源于对传统治疗性功能派社会工作的反思。

20世纪中期，随着临床社会工作的不断发展和完善，一些社会工作学者对个体化临床社会工作的治疗性功能提出疑问，认为临床社会工作需要超越既有的问题视角，扩展出发展性理念。比如，功能学派的塔夫特(Taft)和鲁滨逊(Robinson)在对里士满的诊疗式社会工作模式和贾里特(Jarrett)的精神病学方法的批判中，提出需要在治疗关系中强调个体和组织成长的重要性。① 当时这一具有预见性的理念与后来社会工作强调的优势视角、发展性理念一脉相承，即认为社会工作者应该关注案主的优点而不是缺陷，应把助人的焦点集中在帮助案主实现个人成长及其潜力的挖掘上，进而帮助案主解决自己的问题，实现"助人自助"。但是，当时以病理学为基础的治疗性理念仍然主导着个案社会工作实践，发展性视角的社会工作并未获得长足的发展。随后，社区社会工作方法的提出为社会工作在宏观层面的干预和社区实践提供了新思路，尤其是亚当斯及其团队对社区建设、政策倡导等方面的研究积极地扩展了社会工作在社会变革方面的功能。② 另外，其他实践工作者也对此进行了积极的推动，如汉密尔顿(Hamilton)、凯利(Kelley)和沃尔德(Wald)等在推动社会工作进步式变革理念方面做了大量工作。③ 至

① DORE M M. Functional theory: its history and influence on contemporary social work practice[J]. Social service review, 1990, 64(3): 358 - 374.

② LUNDBLAD K S. Jane Addams and social reform: a role model for the 1990s[J]. Social work, 1995, 40(5): 661 - 669.

③ CROCKER R H. Social work and social order: the settlement movement in two industrial cities, 1889 - 1930[M]. Chicago: University of Illinois Press, 1992: 19 - 94.

此，社会工作服务从对传统的个案治疗方法的关注转向更加积极、多层次的干预模式。到了 20 世纪 50 年代，出现了以阿林克西（Alinksy）为代表的社会工作实践者，他们在社区社会工作实践中形成越来越多的发展式理念。至此，社会工作者可以通过社会行动为社会变革做出有效贡献的观点得到了更广泛的支持①，极大地促进了发展性社会工作的出现。

社会工作在社会变革中的角色在 20 世纪 30 年代的大萧条时期得到了进一步确认。当时，为应对经济困境，解决严重的失业问题，以美国为代表的国家开始实施新政计划，强调经济和社会政策的融合，体现了社会发展理念在社会政策领域的具体实践。同时，随着 1935 年美国《社会保障法案》的颁布，普遍性的社会保障权利获得认可。在此基础上，新政还强调政府应在教育、医疗和住房方面增加投入，进一步扩展社会服务覆盖面。类似的福利政策在一些欧洲国家也相继实施。在此背景下，为缓解社会服务供给的压力，社会工作者参与了各种新政计划与实施，同时带动了社会工作教育和社会工作者在社会行政领域的发展。②

同西方社会工作发展历程类似，南半球发展中国家的社会工作也获得了发展。这主要得益于第二次世界大战后，部分国家针对日益严重的城市问题（如青少年犯罪率高、极端贫困等）开展的一系列活动，比如，印度在其地方领袖的带动下开展的以社区为基础的活动，这些活动为该国的社会发

① TROLANDER J A. Social change: settlement houses and Saul Alinsky, 1939 - 1965 [J]. Social service review, 1982, 56(3): 346 - 365.

② ABRAMOVITZ M. Social work and social reform: an arena of struggle[J]. Social work, 1998, 43(6): 512 - 526.

展理念奠定了基础[①]；而在西非，由于合作耕作模式被广泛推广，人们逐渐发现发展性社区项目可以很好地解决当地的贫困问题，并提出了以社区为基础的反贫困干预方法。然而，这些计划的开展需要引入大量的社会服务工作人员。[②] 在此背景下，以南非为代表的发展中国家通过引进一批具有专业资格的社会工作者，或选派人员出国接受社会工作专业培训等方式，极大地促进了当地社会工作的专业化。

社会工作理念在社区发展和社会发展领域获得传播，在很大程度上还有赖于联合国等国际性组织为协助经济不发达国家和地区推广社会发展方法采取的一系列促进行动。比如，1969 年，联合国在纽约举行的以社会福利为议题的部长会议中讨论了社会福利的不同职能，促使人们认识到社会工作在满足社会需要和处理社会问题方面发挥的宏观性角色和作用。[③] 此外，联合国还提出突破原有的以政府为主导的中央集权主义的工作方式，强调社区发展和社会发展并不仅仅是政府的责任，还应有来自社会力量的多方参与；认为在社区发展中需要一种基层的、参与式的方法调动更多的社会力量，更加强调由基层工作人员对发展项目进行指导。随后，联合国召开了多次国际会议，以讨论社会发展理念及其实践的具体干预措施，并为一些贫困国家和地区提供了大量相关的技术咨询和资金。

---

① NARAYAN L. Freire and Gandhi: their relevance for social work education[J]. International social work, 2000, 43(2): 193-204.

② LAVERGNE R. Regional integration and cooperation in West Africa: a multidimensional perspective[M]. Trenton: Africa World Press, 1997: 352.

③ REISCH M. Social justice and multiculturalism: persistent tensions in the history of US social welfare and social work[J]. Studies in social justice, 2007, 1(1): 67-92.

20世纪70年代，随着志愿服务部门的扩张和第三世界国家广泛开展多项反殖民运动，学界涌现出了一些具有批判性、挑战传统权力结构、强调公民参与等更激进的社区发展思想，以及反种族主义和其他争取社会平等的革命理念。与此同时，随着社会工作职业化的推进，越来越多的超越传统治疗性的个案工作方法被提出。比如，米奇利在马克思主义的影响下，关注革命性的、平权和反压迫等社会理念，提出并确立了社会工作的批判视角。①

随着社会发展范式逐渐在社会工作领域获得接纳和广泛传播，如何将发展性理念应用在社会工作领域中引起学者们的关注和探讨。多数讨论集中在发展性社会工作的工作内容，和如何具体开展发展性社会工作等实践问题上。② 其中，隆巴德（Lombard）关注社区发展与社会发展之间的联系、社会工作专业发挥的作用；格雷（Gray）确定了不同实践层次涉及社会发展的主题，如服务对象的参与、社会工作者的角色和工作目标；帕特尔（Patel）提出了基于社会发展方法的发展性社会工作实践模式，阐述了发展性社会工作实践模式的具体内容、在实践中的应用以及实施的挑战；波特希特（Potgieter）的贡献在于设计了一个发展社会工作实践的整体过程模型，在这个模型中，他确定了对实践至关重要的主题，如赋权、多样性、满足人类需求和一般的综合实践；巴克（Bak）基于南非社会工作实务经验，进一步讨论了

① MIDGLEY J. Issues in international social work: resolving critical debates in the profession[J]. Journal of social work, 2001, 1(1): 21-35.

② HARE I. Defining social work for the 21st century: the International Federation of Social Workers' revised definition of social work[J]. International social work, 2004, 47(3): 407-424.

发展性社会工作的价值和意义，更加强调“增权”的含义。① 2010年，米奇利和康利从发展性社会工作的理论和案例着手，系统论述了发展性社会工作的基本理念和策略②，这些论述成为至今广为流传的发展性社会工作的理论内容。在发展性社会工作实践中，南非以社会发展理论为基础，建构了整合性本土社会工作体系，其中包括宏观社会福利政策、中观社区发展模式，以及微观个人、小组服务模式。③

由此看出，发展性社会工作从最初的社会政策领域的福利概念，逐渐被社会福利和社会工作研究的学者认可，并在国际社会行动的推动下，越来越多地融入国际社会工作研究领域，成为社会工作研究与实践中一个有机的构成内容，实现了社会工作理念与社会发展理念的有机融合。

第二节　发展性视角下社会工作的理论基础与实践方法

一、发展性社会工作的概念演进

发展性社会政策和社会发展理念为发展性社会工作视角的出现奠定了理论基础，但缺少实践基础，这也引起了学术界对发展性社会工作的概念化

① BAK M. Can developmental social welfare change an unfair world?[J]. International social work, 2004, 47(1): 81 - 94.

② MIDGLEY J, CONLEY A. Social work and social development: theories and skills for developmental social work[M]. Oxford: Oxford University Press, 2010: 23 - 24.

③ 陆德泉. 社会发展视角探索社会工作的本土化策略：以南非建构发展性社会工作体系的路径为例[J]. 中国农业大学学报(社会科学版)，2017，34(3)：35 - 45.

和实践原则的广泛讨论。国际社会发展大学间联合会①的成立促进了社会发展方面的理论工作的开展。该联合会的主要目标之一是通过召开会议和出版期刊，向美国社会工作者介绍社会发展概念。美国的明尼苏达大学德卢斯分校创建了致力于提升社会发展教学质量和发放奖学金的社会工作项目。在以约翰(John)为代表的学者的推动下，这些项目对发展性社会工作的概念化作出了重大贡献，极大地促进了学界对发展性社会工作议题的讨论和关注。此外，帕瓦(Paiva)于 1977 年首次发表了关于社会发展的文章，促使社会发展性方法在社会工作领域传播得更广泛。

在这些关于社会发展概念的探讨中，大致形成了两种较为明确的观点：第一种观点认为社会发展是个人成长和自我实现的过程，这个过程使个人对社会具有更广泛的影响。例如，有学者认为在社会发展理念下，个案社会工作者在与案主互动的过程中，帮助案主变得越来越有能力，并负责任地进行自我实现和社会互动，有助于案主形成共享型的社会理念。社会发展的目标之一是促进个体工作能力不断提升和社会整体福利的发展。② 第二种观点来自霍利斯特(Hollister)等学者，他们将社会发展实践等同于宏观社会工作实践，指出社会发展理念下的社会工作涉及社区组织、政策分析、规划、管理、项目和项目评估等内容。③ 斯珀格尔(Spergel)则进一步认为发展性社

① 该联合会最初主要由美国中西部大学的社会工作教育者组成，后来更名为国际社会发展联盟。

② MIDGLEY J, CONLEY A. Social work and social development: theories and skills for developmental social work[M]. Oxford: Oxford University Press, 2010: 3－28.

③ HOLLISTER D C. Social work skills for social development[J]. Social development issues, 1977(1): 9－20.

会工作和社区组织发展理念一致，两者并没有本质区别。① 另外，社会工作学者马亚达斯（Mayadas）、沃茨（Watts）和埃利奥特（Elliott）强调社会发展理念应用的情境性，提出了发展性社会工作的不同实践模式。②

在过去的十多年里，社会发展模式在社会工作领域的发展速度依然是缓慢的，发展性社会工作的概念依然是模糊的，明确的实践方法依然缺乏。同时，20 世纪 90 年代以来，新自由主义的兴起再次挑战了学者和实践者强调通过政府在社会和经济领域中的干预来促进发展这一理念的权威，且在以英美为代表的发达国家出现了大量削减社会福利项目的行动，许多发展中国家的社会发展项目也被削弱。在此影响下，各地社会发展模式下的社会工作实践受到了不小的冲击。然而，随着非政府部门在部分发展中国家的迅速扩张，社会发展理念开始广泛地融入当地社区或被应用于非政府组织管理的社区活动中。例如，一些非政府组织在社区发展模式的项目中，以微型企业和小额信贷方式为妇女合作社提供贷款。与此相关的还有一些环保运动的兴起，也推动了社会发展项目的发展。虽然这些实践更多体现的是广泛意义上的社会发展理念，而不仅仅聚焦社会工作领域的发展性视角，但它们在促使发展性社会工作成为一种独特的社会工作实践形式的过程中发挥了积极作用。

在对发展性社会工作概念的研究中，以米奇利为代表的论述最为典型。米奇利认为，社会发展依赖于多种规范理论，包括国家主义、民粹主义、社群

① SPERGEL I A. Social development and social work[J]. Administration in social work, 1978, 1(3): 221 - 233.

② MAYADAS N S, WATTS T D, ELLIOTT D. International handbook on social work theory and practice[M]. Westport: Greenwood Publishing Group, 1997: 97 - 101.

主义和市场个人主义，但他建议将以上涉及的理论综合成一个整体模型，并提出国家、社区和市场作用的一体化。根据这一规范框架，米奇利强调经济和社会政策是逐渐发展的：一方面，经济发展应使人民的福利得到切实改善；另一方面，社会政策应有助于经济发展。[①]

另一位有代表性的学者是阿马蒂亚·森。阿马蒂亚·森提出的“可行性能力”这一概念为发展性社会工作提供了重要的理论基础。他认为，人的发展应该包括人们选择不同“功能”的自由权利，而实现这些功能的前提是不断提升人的能力。借此，能力的概念在社会发展领域得到了普及。同时，他的“可行性能力”概念与其他学者提出的社区发展理念存在诸多类似之处。如克雷茨曼(Kretzman)等认为社区存在很多的潜在资产，社区工作者的任务就是充分发掘这些资产并对社区居民进行有效的教育，实现这些资产的充分利用。[②]马西和甘宁汉(Mathie and Cunningham)针对贫困社区，进一步提出需要通过教育帮助贫困群体在有限的资源条件中挖掘和充分利用既有资源。

需要指出的是，虽然上述种种观点与发展性社会工作有关，但仅有少数学者对发展性社会工作实践进行了系统的阐述。他们认为，增长、优势和赋权等与社会发展相关的概念可以为包括临床实践在内的所有形式的社会工作实践提供信息。同时，他们提出应该打破微观临床和宏观实践之间的对立划分，将社会投资、经济参与、赋权和人力投资等宏观实践理念与社会工

---

① MIDGLEY J. Involving social work in economic development[J]. International social work, 1996, 39(1): 13 - 25.

② KRETZMANN J P, MCKNIGHT J L. Building communities from the inside out: a path toward finding and mobilizing a community's assets [M]. Chicago: ACTA Publications, 1993: 30 - 33.

作微观干预涉及的所有系统相联系。另外，来自南非的社会工作学者受到发展性社会工作和社会福利的启发，更多从发展性视角开展社会工作实践，这成为南非社会工作多年来的特点。其中，以帕特尔和隆巴德等为代表的南非学者对发展性社会工作所做的概念化发展最为全面。①② 发展性社会工作的实践目标是根据具体情境将与社会发展相关的知识、技能和价值应用于社会工作实践中，以增进个人、家庭、群体、组织和社区的福利。在此基础上，帕特尔阐述了南非发展性社会实践方法的主要策略，包括：① 以权利为基础的方法；② 社会发展与经济发展的相互协调关系；③ 注重民主和参与发展；④ 强调社会福利多元化，尤其是国家和民间社会组织在社会发展中的作用；⑤ 弥补发展性社会工作视角在微观与宏观之间的差距。

二、核心概念

如上所述，学界和社会工作实践者多年来一直致力于探索发展性社会工作的概念，但是目前并没有形成统一的定义，仅有部分研究围绕社会发展与社会工作总结出了共同主题，为发展性社会工作的概念化提供了重要的理论依据。本节将根据米奇利的总结，介绍变革、社会正义、社会投资、社会权利等涉及发展性社会工作的核心概念。

（一）变革

变革是发展性社会工作的核心概念之一，强调社会工作实践的过程性。

① PATEL L. Developmental social policy, social welfare services and the non-profit sector in South Africa[J]. Social policy and administration, 2012, 46(6): 603 - 618.

② LOMBARD A. Social work: a social partner in economic development [J]. Social work/ maatskaplike werk, 2014, 44(2): 121 - 142.

在社会工作微观服务实践中，变革关注个人的成长。具体到个案工作和小组工作中，社会工作干预强调目标设定的渐进性和线性，一般会结合马斯洛的自我实现理论来明确变革过程及其期望的最终目标。宏观社会工作实践则强调集体福祉的改进，通常包括实现社会一体化、有效的社区功能、推进社会公平或社会正义。也有部分学者强调物质经济目标，认为变革的过程应该涉及生活水平、健康、教育等层面的切实改善。此外，在具体的干预措施中，变革还会涉及优势、赋权、责任心、能力、资产和增能等概念，这些概念与寻求促进变革和发展性社会工作的工作内容紧密相关，并且在不同的情境中会有不同的侧重点。同时，在有关变革性质和目的的探讨中，人们还关注具体情境中不可控的环境。

（二）社会正义

作为社会工作的终极目标，社会正义同样也是发展性社会工作的核心概念之一。发展性社会工作强调社会公平和公正，并通过保障社会成员平等获得基本社会服务的权益来实现社会正义的目标。它尤其强调通过社会干预和集体行为来实现社会的公平。同时，社会正义强调社会成员的积极参与，关注社会成员在参与过程中的意识觉醒和能力提升。在社会正义的概念下，发展性社会工作不仅关注微观层面个人及其家庭的服务供给，还关注宏观层面的社会结构议题，并致力于通过民主、参与、平等和社会正义等推动社会进步与社会变迁。①

（三）社会投资

发展性社会工作致力于推动社会发展和经济发展的协调与均衡，强调

① 向德平，程玲. 发展性社会工作的脉络、特点及其在反贫困中的运用[J]. 西北师大学报(社会科学版)，2019，56(2)：47－52.

社会成员在经济发展中获益。所以，米奇利系统阐述了社会投资这一概念，认为社会投资对社会发展是至关重要的。在米奇利看来，社会投资包括一系列干预措施，例如，调动人力和社会资本，促进就业和资产积累，并以其他方式显著改善个人、家庭和社区的经济福利等。社会投资视角下的社会工作旨在提升服务对象的技能，促进服务对象参与生产性活动，并帮助他们获得经济发展能力和社会发展能力，最终实现推动社会发展的宏观目标。

（四）社会权利

发展性社会工作的另一个核心概念是围绕“权利”展开的。社会发展理念强调将人权这一要素注入社会发展的议题中，以确定社会发展的目标，并促进社会发展政策和计划的实施。社会权利这一概念源于马歇尔(Marshall)对公民权利的论述。他将公民权利划分为社会权利、基本民权和政治权利，其中，社会权利是公民应享有的教育、健康和养老的权利，是实现公民权利的重要条件，具有促进社会发展的积极作用。在发展性社会工作中，社会权利的概念反映了这样一种信念，即社会工作者所服务的人不仅有权做出决定，而且有权从服务和支持中获益，同时维护所有人的固有价值和尊严。虽然社会工作传统理念中没有明确的人权概念，但是社会工作的诸多理念和实践原则与社会权利思想是紧密相关的。如南非的《社会保障白皮书》就是以权利为基础的，强调穷人和弱势群体不仅享有社会保障的权利，还享有社会经济发展的权利。基于权利视角，政府通常将给予公民的社会保障或社会福利作为反贫困的重要策略，其基本假设是保障每一个公民都有免于贫困的权利。由此，发展性社会工作强调关注服务对象获得经济福利和经济参与机会的普适性,并通过服务对象获得社会福利等方式增加其收入和资产,以增进个人、家庭和社区的经济福利。

三、干预原则与实践

发展性视角为社会工作实践提供了新的思路,其有关社会正义和人权的价值观与社会发展思想是当前宏观社会工作的重要内容。但是,社会工作者在按照发展性社会工作理念开展服务时,需要转变专业角色,更新和明确专业方法,明确干预原则与实践策略。实际上,作为一种有效的实践策略,发展性视角强调从优势视角、增能赋权、资产建设、合作伙伴等实践原则出发,帮助社会工作者进入社区与服务对象交流,从地方社区的优势资源出发,了解服务对象遇到的挑战并找到解决方案。在这个过程中,社会工作者成为变革的推动者,在推动创业就业、小额贷款、社会资本建设等创新性服务计划实施的同时,掌握了有效的社会工作干预措施和实践策略。[①] 本部分旨在总结和归纳发展性社会工作的干预原则及其在实践过程中的核心内容。

(一) 干预原则

1. 优势视角

优势视角颠覆了传统的、以问题为中心的临床社会工作的干预理念。优势视角认为个体具有天然的抗逆力和恢复力,挖掘和培养服务对象识别和协商解决问题的能力是社会工作干预的核心内容。具体而言,优势视角

---

① GRAY M. Developmental social work: a "strengths" praxis for social development [J]. Social development issues, 2002, 24(1): 4－14.

引导下的社会工作者会更加关注服务对象的激情、能量、智力、想象力、好奇心和创造力，致力于帮助服务对象识别、利用他们的内在资源和技能。同时，社会工作者会将服务对象所处的逆境理解为其与服务对象合作的机会而非问题，关注的是找到服务对象的优势及如何促进其优势的发挥，帮助服务对象学习新的技能来应对日常生活中的挑战，并建立有效的应对机制。[①]

2. 赋权式的专业关系

发展性社会工作关注社会平等、权力等结构性议题，并认为现代社会中的诸多社会问题源于权力的不对等。面对这些问题，发展性社会工作倡导社会工作者与服务对象对话，更多地了解服务对象所处的环境，即社会工作者与服务对象建立赋权式的专业关系。在赋权式的专业关系中，社会工作者帮助服务对象了解隐藏在他们生活中的权力结构是如何阻碍他们发展的，并协助他们学习各种技能，帮助他们挑战这些权力结构。

3. 资产为本的社区发展

资产为本的社区发展是优势视角下社区社会工作的干预策略之一，关注社区的集体潜力，聚焦当地的资产和资源。在这一过程中，社区工作者主要承担推动者和合作伙伴的角色。同时，资产为本的社区发展策略也体现了赋权思想，即强调社区层面的变革。在这个过程中，社区工作者应当成为积极的社会变革领导者，组织、调动社区资源。另外，资产为本的社区发展强调网络的重要性，主张社区工作者需要将具有相似兴趣、天赋、技能和知识的人聚集在一起且相互协作，利用当地的资产和资源，并将

① SALEEBEY D. The strengths perspective in social work practice: extensions and cautions[J]. Social work, 1996, 41(3): 296 - 305.

这些优势结合到有组织的社区项目中，围绕人们共同关心的问题开展活动。

4. 参与和自决

发展性社会工作强调尊重服务对象的发展意愿，认为服务对象有自决的能力，能为自己的未来发展负责。同时，发展性社会工作致力于增强服务对象的发展能力。因此，服务对象的参与和自决有利于社会工作目标的实现。[①] 社会工作者需要积极推动服务对象参与到与其相关的决策和行动中，并鼓励服务对象自决。

5. 伙伴关系

社会发展视角中的福利多元论注重企业和政府经济部门在社区发展领域中的重要作用，并认为社会服务和社区发展在很大程度上取决于它们之间的关系。同时，在实现大规模、可持续的社会发展目标之前，必须加强政府、私营企业、地方社区等各方之间的伙伴关系，强调不同部门、组织之间通过互惠、交流、分享和对话等机制实现平等合作的关系。发展性社会工作则进一步提出，建立伙伴关系、与不同部门的人员建立联系和建立网络是社会工作者必需的技能。

(二) 实践内容

埃斯蒂斯(Estes)总结了发展性社会工作的实践内容及其主要目标，具体如表 5－1 所示。[②]

---

① GRAY M. Developmental social work: a "strengths" praxis for social development [J]. Social development issues, 2002, 24(1): 4－14.

② ESTES R J. Trends in world social development: the social progress of nations, 1970－1986[M]. New York: Praeger, 1988: 11－39.

表 5-1　发展性社会工作的实践内容及其主要目标

实践内容	实 践 目 标
个体、集体赋权	通过强调“自助”“互助”和“觉醒”等理念，使个人和团体学会如何认识和处理社会、政治和经济结构中的矛盾
解决冲突	致力于减少个人之间、团体之间的不满或冲突，以及精英群体和弱势群体成员之间的权利关系的不对称
制度建设	促进现有社会制度走向“人性化”，同时为回应社会新的需要而进行新制度的建设
社区建设	通过增加民众的参与积极性和“社会活力”，使所在社区在社会、政治和经济潜力等方面充分发展，并促使社区对其居民的社会和物质需要做出更加公正的回应
国家建设	在各级政治组织中，推动实现国家的社会、政治、经济和文化制度一体化建设
区域建设	在社会组织的各个层次中，以地域性政治区域为单位，推动其社会、政治、经济和文化制度一体化建设
世界建设	以谋求世界和平、促进社会正义、普遍满足人类基本需要和保护地球脆弱的生态系统等为目标，推动新的国际关系体系的建立

在此基础上，埃斯蒂斯进一步概括了发展性社会工作的实践内容，主要包括：① 向处于困境的人提供个人社会服务，并指出应该超越基于公民身份的限制，将战争受害者、难民或走失儿童等也视作服务对象；② 帮助弱势群体摆脱权利不对等的境地，从根本上解决他们的问题；③ 推动各类社会组织（如互助协会、社区基金会等）的建立；④ 对社会服务机构进行改革，促使社会服务机构设计者充分考虑服务对象的需要；⑤ 加快所在部门、地区、国家的社会发展步伐，并最终促进世界发展；⑥ 促进国际人权保障制度的完善；⑦ 促进世界和平；⑧ 维护地球生态系统。

（三）实践模式

根据埃斯蒂斯的总结，发展性社会工作实践包含四大工作模式：个人—社会服务模式、社会福利模式、社会发展模式和新世界秩序模式。①

1. 个人—社会服务模式

个人—社会服务模式力求为世界各地的人们提供基本的社会服务，这些基本服务旨在恢复或加强服务对象的社会功能，具体包括两个层面的目标：一是向社会功能暂时受损或中断的个人、家庭和群体提供救助和预防服务；二是对遭遇不平等对待的弱势群体给予社会保护。为了满足以上目标，个人—社会服务模式主张社会工作者需要具备多文化敏感性等能力，即对文化多样性的特殊人群有高度敏感的能力，从而及时发现、回应服务对象的需求。

2. 社会福利模式

社会福利模式旨在全球范围内维护各地人们的社会安全和社会正义，是宏观层面的社会服务干预模式。社会福利模式坚持自助、互助、人道主义等理念，认为需要建立有效和具有普遍性的正式社会福利供给制度，来实现全球范围内的社会安全和社会正义目标。

3. 社会发展模式

社会发展模式强调可持续性的发展目标，认为需要通过指导性的集体行动，从根本上消除一切形式的暴力和社会压迫等社会不平等现象。同时，社会发展模式包含社区发展模式的理念，强调自主参与的重要性，通过促进

① ESTES R J. Trends in world social development: the social progress of nations, 1970－1986[M]. New York: Praeger, 1988: 11－39.

人们在社区、社会层面的充分参与，使其自主选择推动自身发展的方法。

4．新世界秩序模式

新世界秩序模式认为，当前人类面临的社会问题源于当今世界"秩序"中存在的不平等现象。基于此，新世界秩序模式以促进社会变革为主要目标，通过承认和尊重地球生命的统一、尽可能减少暴力、满足人类的基本需求、维护人的尊严、保持社会的多样性和多元性、促进普遍性的社会参与，推动世界范围内的社会变革，建立"新的世界秩序"。

埃斯蒂斯认为，以上四种社会实践模式都致力于促进更加均衡的社会和经济发展关系的形成，但是反映的意识形态取向不同，有着不同的理论假设和服务目标。据此，他从社会变革目标、目标人群、重点内容、变革策略等方面对四种模式进行了比较（如表5－2所示）。

表5－2　发展性社会工作的实践模式的比较

	个人—社会服务模式	社会福利模式	社会发展模式	新世界秩序模式
人类环境的基本假设	部分人群无法通过自身的力量处理日常生活问题（如患有严重疾病、家庭功能障碍、收入不稳定等），需要为此恢复或加强人们的社会功能，为其达到自给自足提供帮助	在当代社会，人与人之间相互依存，面临着同样的社会"风险"（如收入较低、患有严重疾病等），需要通过建立正式的社会保护制度，对这些"风险"作出回应。公民获得社会和经济福利是其基本"权利"	发达国家建立起的国际秩序造成了财富、权利分配的不平等，而发展中国家持续存在的社会、政治和经济不平等源于遗留的殖民主义。消除不平等的国际制度是解决社会问题的根源	现有"世界秩序"由少数发达国家和强经济体国家控制，这些国家拥有既得利益并控制着贫穷、弱小国家的经济和政治。富国和穷国之间持续存在的不平等导致战争、内战不断发生，并日益加剧了全球贫困和社会不公正等现象

续　表

	个人—社会服务模式	社会福利模式	社会发展模式	新世界秩序模式
社会变革目标	防止弱势群体社会功能的退化，保护弱势群体免受剥削。通过提供社会服务，恢复并尽可能提升人们履行社会义务的能力	建立使尽可能多的人受益的、有效的社会保护制度	将权利和物质资源重新分配给弱势群体。组织民众充分参与本国的政治和经济制度制定、决策的过程	将现有世界秩序转变为反映所有人和所有部门利益诉求的制度，提高社会和分配公正度，实现世界和平，防止战争的发生
目标人群	个人、家庭和小团体	社会，特别强调个人和家庭团体的社会与经济福利	团体、正式和非正式组织、社区、国家	各类社会组织中的各类群体
重点内容	增强对文化多样性群体的特殊服务。注重社会工作者的文化敏感性和反应能力，提供各种形式的心理社会治疗服务	完善社会福利、维护社会正义和社会安全	增强对弱势群体处境的理解，协助地方组织进行社会变革	以全球共享、合作等理念为基础，建立新的国际秩序
变革策略	根据国民资格和需要，向受助对象提供有限的经济援助和经济服务	将基本社会保障扩大至全世界人民，确保所有人获得最低的生活保障、基本卫生、教育和其他社会服务	唤醒弱势群体的觉醒意识，通过自助、互助、制度建设等推动社区建设	多种社会运动，包括民主运动、民族运动、国际合作，促进民众与政府的对话与合作
组织机构	受雇于公营或私营服务机构的专业人士和非专业人士	跨学科的专业服务团队，服务于不同的福利部门（如住房、医疗、教育、收入保障等）	与政府机构、社会团体合作，培养专业人才，发展专家团队	民众和政府进行合作，尤其是在应对急剧改变的国际现实方面

续 表

	个人—社会服务模式	社会福利模式	社会发展模式	新世界秩序模式
社会革新的阻力	越来越多的“功能障碍”或福利依赖者导致的冲突和财政负担	无法及时回应新的社会风险而产生的社会冲突	本国公民权利的满足，以及对公正的回应	严重的全球性灾难、无法避免对现有世界系统变革的压力

资料来源：ESTES R J. Developmental social work: a new paradigm for a new century[EB/OL]. [2020 - 08 - 02]. https://www.researchgate.net/profile/Richard-Estes-3/publication/229002360_Developmental_Social_Work_A_New_Paradigm_for_a_New_Century/links/0046352960b305b303000000/Developmental-Social-Work-A-New-Paradigm-for-a-New-Century.pdf.

（四）实践策略

在发展性社会工作理论的指引下，发展性社会工作的目标是通过运用社会投资取向的干预策略，促进服务对象能力的提升，满足不同人群的多样性需求。为了实现这些发展性目标，发展性社会工作有以下六种实践策略①：

第一，人力资本投资计划。人力资本是服务对象发展的基本条件，主要包括健康和能力两个方面。发展性社会工作兼顾教育和健康方面的投资，为人们的营养膳食、岗位培训、扫盲活动等提供知识和技能。发展性社会工作认为，通过促进经济参与，人力资本投资计划有助于消除贫困。

第二，就业与自主创业计划。就业和自主创业是获取经济参与权、增加经济收入的重要途径。社会弱势群体，如妇女、老年人、残疾人、失业青年、流浪儿童等都有迫切的就业需求。发展性社会工作就是为这些劳动力市场中有特殊需求的对象提供就业便利，促进他们就业。现有的方法主要是将就业和自主创业计划置于优先地位，为服务对象提供岗位介绍、岗位安置、

① 马凤芝.社会发展视野下的社会工作[J].广东社会科学，2014(1)：222 - 228.

创业培训、就业与创业咨询等服务，鼓励服务对象参与生产性活动。

第三，微型企业和小额贷款计划。微型企业和小额贷款计划是就业与自主创业计划的拓展。发展性社会工作积极推进微型企业和小额贷款的发展，试图推动贫困人口和有特殊需要的人参与经济活动。目前，这类计划主要由非营利组织和政府通过技术援助、补贴和畅通信贷渠道来提供支持。

第四，资产积累计划。发展性社会工作反对以消费为导向的社会福利制度，认为该制度造成了人力资本和金融资本投入的减少，不利于劳动力的再生产和投资的扩大化。资产积累对个人与家庭的发展有重大影响，有利于个人与家庭采取更合理、更有规划和更积极的行为。

第五，消除妨碍经济参与的障碍并创造平等的机会。发展性社会工作致力于消除社会成员在经济参与过程中的制度化障碍。倘若这些障碍不能被消除，社会投资计划就是无效的。

第六，使用证据为本的干预方法。由于发展性社会工作者致力于为不同人群、地区、国家提供能够带来正向回报的服务，因此迫切需要有证据支持的专业实践能够实现这一目标。同时，随着国际范围内社会工作和社会福利干预措施系统评估方法的发展，越来越多的社会工作者更加积极地提倡使用基于证据为本的干预措施。

第三节　发展性视角下的反贫困社会工作实践

发展性社会工作为减贫做出了重要的贡献。在实践领域，发展性社会工作的工作重点是扶贫和促进社会融合，关注如何把边缘群体纳入社会主流。发展性社会工作认为，多数被边缘化的人（尤其是妇女、儿童、老人，以及那些由于患病而无法工作的人）生活在农村社区。发展性视角下的反贫困工作致力于帮助贫困者掌控自己的生活，并努力为贫困问题找到解决办法，进而从根本上解决这类社会问题。

作为第三世界国家之一，南非一直致力于与贫穷做斗争。1997 年，南非在《社会保障白皮书》中阐述了发展性社会福利政策，就此开启了社会发展视角下的反贫困工作战略。[①] 下面，我们将以南非的社会发展性政策和反贫困工作实践为例，介绍发展性社会福利模式下的反贫困社会工作的主要内容和成功经验。

一、南非发展性反贫困社会工作的实践背景

自《社会保障白皮书》发布以来，南非建立了以发展性社会福利为主的国家政策框架，并形成了以社会保护和社会福利服务为支柱的社会福利体系。事实上，南非发展性社会福利模式是在打破了原有的剩余福利模式之后建立起来的。在殖民时代，南非的福利模式以西欧白人为核心，对黑人的服务供给模式是具有歧视性的。这种剩余福利模式主要依靠以微观社会工作干预和居住照顾为重点的种族隔离服务。该模式不仅不公平，而且不具有可持续性，尤其在社会工作领域，越来越多的实践经验证明，这种剩余福利模式在解决南非的贫困问题和满足大多数人口的基本需要方面是低效

① LOMBARD A. The implementation of the white paper for social welfare: a ten-year review[J]. The social work practitioner-researcher, 2008, 20(2): 154 - 172.

的，甚至是无效的。

到了后殖民时代，随着社会发展理念在南半球的广泛传播，社会和经济政策的协调发展得到更多重视，南非原有的种族隔离式的福利政策方针越来越不具有适用性。修正福利制度中的不平等现象和歧视性服务供给模式，建立预防性和发展性干预措施，成为当时南非社会建设的重点内容。在此背景下，社会工作的目标由原来的治疗性干预目标转向改变社会和经济不公的宏观干预目标。[①] 这一时期，大量学者和社会工作者对发展性社会工作进行了探讨。

二、南非发展性反贫困社会工作的实践方法和经验

南非自采用发展社会福利政策框架以来，一直致力于倡导社会福利社会化，强调非政府组织在反贫困工作中的重要作用，并将社会工作作为参与社会福利社会化的重要力量之一。基于此，南非妇女联合会为社会工作反贫困实践设计了一种综合发展模式，以便全面解决贫穷问题。下面将以南非开展的图图卡尼（Thuthukani）项目为例，具体介绍发展性视角的反贫困社会工作的实践方法和经验。[②]

在图图卡尼项目中，发展性反贫困工作的核心价值观是坚持社会正义、维护人权，致力于消除贫困和不平等，主要采取具有变革和创新的战略，并

① GRAY M, LOMBARD A. The post-1994 transformation of social work in South Africa[J]. International journal of social welfare, 2008, 17(2): 132 - 145.

② LOMBARD A, KEMP M, VILJOEN-TOET N, et al. An integrated developmental model for poverty reduction in South Africa: an NGO's perspective[J]. Journal of community practice, 2012, 20(1 - 2): 178 - 195.

通过创造可持续发展的生计以解决贫困问题。

作为南非的一家非政府组织，南非妇女联合会为贫困人群和社会边缘人群服务的相关工作已有百余年历史。自1904年成立以来，南非妇女联合会一直积极参与制定解决贫穷问题的方案。20世纪90年代，南非妇女联合会积极采纳《社会保障白皮书》规定的社会服务发展方法，并结合社会工作领域的实际经验，积极收集服务使用者的意见，制定了反贫困社会工作的综合发展实践方案。其中，南非妇女联合会提出综合发展方案的基本原则如下：① 明确义务和责任；② 保持独立性；③ 为弱势群体提供特别援助和服务方案；④ 公民社会参与；⑤ 促进家庭团结。[①] 总体而言，南非妇女联合会关注个人、家庭和社区发展中的微观和宏观问题，并通过能力建设和赋权促进个人、团体、社区的自力更生。

该模式由以下六大支柱构成，强调各支柱之间的相互作用，以保证反贫困发展战略和方案的整体性、综合性。

（一）经济支柱

虽然各界对社会工作者在经济活动中的责任有不同看法，但是南非妇女联合会认为社会工作的服务对象往往与社会经济问题密切相关。南非妇女联合会提出，反贫困的经济支柱的核心目标为增进经济福利，协调经济社会发展，并为贫困者提供物质援助、职业培训、创收项目等。因此，社会工作的主要职责是向受助者介绍各支柱所提供的各种服务和方案，并为他们自力更生提供建议和指引。此外，该模式鼓励人们努力寻找工作，并以职业介

① LOMBARD A, KEMP M, VILJOEN-TOET N, et al. An integrated developmental model for poverty reduction in South Africa: an NGO's perspective[J]. Journal of community practice, 2012, 20(1-2): 178-195.

绍登记证作为服务资格条件之一。南非妇女联合会与劳工组织、贸易部门、工业部等建立了社会工作者网络，以便社会工作者为有需要的服务对象提供与就业有关的服务。同时，南非妇女联合会还建立了求职者和就业机构数据库，以便社会工作者指导服务对象将相关的工作机会与适当的技能相匹配。此外，社会工作者还需要通过社区开展倡议和社区活动，提升个人和家庭参与经济发展项目的动力。

（二）卫生支柱

卫生支柱的首要目的是保障儿童享有医疗保健服务的权利。卫生支柱为儿童提供一系列与健康相关的公共卫生服务，并为贫困者的食品包计划和儿童喂养计划提供必要的经费支持。另外，卫生支柱还包括对公民健康权利的保障，主要服务内容包括提供基本饮食和健康食品、维护基本卫生条件、提供干净的饮用水、在社区建立食物菜园、实施儿童喂养计划、提供疫苗接种服务、宣传艾滋病病毒和性传播疾病等卫生知识、介绍环境保护项目等。其中，在社区建立食物菜园是指学校为失业父母提供菜园，以便让他们通过种植蔬菜获取部分收入。

（三）教育支柱

教育支柱与其他支柱相关联，被视为南非反贫困战略的重要基础内容。教育支柱主要关注儿童和成人教育权利的保障，涉及的服务内容包括幼儿早期教育干预、学前教育、素质培训、课外看护、成人教育、社区发展和技能培训等。其中，儿童服务主要包括生活技能活动、课后保健设施建设、图书馆计划、玩具库计划、假期规划、伙伴计划等一系列项目活动。部分社会工作者和志愿者负责接送孩子上学、参加体育活动，也有部分接受培训的社区工作者负责儿童教育，比如，帮助有学习障碍的孩子完成家庭作业等。育儿指导项目和名为 play-play 的插画计划是南非妇女联合会授权的两个核心教育支柱项目，主要为家长或社区工作者提供育儿技巧，同时还对有需要的学生提供家庭作业辅导、心理干预、技能培训等，培养学生的学习能力，使他们更好地获取教育福利。

（四）权利支柱

权利支柱的核心目标是帮助儿童和成人（尤其是妇女）在任何情况下都能有自己明确的立场，知晓自己的权利，帮助他们随时了解自身所处的环境，并充分参与和自身相关的社会决策过程。具体干预内容包括在个人层面赋予妇女参与社会活动的权利，为社会变革奠定基础；在收入层面赋予妇女参与经济活动的就业权利，以提高妇女在家庭和社会中的地位。其中，自力更生方案是权利支柱的核心内容，主要包括为贫困者提供社会补助金；培训家政工人以掌握基本家居管理知识；完善保护妇女的政策；设计扫盲项目方案；为未就业者提供就业培训；为老年人等弱势群体提供就业决策服务和引导；培训项目工作人员的基本管理技能、个人领导力。这些活动的目的是建立个体的自尊和信心，从而帮助弱势群体获得基本就业权利和参与经济活动的自信心。

（五）尊严支柱

《南非共和国宪法》规定：每个人都有固有的尊严，并有权使自己的尊严得到尊重和保护。尊严支柱是以“去标签化”的理念为指导，试图改变人们对流浪儿童、艾滋病孤儿、乞丐等弱势群体的负面评价，并帮助弱势群体意识到自身被排斥和权利被剥夺的状态。尊严支柱的服务内容更多体现在认知改变、自我建设、沟通技能等方面，具体措施包括在交谈中以非权威性的表述来表现尊重，加强人们对通过变革取得进步的积极认知。这一支柱对促进领导素质的发展和提升同情、理解他人的能力具有积极作用，尤其是在人们缺乏或没有自我价值感的情况下，肯定他人的长处，以便向他们灌输信任、信念和尊严。促进这一支柱目标实现的服务项目包括为弱势群体建立的支持性小组和外展计划；设立丧葬基金，以确保贫困者能有体面的葬礼；为孩子们增加了解、学习其他文化的机会，旨在培养他们尊重不同文化的差异和多样性的行为习惯。

（六）保护支柱

保护支柱是指对最弱势群体提供必要的社会保护，旨在保障弱势群体的生命安全。这一支柱以社会保护和安全为核心内容，服务内容包括儿童保护计划、对权利被剥夺者的危机干预、家庭安全保护预防方案、家庭冲突解决方案和社区保健方案等。其中，儿童保护计划的服务内容具体包括托儿所表演有关虐待和性骚扰的木偶剧，开设如何应对毒品、酒精滥用和暴力问题的课程，实施预防犯罪和针对儿童的性防御教育项目。社会工作为儿童个人及其家庭提供咨询和保护服务，并通过儿童保护项目建立关系网，培养和提升儿童（尤其是易遭受身体忽视和虐待的贫困儿童）的自信心和主动寻求帮助的能力，进而为儿童保护构筑一道“安全网”。另外，保护支柱强调服务对象需要了解所有政策和法规，同时要求政府在制定相关政策时需要倾听服务对象的意见，特别是儿童、妇女和老年人等弱势群体的声音。所以，社会工作者需要对弱势群体提供宣传和教育，以便他们了解自身拥有的建议权，并调动服务对象参政议政的积极性，让他们能够在影响政策和立法方面发出自己的声音。

综上，社会工作者在南非的综合发展项目中承担了较多角色，具体的干预措施如下：通过向当地居民提供有关种族主义、歧视和剥削问题的教育，促使弱势群体意识到自身正处于被剥削状态，面临结构性问题；在教育、营养、卫生、医疗保健、妇幼保健服务、计划生育等领域提供支持性服务；为就业困难家庭提供日托服务、学前教育、营养咨询和医疗服务等，促进其进行人力资本投资，增加就业机会。另外，社会工作者通过支持当地居民开展各种经济项目来直接促进社区经济发展，这些项目包括合作创办微型企业、储蓄协会、课后作业班、成人扫盲班、日托中心等。

三、南非发展性反贫困社会工作实践的经验特点与启示

第一，南非反贫困综合发展项目为发展性社会工作提供了规范性价值指引，即以社会权利和社会正义为价值取向，强调以人为中心和随着经济发展而提高人民福利的发展旨趣。另外，该项目的重要启示之一是基于发展性社会福利理念，社会工作需要综合运用微观、中观和宏观等各个层面的专业社会工作方法，在康复、社会保护、疾病预防和儿童发展等方面提供跨界服务。

第二，南非反贫困综合发展项目肯定了协调社会和经济政策在实现反贫困目标方面的重要性，以及社会组织、服务对象在这一进程中发声的重要性。南非反贫困综合发展项目的重要贡献在于，社会福利部门的非政府组织和社会工作者可以成为经济变革的重要推动者，并通过提升弱势社区的发展优势，最终惠及整个社会。这种模式通过为穷人带来希望和尊严，让他

们不仅仅作为稀缺公共资源的消费者，而且积极地体会到了自身对提升所在社区福祉做出的积极贡献。①

第三，南非反贫困综合发展项目充分反映了以权利为基础的发展性社会福利的关键主题。其中，以权利为基础的核心议题包括民主参与发展、伙伴关系、协调微观层面和宏观层面的分歧。这些观念和方法为发展性福利制度的构建提供了系统化的理论基础和可供参考的服务框架。这些有益的发展性社会工作经验和反贫困行动为其他国家和服务部门运用发展性视角介入反贫困工作提供了借鉴。

第四，南非反贫困综合发展项目的系统化制度建设面临以下问题：发展性福利制度如何革新，社会工作如何在参与经济活动中发挥减贫的作用。多个国家的发展经验表明，福利制度体系的改革是缓慢、反复的。如果具体的服务规范和福利服务的许多细节未及时革新，就会严重影响服务质量和实践进展，从而进一步影响整个制度建设的良性发展。

第五，政府需要根据具体的贫困情况和社会经济情况来设计类似的反贫困项目。南非反贫困综合发展项目的发展性视角要求社会工作者通过创新社会和经济战略，并发挥其在反贫困方面的积极作用。然而，由于该项目涉及政治、经济、社会等多个层面的问题，如何针对不同层面的问题进行项目设计，是各个部门的反贫困工作面临的挑战。为此，该项目的启示在于社会工作教育成为变革的关键驱动力。此外，政策如何转化为实践，如何改变过去的思维模式，也需要在管理、培养专业人员方面进行调整，并通过制度

① BUTTERFIELD A K, ABYE T. Learning from Africa: publication and research[J]. Journal of community practice, 2012, 20(1-2): 211-217.

化、规范化的变更和管理予以实现。

第六，发展性反贫困工作范式的应用与实践需要以理论基础、本土化建设为前提。南非反贫困综合发展项目成功实施的重要因素之一是南非学术界为发展性社会工作的理论构建做出了重要贡献。同时，该项目在设计过程中充分考虑了实践应用过程中可能面临的问题和解决问题的具体方案，在此基础上，结合当前环境构建了本土化的反贫困方案。

第七，社会工作者通过从当地的实践中总结经验、构建并完善相关理论。在这个过程中，社会工作者通过批判性地论证、反思项目的可行性，以及在具体情境下运用专业方法提高了干预技巧的有效性。

第八，发展性社会工作范式形成的前提条件不仅需要专家智库的支持，还需要社会和体制方面的支持。①

综上所述，发展性社会工作中“助贫”的核心理念包括关注贫困群体潜能的开发、改变贫困群体所处境遇、更好地发挥贫困群体的主动性与积极性、引导贫困群体树立主体意识，这与习近平总书记提出的脱贫攻坚政策中“扶贫先扶志”的理念相契合。近年来，发展性社会工作视角在中国反贫困社会工作中得到了学者们的关注。学者们在扶贫开发中进行了相应实践，比如，张和清等在云南平寨、广东从化等地开展的以“城乡合作贸易”为特色的农村社会工作实践和研究。② 这些实践和研究成果依托于高校社会工作专业教师及其领办的机构，今后如何保证此类实践的持续性，开发出其所

① PATEL L, HOCHFELD T. Developmental social work in South Africa: translating policy into practice[J]. International social work, 2013, 56(5): 690 - 704.

② 张和清，杨锡聪，等. 社区为本的整合社会工作实践：理论、实务与绿耕经验[M]. 北京：社会科学文献出版社，2016：92.

在地区自身的内在发展动力，是目前发展性社会工作在反贫困工作中面临的挑战。而如何在借鉴国外先进经验的同时，结合中国本土经验，充分发挥发展性社会工作服务对于我国农村反贫困的作用亦是需要反思的重要议题。

第六章　优势视角下的反贫困社会工作

优势视角起源于塞利格曼(Seligman)的积极心理学,得益于20世纪70年代以来的抗逆力研究和社会科学的社会建构转向,形成于20世纪八九十年代的学院派。① 美国堪萨斯大学社会福利学院从20世纪80年代起开始质疑问题视角的服务,进行了最早的关于社会工作优势视角的探索。优势视角自提出之后,获得了很大的反响,迅速从精神健康领域扩展到老人、妇女、青少年和家庭服务,以及贫困帮扶、社会工作教育、社会政策倡导、文化优势挖掘等不同方面,成为20世纪80年代后社会工作的一个重要理论流派。② 随着20世纪80年代后能力建设、抗逆力和赋权等强调能力挖掘的理论的兴起,优势视角上升为一种一般意义上的社会工作理论和实践的视角,

---

① 陈友华,祝西冰.中国社会工作实践中理论视角的选择:基于问题视角与优势视角的比较分析[J].山东社会科学,2016(11):73-79.

② SOUSA L, RIBEIRO C, RODRIGUES S. Intervention with multi-problem poor clients: towards a strengths-focused perspective[J]. Journal of social work practice, 2006, 20(2): 189-204.

成了整个社会工作发展的主导。[1] 优势视角被引入中国后也得到了热烈响应，并迅速被用于服务流浪儿童、网络成瘾的青少年、新生代农民工、残疾人等人群和农村社会工作等不同的服务领域。作为社会工作的新的实践模式，优势视角也为反贫困工作提供了新的理论视角和实践方向。

第一节　优势视角的形成与发展脉络

1982 年，堪萨斯大学社会福利学院的教授拉普（Rapp）与该校一位博士生张伯伦（Chamberlain）共同负责设计一项针对慢性精神障碍患者的实验处遇方案。为了达成设定的方案目标，他们搁置既有的实务模式，重新思考并寻找可行且有效的策略和方法。在其最后形成的方案中，他们采取了一个全新的视角，视案主为一群尽管身处困境、患有疾病或人格欠缺，但仍然有优势的人，而这些优势往往被他人与案主自身忽略了。再者，欲使案主成功地在社区生活，就需要充分利用其所在社区的资源。[2] 该处遇模式成效卓著，在其所设定的 22 项结果指标中，有 19 项达到了正向的结果。拉普和张伯伦持续研究优势视角，并逐渐使优势视角成为全球社会工作的一个重要理论和实务视角。

优势视角可以被视作一种从人类生存问题出发的，包含一系列关于健

① 童敏. 从问题视角到问题解决视角：社会工作优势视角再审视[J]. 厦门大学学报(哲学社会科学版)，2013(6)：1－7.

② RAPP C A. The strengths model：case management with people suffering from severe and persistent mental illness[M]. New York：Oxford University Press，1998：27.

康和潜力的假设和归因的组织化建构。它起源于对现存主流病态或缺陷模式的批评，并立足于积极心理学、抗逆力研究、社会建构、叙事治疗和寻解治疗。优势视角认为病态学词汇背后是一系列的假设，这些假设反过来为案主刻画出了一幅并不可爱的图景。① 传统社会工作未能摆脱以疾病和障碍为本的思维方式的限制，其理论和实践主要立足于这一基本判断：案主之所以成为案主，是因为在某种意义上他们确实是有缺陷和问题的。这一倾向在某种程度上强化了以往对穷人、受歧视人群和偏差人群的道德缺陷的确认。

萨利贝认为优势视角对于传统社会工作而言是一种理论上的突破，因为优势视角主张社会工作者要在探索、揭示案主所有可获取的优势和资源的前提下，与案主建立互惠、合作的专业关系。这种关系既有助于案主认清并运用自己可能没有看见的资源与优势，又可以为案主增权。② 这种关系的建立不能只靠个人，还必须通过人与人之间的互动。

优势视角与抗逆力的概念相联系，抗逆力研究从一个特定的层面影响了优势视角。20 世纪 90 年代，干预研究的一个重要转型是，从以前对风险因素的聚焦转变到对抗逆力的强调。研究结果发现，个人、家庭/人际、学校/社区/邻里这三个层面都有抗逆力的因素。③

优势视角倾向于以社会建构论的观点来看待案主的叙事。社会建构主义者认为我们之所以将案主视为有缺陷的人，是因为有一系列的知识支撑

① SALEEBEY D. Response to “ending social work’s grudge match”[J]. Families in society, 2004, 85(4): 588 - 590.

② 王笃强. 贫穷・文化与社会工作：脱贫行动的理论与实务[M]. 台北：洪叶文化事业有限公司，2007：35.

③ SALEEBEY D. 优势视角：社会工作实践新模式[M]. 杜立婕，袁园，译. 上海：华东理工大学出版社，2015：60.

这样的判断；相反，我们也可以用另外的建构——优势——来命名或指称案主，这样，整个实践范式就能得以改变。

优势视角是一种社会工作实践范式的转变或转化。它体现在态度和框架的深刻变化中，展现了一种聚焦解放和增权的英雄主义气质，认为人们有强大的力量和潜能，尽管某些部分不为人知。优势视角认为个人有渴望成为英雄的情结并赋予其不同的名义，从而获得权利和力量，去超越环境、发展潜能、直面不幸。[1] 由此可见，优势视角的英雄主义气质释放了人类的精神，挑战了沿袭久远的权威，质疑了习以为常的传统思想，展现出一种全新的生存方式。

第二节　优势视角社会工作：理论概述与实践原则

根据萨利贝的分析，优势视角的理论要素由三个方面组成，即 PRC（如图 6-1 所示）。

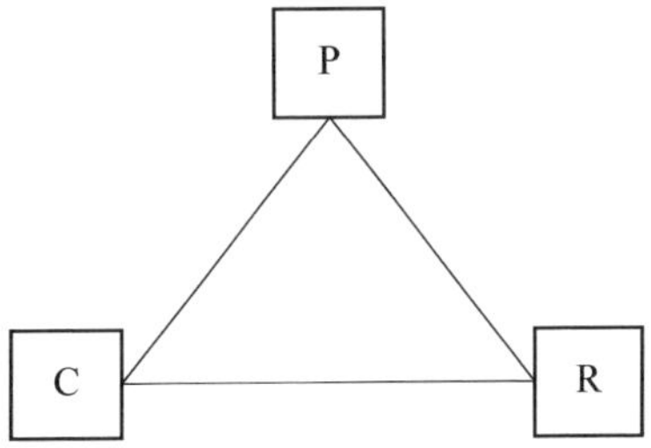

图 6-1　优势视角的理论要素

P 象征承诺（promise）、可能性（possibility）、积极期望（positive expectations）、潜能（potential），R 代表抗逆力（resilience）、储能（reserves）、资源（resources）、智谋（resourcefulness），C 代

① SALEEBEY D. 优势视角：社会工作实践新模式[M]. 杜立婕，袁园，译. 上海：华东理工大学出版社，2015：60.

表能力（competence）、才能（capacities）、勇气（courage）。

根据图 6－1，优势视角的核心在于产生希望与可能，描绘更好的未来或者生活品质的画面，以及如何达到的方法。①

一、核心概念

优势视角所呈现的概念框架是基于对缺陷或者缺乏模式的挑战而建构起来的，其核心概念是围绕洞察到的案主的优势和资源而形成的，主要包括优势、增权、成员资格、悬置怀疑、抗逆力、希望、对话与合作等。

（一）优势

萨利贝认为几乎所有的事情在某种特定条件下都可以被视为优势，包括体验、个人品德、感悟、天赋、社区资源、灵性、意义等。首先，当人们在虐待、创伤、疾病、困惑、压迫之中挣扎和抗争时，人们能够从自己、他人和周围的世界获得东西。人们在做事情时，能够从成功和失败中获得经验。其次，人们拥有的个人品质、特征和美德也是优势，它们可能是在损伤、灾难和不幸的抗争中铸就而成的，包括幽默感、关怀心、创造力、忠诚、洞察力、独立、灵性和耐心。再次，人们与生俱来的天赋也是个人的优势所在，故事也是优势的丰富源泉。最后，社区是充满资源的地方，非正式的或原生的环境也是“资源宝地”。

优势视角对人有两项基本假定：一是有能力生活的人必然有能力使用与发挥自己的潜能，并且可以取得资源；二是人类行为大多取决于个人所拥

① SALEEBEY D. 优势视角：社会工作实践新模式［M］. 杜立婕，袁园，译. 上海：华东理工大学出版社，2015：15.

有的资源，这让人有绝对的自信。此视角肯定人类内在的智慧和蜕变的能力，即使是在最卑微和受虐的人身上，仍可看到这些属性所散发的力量。① 在此过程中，关键就在于转变视角，由关注问题转变为关注可能性，使案主在创伤、痛苦和困扰中看到希望。正如拉普(1997)提及的，着重优势让我们看到"可能性"而非"问题"，"选项"而非"限制"，"安康"而非"疾病"。② 这并非天真烂漫的乐观，而是生命旅程得以继续并开创意义的确证。

优势视角肯定每个人都具有优势，拉普在1998年指出了三大基本优势：热望(aspirations)、能力(competence)和自信(confidence)。③ 人类行为大多取决于个人所拥有的资源。社区资源一旦被发现，就能被启动。拉普认为，我们不是要"整顿"个人和社区，而是要"扩大"个人与社区的优势。拉普在论述中提及三大基本优势：资源、社会关系和机会。

(二) 增权

个人之所以感到无力、绝望与压迫，主要是因为环境的压迫与限制。宋丽玉认为，个人对自己的能力抱持肯定的态度，自觉能够控制自己的生活，并且在需要时影响周遭的环境。依据生态观点，又可从三个层次呈现权能感。在个人层面，个人拥有自尊、自我效能和掌控感，能够订立目标，肯定自己的能力并采取具体行动，达成目标；再者，觉得与所处的环境有良好的适配度。在人际层面，个人具备与人沟通的知识/技巧，与他人互动时能够自

① SALEEBEY D. The strengths perspective in social work practice[M]. 4th ed. Boston: Allyn & Bacon, 2005: 12.

② 同①13.

③ RAPP C A. The strengths model: case management with people suffering from severe and persistent mental illness[M]. New York: Oxford University Press, 1998: 15.

我肯定，能够与他人形成伙伴关系，自觉对他人有影响力，或是得到他人的尊重，但同时也能考虑别人的需求或自己的责任。在社会政治层面，个人认识自己应有的权利，肯定团结的重要性，知道集体行动可以改变周遭的环境，也愿意为维持公义采取行动。①

增权也可以理解为发现和运用案主的内在能力和知识，并利用案主拥有的资源来增强和肯定案主的优势，从而使案主得到为自己生活中的重要事件做决定的权利。这种权利来自自身，这就需要案主在增强自己的优势之前，承认自身面临的问题和痛苦，而后才能更好地发现并运用自己的能力和资源来增强自己的优势。增权的目的就是促使个人主体性可以在不同的人生范畴与层面上有所展现。

由此，优势视角可以促进个人权能的增强，是社会工作者协助案主认识自身能力、促进案主采取实际行动争取权益的重要策略。增权要求社会工作者与案主建立合作伙伴关系，协助案主认识和提升内在能力，促进再建构和激发案主思考；将案主视为积极的能动性主体，拓展案主的能力并关注案主的家庭与环境，从而为受到剥削和压制的案主提供机会和可能性。②

（三）成员资格

成员资格是一种身份、一种权利、一种参与。优势视角认为如果个人没有成员资格，便有被边缘化、被异化和被压迫的危险。每个人都应该成为公民，为他们的社区负责，从而成为有价值的成员。

---

① 宋丽玉，施教裕．优势观点：社会工作理论与实务[M]．北京：社会科学文献出版社，2010：46.

② SIMON B L. The empowerment tradition in American social work: a history[M]. New York: Columbia University Press, 1994: 2-3.

很多时候，案主无处容身，没有归属感。在这样的情况下，个人难以做出改变。所以，成为成员或公民，享有参与权是赋权的第一步。案主通过与社会工作者的合作和交流，慢慢获得所在社区的“成员资格”，即被认可为其所处社区中的一分子。只有拥有社区的支持和资源，案主才能重获信心来面对一切问题与不足，在提升自身能力的同时，形成对社区的归属感，获得社区的保障。

（四）悬置怀疑

专业人士总是以不同的方式施展自己的专业霸权，有时会将案主置于一个不合作、不友好的位置，其中包括将自己的理论强加于案主的理论和思想之上，以特定的诊断语言或以疑问的方式进行评估，怀疑案主的判断和诉说，以一种保护主义的心态去与案主接触。这些都体现了专业人士对案主的怀疑。因此，只有悬置怀疑后，社会工作者才能够真正地从信任案主的角度去建构新型的合作关系，遵循“案主自决”原则，使案主对自己的生活有决定权。

（五）抗逆力

人在面对失序、疾病和干扰时，有一种与生俱来的自我疗愈的能力和趋向完整的趋势。抗逆力是指当个人面对各方面的不利因素时采取的抗争性、建设性方法的能力，是弯曲而不折断或弯曲时可以反弹的能力。抗逆力是一个人的资源，能够引领身处恶劣环境下的个体懂得如何处理不利的条件，产生正面的结果。个体获得抗逆力是一个过程。抗逆力由内在优势因素和效能因素两者构成：内在优势因素包括完美的个人形象感、积极乐观感；效能因素包括人际技巧、解决问题的能力、情绪管理和目标制定。

沃林（Wolin）提到有七项因素协助个人发挥抗逆力：洞察力、独立性、关系、主动性、创造力、幽默感和道德感。拉普特别指出关系的重要性，他认为专业关系能够传达社会工作者对案主的关怀与尊重。优势观点重视和肯定个人的自我疗愈能力。专业人员可发挥支持的功能，评量和发掘案主内在的抗逆力程度。除了专业人员自身的支持，亦能拓展案主周边网络的非正式支持功能，以增强其抗逆力，协助案主从创伤实现疗愈。①

（六）希望

优势视角的最终目标是促使案主实现复元。在复元的过程中，最重要的是“希望的萌生”。米勒(Miller)认为希望是对于一种持续好的状态、改善状态或从困境中挣脱的期待。拉普引用斯奈德(Snyder)的界定，认为希望是意志力量与方法能力的总和，意志力量是一种心智能量，包含决心和投入度，个人可加以运用以建立方向，并且抱持“我愿、我尝试、我能”的信念；方法能力是一种制定规划和执行步骤的能力，引导案主具有希望感和信心，从而可以达到目标。拉普指出，有高度希望的人有较高的成就，因此，专业人员应该协助案主建立信心以增强意志力。对此，优势视角强调运用专业关系激发案主的希望。②

（七）对话与合作

对话是达到整合与合作的途径之一，人们通过语言进行交流。没有此种交流，我们无法了解他人，包括其拥有的权能和软弱之处；经由对话，我们确认他人的重要性，也可弥补人与人之间、人与组织和社区之间的裂痕。对话是一种沟通，重要的是在过程中展现同理、对他人的认同和包容。唯有以

① 宋丽玉，施教裕. 优势观点：社会工作理论与实务[M]. 北京：社会科学文献出版社，2010：48.

② 同①49.

谦虚的态度和饱含爱的对话，才能跨越人与人之间的不信任所带来的障碍。社区必须提供一个开放的空间以便让大家有机会相互接触，开启对话，抚平伤痛并增强个人权能。合作则是在共同且平等参与的机制下进行。在合作的过程中，社会工作者需要对他人的观点给予尊重，通过协商达成共识。优势视角强调社会工作者通过与案主对话了解其优势，并且在工作目标上达成共识，共同商讨解决问题的方法。为了充分对话与合作，习惯于主导的社会工作者有时必须静默，方能听到案主的声音，在倾听中深入了解案主，增加合作的可能性。

二、优势视角的基本假设

不同于传统的问题视角，优势视角社会工作强调案主的优势和能力，其基本假设主要包括人有能力成长与变化、人有界定其处境的能力与知识、人有抗逆力三个方面。[①]

（一）人有能力成长与变化

人有能力成长与变化，这种能力是案主内在要求持续改变和治疗的重要动力。案主虽然带着问题来寻求帮助，但是其所拥有的并不只是问题，还有个人的社会角色、独特个性和过去的生活经验，这些内容共同构成了个体目前的存在样态。优势视角试图通过案主具有的优势来了解案主。这些优势包括与案主有关的任何足以帮助其实现目标的生存技巧、能力、知识、资源。

① 王笃强. 贫穷・文化与社会工作：脱贫行动的理论与实务[M]. 台北：洪叶文化事业有限公司，2007：86－88.

（二）人有界定其处境的能力与知识

人有界定其处境的能力与知识，而且他们了解问题的能力与明白解决问题方法的能力一样强。就大部分案主而言，为了谋生就必须应对外界的挑战。因此，案主对如何求存的知识远比社会工作者想象的丰富，而这点对社会工作者解决问题来讲是相当重要的。所处困境中的案主所具有的那种随机应变和不屈不挠的力量，也是社会工作者要给予正视的，因为这是案主宝贵的能力。因此，社会工作者必须鼓励案主自己去界定、描述自身的处境，接受案主把自己当作专家的做法。通过定义自己和认识自己问题的过程，案主可以觉察并认同自己具有的优势与潜力，从而增强自己愿意成长与改变的动机与信心。

（三）人有抗逆力

抗逆力是指人遇到某种风险侵袭，依然可以存活的能力。不过，抗逆力不会单独出现，它有赖于个人、家庭、学校、社区中保护性因子的特意创造和维持。而优势视角有助于社会工作者运用这些保护性因子。例如，贫困儿童自身积极的性格、具有支持潜力的家庭、可以强化儿童接受正向价值的所有外在资源，以及学校对儿童的关怀与照顾等都是重要的保护性因子。社会工作者善用这些保护性因子并把它们当成案主的优势，将有助于提升案主的能力。

三、优势视角的价值

优势视角社会工作主张提供正向、创新的直接服务，其蕴含的意义与社会工作价值一致。此外，基于优势视角的社会工作实践过程也可以帮助我们定位专业价值，澄清社会工作区别于其他助人专业的独特价值。[①]

（一）理性

优势视角相信每个人都拥有趋利避害的能力和意愿，主张尊重案主的理性，相信他们可以用理性的方式进行思考和行动，选择自己想要的生活。暂时的困境所引起的压力和危机可能会影响人们思考，甚至使人出现混乱的状态，但优势视角认为前来寻求帮助的案主只是暂时处于非理性状态，而不是失去了理性或无理性。[②] 所以，优势视角始终主张社会工作者应该站在案主的角度，以案主的语言协助案主建构对世界的看法，同时充分尊重案主的选择，协助案主设定目标并采取相应行动。整个干预过程中，社会工作者应始终以尊重案主的理性为首要价值原则。

（二）自主

自主权是人最基本的权利，也是人们完成自我实现的重要途径和方法。每个人都有选择自己生活的权利，所以，优势视角主张社会工作者应该始终视案主为自主的个体，尊重他们的选择权和决定权。在以优势为导向的助人关系中，社会工作者的作用是协助案主寻找和运用生活中的资源与优势，帮助案主减少或消除阻碍个人发展的不利因素；同时以优势为主要支持力量和行动策略，引导案主自主地选择目标和梦想并付诸实际行动。案主做出改变与追求梦想的决策并采取行动并不是取决于社会工作者的专业指导与安排，而是始终取决于他们的自主意愿。

---

① COHEN B Z. Intervention and supervision in strengths-based social work practice[J]. Families in society，1999，80(5)：460－466.

② HORNE M. Values in social work[M]. 2nd ed. Aldershot：Ashgate，1999：12.

（三）自我决定

优势视角认为案主是自己生活的专家，是助人关系中的指导者，因此，优势视角充分尊重案主的自我决定权。[①]而在专业关系中，社会工作者的责任是陪伴案主寻找那些隐藏的优势和资源，及时发现案主及其所处环境拥有的巨大潜力；引导案主确定和澄清目标，激发案主为实现目标而做出改变；尽可能地提供全面的资讯，发挥积极的补充和辅助作用。可以说，社会工作者是助人关系中的引导者、协助者、资源提供者。在助人关系中，社会工作者最重要的职责之一是在确保案主有更多选择机会的同时，让案主有最终的自我决定权。

四、优势视角的实践原则

优势视角的实践原则是从案主的优势出发，并致力于从合作的关系进入社会工作干预实践。根据基萨尔特和萨利贝的观点，优势视角下社会工作的实践原则主要包括以下六个方面[②]：

第一，在助人过程中，社会工作者的关注点是案主的优势、兴趣、能力、希望、梦想、渴望、知识和才华，而不是症状和缺点。案主并不是一个有着各种病态症状的集合体，也不是综合了各类问题的混合物。案主能够自己决定在生活中想要的是什么。能够表达个人的志向和欲望，是案主内在的一种重要优势。

---

① 宋丽玉，施教裕. 优势观点：社会工作理论与实务[M]. 北京：社会科学文献出版社，2010：262.

② SALEEBEY D. 优势视角：社会工作实践新模式[M]. 杜立婕，袁园，译. 上海：华东理工大学出版社，2015：23－80.

面对不利的情形，个体除了被动承受，还可以主动采取应对措施。当案主遇到问题时，社会工作者要做的是提醒和协助案主面对自身困惑、自我怀疑、逃避的态度，使案主能够认识并接受自己的优势，从而将之转变为成长的机遇。社会工作者需要将案主看作具有优势的人，并从案主的经历和故事中挖掘优势和潜力。社会工作者需要保持一种乐观和积极的看法去面对案主，并且克服习以为常的思维缺陷。

第二，助人关系应该是合作的、互助的和伙伴式的关系。优势视角下，社会工作者不能以专家、权威人士自居，因为这种不平等的关系不易帮助案主发现自己的优点并树立重振生活的信心。因此，社会工作者应该扮演合作者或咨询顾问的角色，从案主的故事、叙说中得到启示，并促使案主改变，以开放的心态和案主进行良好的沟通，帮助案主实现目标。这一原则不仅要求社会工作者与案主合作制定助人计划，也要求社会工作者在帮助案主的过程中分享权利。

第三，所有人都具有学习、成长和改变的能力。人类的精神中包含难以置信的抗逆力。尽管案主遭遇的问题是多种多样的，但是当和社会工作者开始合作时，他们可能已经处于让生活发生重大改变的转折点上。优势视角指出，案主应该通过自己的行为展示自己的优势。即便案主看上去似乎没有潜能去完成新的任务或者从事某种特定活动，社会工作者还是应该尝试和案主一起去做不同的事情。

第四，激发抗逆力和优势的话语与叙事。人们时常抗拒承认自己的能力、储备和资源，因此许多体现优势的特征和能力在多年的自我怀疑中被埋没。探寻优势的问题在于缺乏言语、信任或信念。社会工作者要用表现抗逆力的语言，鼓励案主讲述生活中每天抗争和成功的故事。社会工作者要巩固案主已经凸显的优势，培养案主发掘其内部的和周围生活环境中的资源的能力，尽可能地将案主所有的优势基础融合在一起，确保优势不断凸显、相互促进、持续发展，最终为案主找到适当的解决办法。

第五，以优势为本，以案主为中心的方法鼓励社会工作者将助人活动置于社区内的原生场景中，这主要有三个方面的好处：第一，能够直接观察到案主日常的生活环境；第二，人们通常会从社区里与他人共同完成任务的过程中体会到更舒适的感觉；第三，有障碍的人在社区中显得更为平常，有着和正常人一样的普通生活，因此要消除偏见与歧视。

第六，所有的环境都充满资源。对服务对象而言，整个社区应该被视为蕴含着无限潜在资源的绿洲。在提供服务之前，社会工作者应该优先考虑社区中的原生资源。优势视角下的社会工作强调资源的重要性，同时认为任何环境都充满了资源。身为环境中的一分子，案主有权且能够获得和运用这些资源。因此，社会工作者应该充分利用这些原生资源和优势，排除案主缺陷和不足对服务的干扰，从而让案主意识到自己的价值和优势。

五、优势视角的实践策略

（一）专业人员的态度与系统条件

宋丽玉认为，在优势视角下的社会工作实践中，专业人员的态度至关重要。在帮助案主走出困境的过程中，专业人员要有以下信念和态度：① 具有案主能够从困境中复元的信念；② 能够承受结果的不确定性；③ 具备改善案主处境的动机；④ 采用激发希望的策略，重要的是相信案主能够进步，对他们抱有希望的同时，还要借由其本身和周遭的资源创造成功经验以激发希望，当案主后退时，专业人员要能坚持信念。①

在设计方案时，专业人员应遵循下列原则：① 保持方案结构的弹性；② 增加方案的可选择性；③ 雇用有复元经验者；④ 着重专业人员与案主的平等伙伴关系，尽量提供多元选择并促进案主参与和选择。

在环境系统方面，专业人员要注意相关服务可能会花费较长的时间，因此在时间安排上，要具有一定的弹性。专业人员要提供组织支持，以确保服务的输送，注重非正式支持网络的建构等。

（二）现在与未来导向

优势视角认为过去的经验无法改变，因此费时去探询过往病理无济于事。然而，未来充满可能性，无论是正向或负向的。人必然要面对生命的每个时刻，因此要关注现在的状况。尽管优势视角下的社会工作也重视过去的经验对现在的影响，但其关注点在于过去经验中所能反映出的案主的优势和潜能，及其所带来的对未来的希望。

（三）接触与建立伙伴关系

接触与建立伙伴关系是服务的第一步。优势视角尤其重视专业人员与案主的专业关系的建立，专业人员要对案主保持关怀、同理、正向对待、真诚与尊重的态度。专业人员要营造一种轻松的氛围，与案主建立一种充满尊重与信任的伙伴关系，引导案主参与问题的解决，充分展现案主自决，以增强案主的自信与自尊。专业人员除了扮演“镜子”的角色，反映案主优势，并借

---

① 宋丽玉. 精神障碍者之复健与复元：一个积极正向的观点[J]. 台湾中华心理卫生学刊，2005，18(4)：1－29.

由案主的正向经验来巩固优势，还扮演了促进解构与建构案主生命图像的角色。当然，更重要的是，专业人员要发挥柔性的陪伴力量，支持案主复元。

无论案主处于何种状况，他都应得到根本的尊重。专业人员不应只看到案主过去所做的，更应看到其潜能。从这一角度讲，专业人员是点燃希望和启动潜能的角色。此伙伴关系的内涵为尊重、信任与支持，是一种合作且充满希望的关系。

（四）优势评估

优势为本的评估有利于改善实践技巧，为服务提供相关的政策支持。评估过程更关注案主的现实是否具有多种建构，在这个意义上，评估是具有政治性的专业活动。社会工作者越是对案主所拥有的独特性、技能、成就、欲望和知识了解得多，在制定真正个人化的、对他们来说具有特殊意义的助人计划时就会越有创造性。

优势评估的主要原则包括对案主所理解的事实给予优先考虑、信任案主、探求案主需要什么、对案主和环境优势进行评估、多维度评估优势、利用评估发现独特之处、使用案主的语言、把评估当成社会工作者与案主之间的共同活动、就评估达成一致意见、避免指责、避免因果思维。①

拉普和戈沙（Goscha）指出，在评估的过程中，优势可以被分为四类：一是个人特质/特性，如诚实、善良、乐于助人、关心他人、有耐心、健谈、具有侠义精神等；二是技巧/才能，如厨艺很好、会开车、懂园艺、会使用电脑、记忆力很棒等；三是环境优点，如有一个安全且喜欢的住所、每月有政府补贴、与邻居关系良好、邻居可提供支持等；四是兴趣/抱负，如想开一家店、喜欢钓

① 何雪松. 社会工作理论[M]. 上海：上海人民出版社，2007：237.

鱼、喜欢与家人在一起等。[①]

(五) 目标制定与资源获取

当案主确立愿望之后,社会工作者协助案主制定短期与长期目标,并规划可行的个人计划和行动工具。在执行个人计划的过程中,社会工作者需要运用社区资源,并通过影响服务输送体系以扩展资源网络。在协助案主执行个人计划时,社会工作者应充分利用在优势评估中所发掘的优势,构思达成任务的方法,以创造正向经验,增强案主的自我效能。

第三节　优势视角下的反贫困社会工作实践

一、优势视角下的反贫困工作实践原则

在优势视角理念和原则的指导下,20 世纪 90 年代以来,社区发展在美国再度兴起。以能力建设和资产建立为核心的社区发展侧重于三个方面的内容：一是资产建立和能力建设。社区发展的许多概念集中关注社区内可获得的资产、资源和优势,即哪些人力资本和物质资本支撑着社区生活,居住和工作于此处的人拥有什么能力和资源,社区内的组织和团体起到了怎样的作用等。二是建立关系。社区发展的基本假设是社区和它的周围环境可能隐藏着某种内在的资源,社区工作者应该发掘社区的内部资源、资产和

① RAPP C A, GOSCHA R J. The strengths model: case management with people with psychiatric disabilities[M]. 2nd ed. Oxford: Oxford University Press, 2006: 97.

能力。社区资源的发掘有赖于信任、关怀和负责任的关系的建立，所以，社区工作者要注意构筑或重塑自己与居民、正式的居民组织之间的关系。三是树立希望。以优势和资产为本的取向可以激发案主和社区工作者的乐观情绪、希望与动机。①

詹金斯（Jenkins）、巴伯拉（Barbera）、杨（Young）和比默（Beemer）等指出，从经济人权的视角出发，社会工作者可以使反贫困社会工作实践摆脱理论束缚，为人们认识自身的“优势”提供工具。因此，他们基于美国经济人权视角的社会工作和智利的反贫困社会工作实践案例，提出了优势视角下反贫困社会工作的实践原则。②

第一，人权是普遍的和不可分割的，每个人都有经济人权。人权的所有方面都是分不开的。这就意味着如果没有社会权、经济权和文化权，公民权和政治权就得不到保证，反之亦然。普遍性是人权的另一项基本特征，这对于社会工作者而言有着特别的意义。由于人们更偏爱以追求效率与效益的名义制定政策，再加上服务的私有化，人们俨然已经忘记每个人都享有经济权这一事实。

第二，检视和挑战工作背后、机构和政府政策背后关于贫困和穷人的错误假设。对于“贫困”和“身处贫困中的人”的错误假设遍布于政策和实践中。如人们是否真的知道经济政策实际上侵犯了经济人权？是否真的知道这些政策束缚了社会工作者，从而阻止他们获得参与实践所需要的珍贵资源？同时，穷人也为自己的贫困感到抱歉，表现出对贫困的恐惧和羞愧。所

① 张和清，杨锡聪，古学斌. 优势视角下的农村社会工作：以能力建设和资产建立为核心的农村社会工作实践模式[J]. 社会学研究，2008(6)：174－193.

② SALEEBEY D. 优势视角：社会工作实践新模式[M]. 杜立婕，袁园，译. 上海：华东理工大学出版社，2015：338－364.

以，社会工作的实践目标就是改变当下的体制，让所有人获得经济人权。社会工作者在干预的过程中，应该尊重人的尊严。

第三，挖掘“消失者”不为人知的故事。身处贫困中的人所经历的故事往往不为人知，取而代之的是人们试图证明政策和措施的合法性。所以，社会工作实践的目标之一就是让这些人的声音都能够被听到。

第四，穷人的集体力量和团结。集体力量推动经济人权实践。集体行动可以打破人们相互隔离的社会状态，提供支持，从而改变现状。随着许多社会工作者直接或者间接介入，无家可归者占据政府拥有的空地和取消赎回权的房产。在实践中，集体意识也可以在组织内部、从业人员和组织之间得以形成。

第五，消除贫困是可能的、必要的。消除贫困既是可能的，也是必要的，这关系到人们的生存问题。贫困并非自然生成的状态，而是集体决定的结果。社会工作者是集体决定的重要参与者，而不是旁观者。通过此类实践，社会工作加强贫困群体的脱贫信念，寻求消除贫困的可行办法。

上述实践原则是基于权利贫困和经济人权的视角所提出来的反贫困工作的实践原则，这些原则对传统的反贫困实践提出了挑战，同时也需要社会工作者具有历史使命感。这种实践也促使人们以一种反思性的方式促进具体行动的实施。

二、优势视角下反贫困社会工作的实践模式

（一）“绿寨”模式

学者张和清等以中国经济和社会发展为背景，在云南省一个名为绿寨

的农村发展实践中，进行了超越宏观（基变）与微观（临床）社会工作的两极化论争的探索，并总结出一种优势视角下的农村社会工作实践模式。此模式以能力建设和资产建立为核心，强调如何利用社会工作的介入手法和策略，发掘农村当地社区和民众所拥有的资产和能力，从而使当地社区和民众成为农村发展的真正主体。在实践基础上，张和清等阐述了优势视角下的农村社会工作背后的理念、立场和行动模式。①

张和清等指出，改善农民贫困状况，促进农村可持续发展是所有农村发展工作者或农村社会工作者的共同愿望。但是，农村发展计划一直面对多重挑战，这使发展计划的成效受到极大的限制。例如，发展计划的视野一般只聚焦农村，农村问题被孤立化地处理，忽视了城乡矛盾对农村问题的负面影响、经济发展与生态环境保护的矛盾问题、农业科技带来的环境污染问题等。要打破这种限制，就需要实现经济发展与社会文化、环境保护之间的良性互动。张和清等还指出，要实现可持续发展的目标，就必须重新审视农民的问题和需要，努力挖掘社区自身的优势和资源、民众的能力和智慧，突破传统“问题为本”的扶贫模式，开展以能力建设和资产建立为核心的优势视角下的农村社会工作介入模式。

首先，不同于“问题为本”的扶贫模式，优势视角下的农村社会工作搭建了“城乡合作”和“公平贸易”的平台，实现了城乡优势互补和互惠互利。张和清等的研究指出，绿寨村民充分发挥环境、资源（品种等）、耕种技艺等优势，大胆尝试有机耕种；同时，城市则提供稳定的另类销售市场和农药化肥

① 张和清，杨锡聪，古学斌. 优势视角下的农村社会工作：以能力建设和资产建立为核心的农村社会工作实践模式[J]. 社会学研究，2008(6)：174－193.

替代技术的支持。

其次，在“城乡合作”和“公平贸易”的过程中，优势视角下的农村社会工作不仅建立了多方参与、互惠互利的合作伙伴关系，还通过资产建立和能力建设，实现了参与各方的增权。村民在寻找和种植老品种的过程中重拾了自信。同时，村民在与城市消费者（市民）、专家和社会工作者的互动过程中逐渐提升了能力和尊严，最大限度地发挥了自己的主体性作用（主人翁精神）和潜能（聪明才智）作用，从而实现了城乡居民的互惠互利和城乡社会的可持续发展。

最后，在介入方法方面，优势视角下的农村社会工作强调以农村可持续生计和农民能力建设为主线，从个人、群体、社区、社会政策等多个层面整合性地思考社会工作的介入策略，充分体现“以人为本”的基本理念。在以能力建设和资产建立为核心的农村社会工作实践模式中，通过可持续生计分析和优势视角确定的奋斗目标成为社会工作介入的主线。围绕目标，社会工作者要有足够的敏感性，当意识到应该从社区层面介入时，就采取动员社区、举办社区活动、开展社区教育等办法；当意识到应该从小组层面分享和交流时，就及时开展小组工作，推动小组动力的形成，使组员在互动中成长起来；当意识到应该跟进个人，交流谈心时，就不失时机地开展个案工作。

“绿寨”模式以社区为本，借助社会工作者等外来力量，发掘并激活社区内生的优势、资源和能力，注重属地的社区网络和资源、社区资产和能力建设。在这一过程中，社会工作者不再只是救助者，还是社区和民众的伙伴、同行者、能力建设者、资源的链接者和协作者。该模式下，社会工作者需要警惕专家角色，放弃救助者的姿态，协助社区和民众意识觉醒和能力建设，激发社区和民众的主体性和能动性，充分发挥社区和民众自身的优势和力量，实现社区可持续发展。

（二）我国台湾地区的反贫困社会工作模式

结合我国台湾地区的社会、文化背景，王笃强从优势、赋权等理论视角出发，提出了台湾反贫困社会工作的操作模式。①

王笃强认为，能力剥夺观下的贫困应以提升能力作为解决问题的关键，而这项关键可以社区作为能力操练的依托。他认为，能力必须通过参与获得，而参与的地方不能小到资源不够，又不能大到彼此不认识。因此，最适宜的地方就是以共同生活圈中脱贫行动者（含有脱贫意愿者和愿意协助脱贫者）为范围所构成的地理、心理上的社区。在这个范围内，社会工作者着眼于优势，强调赋权，结合经济发展与社区建设，通过动员潜在的资源，从根本上解决失业与贫困问题。王笃强从优势盘点、方案策略和资源管理等方面对脱贫行动的实务模式进行了说明。

1. 优势盘点

优势盘点又被称为资产勘查，着眼于现有的却未被重视，甚至受到忽视的资产的发掘，可以从个人能力、属地社团和属地机关等方面着手。

在个人能力方面，找出脱贫行动者的专长、技能与新产业的联结；发掘个人的工作技能与长处；通过消费支出，调查消费者的偏好，开发新市场；成立以提供邻里互助为目的的属地“技能银行”，如木工、水电工等人才库；教学互换，满足彼此需求；发掘社区中新的文化与艺术资源。

---

① 王笃强. 贫穷・文化与社会工作：脱贫行动的理论与实务[M]. 台北：洪叶文化事业有限公司，2007：251－272.

在属地社团方面，主要发掘社团组织的潜力，开展社团调查，了解社团在社区里的主要功能和作用。

在属地机关方面，与属地机关负责人建立良好关系，并讨论可以为社区做什么的议题，发掘潜在的资源。

2. 方案策略

参与脱贫行动，可按以下步骤进行：

第一，形成互助团体，找出优势资产。社会工作者对参与者进行优势评估，并协助具有共同兴趣或意愿的人，形成互助团体。社会工作者要协助形成彼此的新愿景，并澄清彼此要做什么，成果如何，涉及哪些知识和技能等问题。社会工作者要降低参与者的无力感，建立互助意识，发掘和培育团体领导人。

第二，确认目标，集思广益，进行规划。社会工作者一方面协助成员确认目标，另一方面帮助成员将目标分解，并分析达成目标的先决步骤，激励成员积极参与规划。

第三，订立契约，澄清利害关系，明确权责，相互合作。

第四，内外联结，动员资源，边建边做，边做边学，分享成功经验，相互支持。社会工作者可以引导成员分析可能面临的阻碍和解决办法。在实践中，社会工作者要鼓励参与者不断探索，不断尝试，不断获得小的成功，树立典范，分享成功经验，争取更大的成功，从而让脱贫行动者的能力有所增强。

3. 资源管理

脱贫行动中，除了需要专业技能，还有赖于支持上述专业技能得以展现的各种资源，如人力、设施设备、财力、服务方案等。这些资源能否发挥作用，主要有赖于资源管理。资源管理可以分为人力、物力、财力三个方面的管理。其中，人力资源管理包括对专业人员、半专业人员和义工等人力的招募、选聘、培训、使用等；物力资源管理包括物资募集、保存，以及适时、适地、适量地调度等；财力资源管理包括募集资金、适当配置财产等。

我国台湾地区的反贫困社会工作模式具有较强的地方性色彩，这充分说明了优势视角下社会工作实践模式的多样性和多元化。同时也表明，优势视角下的反贫困社会工作实践在遵循其基本理念、原则的同时，更需要结合当地的经济、社会、文化背景，充分尊重地方性知识，探索发展本土化的实践模式和策略。

第七章 赋权视角下的反贫困社会工作

赋权，又被称为增权、增能、增强权能或赋权增能，是社会工作领域被广泛应用的概念。尤其是自20世纪70年代以来，赋权视角在社会工作理论与实务领域备受关注，并逐渐形成了其特定的实践框架。随着贫困内涵外延，能力贫困、权利贫困等概念相继出现，赋权视角与反贫困社会工作逐渐融合，成了反贫困社会工作中一个重要的理论和方法策略。

第一节 赋权视角的发展脉络

赋权理论强调的是案主在觉察生活世界受到歧视、压迫、排斥的事实后，通过发掘自身的优势，并采取必要的行动来加以改变。社会工作中的赋权视角兴起于20世纪70年代。1976年，所罗门出版了《黑人赋权：受压迫社区中的社会工作》一书，标志着赋权取向在社会工作专业中的诞生。所罗门在书中明确使用empowerment一词来描述美国社会中黑人少数群体因长期遭受同辈团体、优势团体与宏观环境的负面评价而感受到的无权。因此，所罗门建议社会工作应致力于增强黑人的权利，以解除社会中的“制度性种族主义”所加诸的压迫与疏离，增进个人的自我效能与社会改革的力量。① 所罗门指出，赋权的目标在于：① 帮助案主认识到自己是解决问题过程中的行动者；② 帮助案主认识到社会工作者拥有案主可以利用的知识和技巧；③ 帮助案主认识到社会工作者是解决问题的合作者和伙伴；④ 帮助案主认识到权力结构的多面性，了解他们在多大程度上认同现状并寻找可以正面影响的空间。这样，社会工作者可以消除案主身上起源于负面评价的各种消极反应，让他们看到自己能够在解决问题的过程中发挥一定的作用，从而与社会工作者一起消除影响自身的障碍并促进体制的改变。② 此后，不论是传统的还是创新的社会工作取向，都很快接纳并融入了赋权的观点，使之成为社会工作实践中重要的参考知识体系。③

虽然赋权理论兴起于 20 世纪 70 年代，但作为一个比较复杂的概念，其起源可以追溯至社会工作专业发展的早期。社会工作专业在早年的发展中，强调解决少数民族、新移民、妇女儿童被剥削等问题，主张社会工作者与案主之间具有相互学习的同盟伙伴关系，以及主张案主自决的专业价值等，这些都含有赋权的思想源头。民权运动、社区发展与社区组织、女性主义等

---

① 陈树强. 增权：社会工作理论与实践的新视角[J]. 社会学研究，2003(5)：70 - 83.

② SOLOMAN B B. Black empowerment: social work in oppressed communities[M]. New York: Columbia University Press, 1976: 26.

③ 宋丽玉，曾华源，施教裕，等. 社会工作理论：处遇模式与案例分析[M]. 台北：洪叶文化事业有限公司，2002：412.

也对赋权理论的兴起产生了重要影响。①

弗雷尔(Freire)在阐释教育学理论的过程中,阐明了赋权的概念。弗雷尔关注被压迫人民的人性,认为有必要进入他们的世界,同情他们,认同他们,以便理解他们的需求。他认为学校的大多数课程与边缘群体无关,因为它们没有解决边缘群体面临的社会和文化歧视障碍,而这些障碍正是他们生活的现实。因此,他主张将教育置于学生的生活经历中。② 同时,弗雷尔也认为探寻希望是赋权工作的核心,没有希望,无论个人还是社区都无法开始变革的斗争。③ 弗雷尔关于责任意识或批判意识的观点对个人赋权的过程尤其重要,因为它影响着我们对社会中的压迫和歧视及其社会与政治影响的认识。基于这一认识,古铁雷斯(Gutiérrez)将赋权定义为增加个人或政治权力的过程,以改善被边缘化的人的生活。④

赋权理论对自主、个人责任、自我实现和环境的重视与生态视角、认知理论、人本主义视角有一定的关联,因为它们都聚焦案主的力量或能力对改变过程的重要性。正是在这个意义上,李(Lee)提出了"多焦点的增权观"(multifocal vision of empowerment),从回顾特定族群所受压迫的历史着手,分析个体、女性、文化、社会与全球化问题。这也表明赋权视角在其理论基础和知识架构上的多元性,并致力于从不同的视角汲取资源以充实自身

① 王笃强.贫穷·文化与社会工作:脱贫行动的理论与实务[M].台北:洪叶文化事业有限公司,2007:72-73.

② FREIRE P. Education for critical consciousness[M]. New York: Seabury Press, 1973: 15-17.

③ GUTIÉRREZ L M. Working with women of color: an empowerment perspective[J]. Social work, 1990, 35(2): 149-153.

④ 同③.

的理论框架。

随着理论框架的不断充实，赋权逐渐成为社会发展领域的一个重要视角。罗斯(Rose)通过分析政治经济结构特征对个人潜能的限制，以及如何限制个人获取服务等问题，加强了赋权视角对社会工作专业的反思。① 安德森(Anderson)等提出了一个包含个人、社会、教育、经济和政治五个层面的赋权模式，这五个层面相互关联。人们不仅要满足个体性需要，提升影响他人的能力，还要影响更大范围的权利分配过程。由此可见，赋权视角不仅仅停留在个人层面，在社区、组织乃至国家等宏观层面都具有阐释和应用的广阔空间。②

第二节　赋权视角下的社会工作：理论与实践模式

一、赋权视角的意义与目的

关于赋权的意义与目的，有不少学者进行了阐释。王笃强在所罗门、托尔(Torre)、亚当斯、古铁雷斯、西蒙(Simon)等相关研究的基础上，认为赋权就是社会工作者协助案主动员自己一切可以动员的力量，积极利用有效资源，取得自我实现的过程。这个定义可以分解为“谁”“在什么立场上”“针对

① ROSE S M. Advocacy/ empowerment: an approach to clinical practice for social work [J]. The journal of sociology & social welfare, 1990, 17(2): 41 - 51.

② ANDERSON S, WILSON M, MWANSA L, et al. Empowerment and social work education and practice in Africa[J]. Journal of social development in Africa, 1994, 9(2): 71 - 86.

谁”“用什么方法”“达到什么目的”等元素。①

在“谁”的部分，这是从社会工作者的角度而言的，将社会工作者视为赋权的发动者。但这是权宜之计，从长期来看，期盼弱势贫困者日后能够在没有社会工作者的协助下也能够自我增能。

“在什么立场上”的部分，凸显了赋权视角下社会工作者有别于传统治疗或者问题取向下的社会工作者的立场。传统治疗或者问题取向下的案主是接受评估、等待服务的客体，等待社会工作者诊断、治疗，然后结案、评估等。这种专家主导一切的方式把案主物化了，使案主能力减弱。赋权视角则采取支持、陪伴的立场，让案主发掘自己的能力，解决自己的问题。

在“针对谁”的部分，这是关于赋权视角对人的预设。赋权视角下的案主是用力量为自己做决定，并用行动改变环境的行动者，只不过负面评价、负面经历和宏观环境造成的种种障碍让其变得无力。

在“用什么方法”的部分，由于赋权视角对人的预设是“有能力的人”，只是负面评价让其产生无力感，所以增权释能就成为重要的干预目标。案主通过不断学习和练习，减少负面评价，提升有效控制资源的能力。这种动员能力越用越好，久而久之，则内化成自身能力的一部分。

在“达到什么目的”的部分，自我实现、重新获得权能是最终目的。案主在这个过程中通过不断积累成功的经验，发展出自信应对其他事务的能力。最重要的是让案主发现自己是解决自身问题的专家，而社会工作者是帮助

① 王笃强. 贫穷・文化与社会工作：脱贫行动的理论与实务[M]. 台北：洪叶文化事业有限公司，2007：7.

其解决问题的行动者。同时，让案主视社会工作者是可以为他们所用、有知识、有技巧、有资源，能让他们感觉到权力结构虽然复杂但自己仍然可以影响的人。①

二、基本概念

赋权理论的基本概念包括权力（power）、无力感（powerlessness）、赋权等。

（一）权力

古铁雷斯、迪洛伊斯（Delois）和格伦梅伊（Glenmaye）在探讨赋权理论的权力观时指出，赋权理论认为权力有不同的来源，它是在社会互动过程中产生出来的，由此也是无穷的。他们还认为以往定义权力的方式可以归纳为三种，即获得所需要东西的能力，影响其他人思考、感受、行动或信念的能力，影响资源在诸如家庭、组织、社区或社会等社会系统中分配的能力。②

古铁雷斯和刘易斯进一步从积极和消极两个方面对权力进行了诠释，认为权力是通过社会互动过程产生的。他们还认为，一方面，权力赋予人们影响其生活过程的能力、和其他人共同控制公共生活的能力，以及参与公共决策制定的能力；另一方面，权力也可以用来防止被污名化。③

① 王笃强. 贫穷·文化与社会工作：脱贫行动的理论与实务[M]. 台北：洪叶文化事业有限公司，2007：77-79.

② GUTIÉRREZ L M, DELOIS K A, GLENMAYE L. Understanding empowerment practice: building on practitioner-based knowledge[J]. Families in society, 1995, 76(9): 534-542.

③ GUTIÉRREZ L M, LEWIS E A. Empowering women of color[M]. New York: Columbia University Press, 1999: 52-57.

海勒雅玛（Hirayama）和塞廷戈克（Cetingok）发现，在社会工作文献中，权力通常等同于个人的适应能力或才能。适应是指人类实现与环境的良好匹配，以便可以为生存、发展和实现再生产而持续努力。作为适应的一个面向，权力是人们对环境拥有权力的表现，以便控制、组织、整合自我和环境，以利于生存、安全和平衡。此外，一个人的权力感是和作为人类的积极的自我概念、自尊、尊严感、福祉感等密切相关的。再者，权力似乎以一种循环的方式发挥功能：当一个人对其他人和环境施加影响时，作为回报，他会获得一种从认可、身份和地位的角度来看的“重要感”；反过来，这种感觉会促进其积极的自我形象、身份和权力的形成。①

由此可见，在赋权视角下，权力是一种接近、取得、控制资源和影响他人的能力。但同时，这种能力不仅仅是一种客观的存在，也表现为人们的主观感受。正是这种主观感受增进了人们的自尊、自我效能和“重要感”。

（二）无力感

无力感与权力相对。持赋权理论观点者认为，社会阶层的划分很容易自动地排斥某些人。受排斥者因此对权力、稀少的有价值资源，以及自己的人生计划几乎无控制能力。此外，一些负面评价容易使受排斥者产生无力感。充满无力感的弱势者，对于有效履行社会角色、为自己带来满足所必需的情绪、技能、知识与物质资源等缺乏相应的管理能力。②

古铁雷斯、帕森斯（Parsons）和考克斯（Cox）指出，权力不是一种零和游戏，而是一种通过人与人之间的互动互助所衍生出来的资源，共同汇聚成共

---

① 陈树强. 增权：社会工作理论与实践的新视角[J]. 社会学研究，2003(5)：70－83.
② 王笃强. 贫穷・文化与社会工作：脱贫行动的理论与实务[M]. 台北：洪叶文化事业有限公司，2007：74.

享的集体性经验，以创造彼此生命共同体的意义感与有能力感。①

无力感不仅仅是一种缺乏资源或者能力的状态，还是一个内化的过程。当个人对侵害他们的社会系统感到无权时，他们会把这种感觉内化并逐渐认为自己是无助的。许多案主会把自己看作无权的人，并因而指责、贬低自己。② 因此，无力感既是指人们缺乏能力或资源，又是指人们会通过内化的过程，形成一种无助感。正是由于这种无力感，人们才指责、贬低自己，进而陷入无权或者无助的恶性循环。

（三）赋权

不同的学者关于赋权的界定和理解存在一定的差异。所罗门认为，赋权是社会工作者和案主共同活动的过程，其目的在于减少被污名化的群体的无力感。③

亚当斯认为，赋权是指个人、群体和共同体掌控其境遇、行使其权力并达成自身目的的能力，以及个别和集体能够借此帮助自己和他人将生命的品质提高到最高水平的过程。④ 由此，这一界定包含了三个要素：能力、运用权力的过程和人们的成就。

斯威夫特（Swift）和莱文（Levin）则认为，赋权是一种精神状态、一种对权力的再分配、一个过程和一个目标。

① GUTIÉRREZ L M, PARSONS R J, COX E O. Empowerment in social work practice: a sourcebook[M]. California: Brooks/Cole Publishing Co., 1998: 8.

② 陈树强. 增权：社会工作理论与实践的新视角[J]. 社会学研究，2003(5)：70－83.

③ SOLOMAN B B. Black empowerment: social work in oppressed communities[M]. New York: Columbia University Press, 1976: 29.

④ ADAMS R. 赋权、参与和社会工作[M]. 汪冬冬，译. 上海：华东理工大学出版社，2013：19－20.

古铁雷斯指出，学者们对赋权的不同理解可能意味着不同的事情。关注宏观层面的学者通常把赋权刻画成增加集体政治权力的过程；关注微观层面的学者经常把赋权描绘成个人增加权力或控制感，而没有结构安排上的实际变化；其他学者则试图调和这两种，关注个人赋权如何为群体赋权做出贡献，群体权力的增加如何提升个别成员的能力。①

李从三个维度来理解赋权：① 更具积极意义和潜能的自我感的发展；② 建构知识和能力，以更加批判性地理解个人所处的社会和政治环境；③ 形成资源和策略，以实现个人和集体目标。因此，在李看来，赋权可以从三个层面开展：一是个人层面，个人感觉自己有能力去影响和解决问题；二是人际层面，个人与他人合作促成问题解决的经验；三是政治层面，能够促成政策或者政治层面的改变。②

世界银行在世界减贫的背景下对赋权进行了阐释，认为广义上的赋权指的是选择和行动的自由，意味着它对资源的控制和决策。对穷人来说，这种自由因他们在与国家和市场的关系中无法表达自己的意见而受到严重限制。无力感根植于一种不平等的制度和文化之中。因此，赋权就是要增加穷人的资产，提升穷人参与、谈判、影响、控制、维护影响他们生活的制度的能力。由于贫困是多维的，穷人需要在个人层面和集体层面拥有一系列资产和能力。赋予贫穷的男性和女性权力，就需要消除阻碍他们采取行动改善个人或集体福利和限制他们选择的正式、非正式的制度障碍。主要的正式制度包括国家、市场、社会和国际机构认可的法律、规则和规章，非正式制

① 陈树强. 增权：社会工作理论与实践的新视角[J]. 社会学研究，2003(5)：70－83.

② LEE J A B. The empowerment approach to social work practice: building the beloved community[M]. 2nd ed. New York: Columbia University Press, 2001: 34.

度包括习俗、伦理道德等。①

综上所述，赋权可以被视作一种理论和实践、一个目标或心理状态、一个发展过程、一种介入方式。因为无力感可以从多个层面产生影响，所以社会工作者需要从多个层面介入。赋权的最终目标是增加个人、群体或社区的权力。值得注意的是，赋权并不是“给予”案主权力，而是挖掘或激发案主的潜能。在介入过程当中，社会工作者并不能赋予案主权力，权力存在于案主之中，而不是案主之外。

三、赋权视角的基本假设

传统上，社会工作的助人目标主要是促进个人及其与环境之间的交流，在个人所在的各个微观或宏观系统层面进行干预。不同于家长式干涉主义将个人问题的发生归结于个人的缺陷，赋权取向的社会工作相信个人之所以与环境存在交流障碍，以至于无法实现自己，主要是源于环境施加的压迫与限制。因此，赋权取向的社会工作应该着眼于增进与充实案主的权能，以摆脱环境的束缚。根据赋权视角的观点，个人之所以被弱势化、边缘化、缺权化，是基于以下假设。②

第一，个人经历深切而全面性的无力感，无法与环境交流，以至于无法自我实现。当个人经常经历经济的不安全、缺乏政治参与所需要的才能与

① NARAYAN D. Empowerment and poverty reduction: a source book[M]. Washington DC: World Bank Publications, 2002: 14-16.

② 宋丽玉，曾华源，施教裕，等. 社会工作理论：处遇模式与案例分析[M]. 台北：洪叶文化事业有限公司，2002：418-420.

资讯、缺乏批判思考的训练，会逐渐感受到压力与无力感。根据所罗门的看法，造成个人无力感的来源有三个：一是受压迫群体本身对自己的负向评价态度；二是受压迫者与外在系统之间互动的负向经验；三是宏观环境对受压迫者的经常性阻碍，使个人无法采取有效行动。

第二，个人周围存在直接与间接的权力阻碍，以至于无法参与社会和政治。所罗门指出，个人之所以缺乏权能或者权能失灵，是因为其周围存在着的直接或者间接权能障碍阻挠了个人接近权能。所谓的直接权能障碍是指取得物质资源的限制与不足，例如，穷人所需要的生活扶助与医疗服务；间接权能障碍是指缺少维持机会均等的资源结构和社会价值，例如，将穷人标签化为福利依赖者或者社会寄生虫，持续贬低或凸显他们的缺陷部分。

第三，权力可以通过社会互动增加与衍生更多的权能。其实，权力不是一种稀少的资源，它是可以通过社会互动衍生的。

第四，案主被视为有能力、有价值的个人。所罗门认为，赋权的历程取决于个人本身，并非依赖于助人者所为。赋权就是社会工作者与案主进行一系列活动，目的在于降低个人在标签群体中因被贬低而致的无力感。

第五，社会工作者与案主建立了一种协同的伙伴关系。在赋权视角下，社会工作者应该与案主建立协同的伙伴关系，聚焦案主与其环境之间的交换关系是否对称、权力结构是否存在等议题。简言之，赋权视角的社会工作认为个人之所以无法实现自我，是因为缺乏权力导致的无力感，个人因此无法有效地与环境交流，甚至无法实现自我。因此，社会工作的实施应该引进“赋权”的观点，通过特定的干预方案与策略增加案主的权力。

四、赋权视角的社会工作实践发展历程

西蒙分析了赋权取向的社会工作实践在美国的演进历史。[①] 他将这一历程大致分为三个阶段。

第一阶段：1893—1917 年。在该阶段，受工业化、移民潮、劳工运动等的影响，大量劳工进入城市和工厂，期待获得经济安全和政治自由。但在资本家的“科学管理”下，劳工的生产活动受限于时钟式的规定与标准管制，贫富差距日益扩大，因而日渐产生阶级、性别、种族等社会分化议题。与此同时，社会工作者逐渐成为新兴的专业人员。在社会福利运动、工会组织、女性主义、务实主义等思潮的影响下，社会工作者通过慈善组织会社和其他组织采用的“科学慈善”取向，运用有系统的研究方法来调查案主的现状和过去的历史，并由友好访问员担任贫困者的道德模范。这一时期的赋权取向实践有如下特色：其一，提供具体的、社会性的支持；其二，传授技巧；其三，重视案主的参与；其四，公开分享机构的信息。

第二阶段：1918—1945 年。此阶段爆发了两次世界大战，美国国内面临着经济大萧条的冲击，全国失业率较高。于是，新上任的罗斯福总统展开了一系列的“新政”计划，以重建美国的经济与社会。在公共福利大幅扩张建制、社会积极改革的背景下，社会工作专业中的干涉主义与赋权这两个迥异的传统取向同时找到了发展的空间。赋权取向的社会工作融入了弗洛伊德有关个人潜意识冲突的释放之学说、黑人意识觉醒的国家主义思考、存在

① SIMON B L. The empowerment tradition in American social work: a history[M]. New York: Columbia University Press, 1994: 47 - 53.

主义思潮中倡导个人自由权和社会主义提倡的社会改革行动等主张，并以下列方式协助缺少权力的案主：一是建立社会安全制度；二是注意母亲对儿童的健康照顾议题；三是建设面向美国本土黑人的社会工作学校；四是社会服务的正常开展。

第三阶段：1946—1994 年。第二次世界大战结束后，美国虽然是战胜国，但是也面临着经济与社会秩序的重建问题，例如，士兵返家后的调适、劳工骚动、住宅数量不足、通货膨胀等问题，还有移民问题与种族冲突日渐突出，社会极不安定。于是，美国政府在 20 世纪 60 年代通过“大社会”计划，以彰显政府对经济弱化与政治边缘化的公民应承担的责任，大幅增加福利预算以改善他们的生活。但随着经济的快速发展，全民消费的增加，政府的福利建制因不同执政党的不同理念而摇摆不定，时而大幅建立社会安全制度，时而大幅缩小受惠范围。受多元化与全球化思潮的影响，社会工作取向也呈多样化趋势，多元且包罗万象的理论观点纷纷被建构，赋权视角也于此时进入繁复的建构过程，包括从重视案主的自我抉择到强调集体行动的社区发展。其发展特色如下：一是社会工作的介入必须以回应案主认定的需求为依归，二是鼓励案主参与建立同辈网络，三是强调机构的工作重心在于增加权能与维系改变。①

五、赋权视角下的社会工作实践模式

西蒙指出，19 世纪 90 年代以来的社会工作赋权实践者在每个年代使用

① 宋丽玉，曾华源，施教裕，等. 社会工作理论：处遇模式与案例分析[M]. 台北：洪叶文化事业有限公司，2002：414－418.

不同的语言刻画他们的工作，无论案主多么弱势、无能力或被贬低，他们都把案主看作具有多种能力和潜力的个人、家庭、群体和社区。① 可以说，赋权视角下的社会工作是一种协助案主发现和激发潜能，鼓励和支持案主利用自己的长处改变现状，实现自我增能的模式。

不少学者对赋权视角下的社会工作实践框架或者工作模式进行了阐述。如考克斯和帕森斯阐述了一个由价值基础、介入认可、理论基础、工作者与案主之间的关系、问题解决方法等要素构成的赋权取向的社会工作模型；古铁雷斯、帕森斯和考克斯提出了一个由价值基础、介入认可、指导实践的理论基础等组成的赋权视角下的社会工作实践模式②；李描绘了一个包括理论基础、实践原则、干预技巧和方法在内的赋权视角下的社会工作实践框架。③ 综合来看，学者们关于赋权视角下社会工作实践模式的阐释主要包括价值基础、介入认可、专业关系、实践原则、干预技巧与策略、评估等方面。

（一）价值基础

社会工作的使命是关心个人及其与环境之间的有效互动。赋权视角下的社会工作实践主要着力于协助经济能力弱或受到政治压迫的弱势群体，致力于增加案主的权能，以增进其适应环境的能力，努力改变压迫案主的环境或结构。④ 古铁雷斯、帕森斯和考克斯进一步指出，在赋权视角的实践中，

① SIMON B L. The empowerment tradition in American social work: a history[M]. New York: Columbia University Press, 1994: 1.

② GUTIÉRREZ L M, PARSONS R J, COX E O. Empowerment in social work practice: a sourcebook[M]. California: Brooks/Cole Publishing Co., 1998: 6 - 21.

③ LEE J A B. The empowerment approach to social work practice: building the beloved community[M]. 2nd ed. New York: Columbia University Press, 2001: 51 - 54.

④ 宋丽玉，曾华源，施教裕，等. 社会工作理论：处遇模式与案例分析[M]. 台北：洪叶文化事业有限公司，2002：422.

社会工作者应遵守与赋权相关的社会工作伦理原则。同时,他们指出：首先,案主和工作者必须有效地参与并构建与人类需求相一致的环境,这与社会工作伦理守则中的促进社会正义相一致;其次,强调对自决和自我实现的专业承诺;最后,引导案主最大限度地参与规划和控制自己的生活,为案主充分地发展自己创造一个机会。

(二) 介入认可

在赋权的介入条件方面,赋权视角的社会工作介入并非完全没有限制,这些介入认可的来源之间经常会相互冲突,从而让社会工作者无所适从。古铁雷斯、帕森斯和考克斯指出,赋权实践的认可的来源很多元,包括社会工作专业的价值基础、法律、规则、机构章程和案主的要求。[①] 这些都对社会工作者与案主接触或者制定工作目标有所约束。

当这些不同来源的认可相互冲突时,社会工作者一方面要秉持社会工作伦理守则,尽量在介入认可容忍的最大范围内为案主争取权益,另一方面要依据这些介入认可的强制性层次来做出专业决定。

(三) 专业关系

在社会工作的助人过程中,社会工作者的重要目标就是尝试与案主建立起可以一起工作的信任关系,最后获得其完全的参与。不同于合作关系的单向性协助,赋权视角下的工作关系是一种双向的协同关系。在此关系中,案主与社会工作者都是可用的资源,在把私人问题理解成公共议题的背景下,案主的长期目标(实现社会公正)也是社会工作者的目标。当解决无

---

① GUTIÉRREZ L M, PARSONS R J, COX E O. Empowerment in social work practice: a sourcebook [M]. California: Brooks Cole Publishing Company, 1998: 6 - 7.

力感问题时，权威式的关系必须加以避免，专家也必须尽可能地解除神秘化。①

社会工作者要将案主视为有能力、有价值的个人，降低案主因为标签而带来的自我负面评价和无力感。在整个助人过程中，赋权视角强调权力是可以被分享的。这样，社会工作者可协助案主意识到自己是改变的主体，能够向社会工作者分享知识和技巧，一起解决问题，从而改变无力感。

就社会工作者的角色而言，所罗门最早在建构赋权的概念时指出，赋权视角下社会工作者扮演的角色是案主的老师或者训练员、资源的咨询者、提升意识觉醒的大师。在团体中，社会工作者则扮演领导者，强调社会工作者的教育作用。

在赋权视角的专业关系建构中，社会工作者被视为案主的协同伙伴，会因为案主的需要和所处的阶段不同而扮演不同的角色，如照顾者、中介者、仲裁者、倡导者、咨询者、团体领导者、组织者、评估者等。由此可见，赋权视角下社会工作者的角色并不固化，要根据案主的需要与主动性来调整，但是仍强调案主对其情境的主导性与主责性。②

（四）实践原则

在赋权的原则方面，所罗门指出首先要分析权力议题，明确权力的匮乏之处，然后克服负面评价，取回权力。李在所罗门的基础上，强调赋权必须

① GUTIÉRREZ L M, PARSONS R J, COX E O. Empowerment in social work practice: a sourcebook[M]. California: Brooks Cole Publishing Company, 1998: 6-7.

② 宋丽玉，曾华源，施教裕，等. 社会工作理论：处遇模式与案例分析[M]. 台北：洪叶文化事业有限公司，2002：432.

发展出正向的自我效能、批判的意识和能力，以及培养能实现集体目标所需的能力。他提出了赋权视角的十个实践原则①：

① 所有的压制对于生活而言都是破坏性的，社会工作者和案主都应该去挑战它。

② 社会工作者应该对压制的情景拥有一个整体的、多维的视角。

③ 社会工作者协助案主进行自我增权。自我增权原则超越了自决原则，它强调案主在增权过程中的权力和责任。

④ 具有共同基础的人需要集体增权。

⑤ 社会工作者应该和案主建立互惠关系。

⑥ 社会工作者应该鼓励案主以自己的语言表达，要注意沟通中的平等和对称原则，让案主自由发出自己的声音。

⑦ 社会工作者应该坚信"人是胜利者而非受害者"，要帮助他们获取需要的资源并采取行动，以抛弃受害者的角色。

⑧ 社会工作者应该聚焦社会变迁，和案主致力于推动结构的变迁。

⑨ 在赋权实践中，社会工作者和案主是一种双向合作的关系，即相互、互惠、共享、平权的关系。

⑩ 干预可以分为三个层面。第一个层面是社会工作者与案主建立合作关系，满足案主立即性的需要，包括链接案主所需要的资源、开始提供意识觉醒、寻找和申请资源。第二个层面是教授技巧和知识，并评估案主的权力动态机制，包括各类小组或团体活动。第三个层面是集体行动，旨在形成集

① LEE J A B. The empowerment approach to social work practice: building the beloved community[M]. 2nd ed. New York: Columbia University Press, 2001: 59 - 62.

体、参与倡导或进行社会行动。

社会工作实践往往基于一定的机构情境。因此，哈迪那（Hardina）指出，社会服务组织如果开展以赋权为导向的实践，需要遵循十个原则①：

① 要创造一种正式的机制让案主参与组织的决策；

② 要与案主形成一种伙伴关系，以设计和评估项目；

③ 要清晰地提供跨越种族、性别、阶层、文化和性取向障碍的政策与程序，以实现有效的服务输送；

④ 要形成一种员工之间、案主与员工之间没有权力差异的决策实践模式；

⑤ 要促进员工之间形成团队和合作关系；

⑥ 要采取策略以促进员工的心理增权；

⑦ 组织高层要认同员工和案主的增权意识；

⑧ 要采取策略以提升员工的工作满意度；

⑨ 鼓励员工倡导改善政策和服务；

⑩ 要致力于提升自己的政治权力和案主的政治影响力。

（五）干预技巧与策略

在干预技巧与策略方面，罗斯从专业组织弱化案主的能力展开分析，提出了"脉络化""赋权""集体性"三种方法。② "脉络化"技巧的主旨是承认案主在结构上是社会性的存在，而且自己对自己问题的了解程度要比社会工作者深。因此，社会工作者必须让案主自己在开放性的对话中定义自己和

① 何雪松. 社会工作理论[M]. 上海：上海人民出版社，2007：176.

② ROSE S M. Advocacy/empowerment：an approach to clinical practice for social work [J]. The journal of sociology & social welfare，1990，17(2)：41 - 51.

自己的处境、需求、问题。另外，在“赋权”部分，罗斯认为，赋权必须是一种对话、分享的过程。在这个过程中，社会工作者让案主产生各式各样有助于满足自身需求的机会。也就是说，相对于依照社会工作标准程序操作的传统做法，赋权论者主张案主才是社会工作的核心。“集体性”技巧则是把具有共同受压迫经验的人聚合在一起，交流过去和现在的受害经历，共同讨论受压迫的原因。经由这种集体意识的提升，罗斯相信可以由此达到个人与社会性的转变。①

古铁雷斯、帕森斯和考克斯主张赋权视角的介入可以在四个层面上展开。②

第一个层面：干预主要是由和个别人一道的最初工作构成的，问题可能来源于资源缺乏、人际冲突、情感问题、被具体确定的环境问题或案主的任何其他关注。对于每个案主，社会工作者都必须首先与其建立工作关系并评估需求和资源。如果这些明朗了，那么社会工作者保障案主依法应得的权利就是助人过程的第一步。社会工作者在这个阶段必须进行最初的评估，以便决定案主的需求和目标。在这个时刻，案主关于其状况和环境的普遍性的意识可能是非常有限的，或者隐藏在对关键资源的即时需求的背后。社会工作者既要评估案主对问题的看法和他们自己与家庭对这种问题的意识，还要评估他们处理或不能处理这些问题时的感受。

第二个层面：干预的目的是提供必要的知识和技巧，以便控制被辨认出

① ROSE S M. Advocacy/empowerment: an approach to clinical practice for social work [J]. The journal of sociology & social welfare, 1990, 17(2): 41－51.

② GUTIÉRREZ L M, PARSONS R J, COX E O. Empowerment in social work practice: a sourcebook[M]. California: Brooks/Cole Publishing Co., 1998: 14－19.

来的问题。在这个层面的干预中，社会工作者还要对案主所在的各个系统的权力进行评估。社会工作者可以通过开设工作坊和课程、打电话、录像等方式，依据案主的能力和兴趣，教授案主掌握分析自己问题的技巧和知识。通过自助的、系统性的行动，社会工作者协助案主在团体中分享个别经验，建立共同意识，再促使团体决定采取何种行动。在这一层面，案主认识其他人也面临相同的问题，所以他们会更广泛地来界定问题。这种对"共同议题"的理解常常会导致自助和集体行动的产生。此时，社会工作者就要求案主和其他人一起参与旨在解决共同问题的小组。自助小组的成员不仅力求帮助自己克服或应对问题，而且力求帮助小组中的其他成员解决问题。

第三个层面：介入以即时情境的改变或调节为核心。社会工作者的主要工作内容是确保案主所需资源与服务的可获得性。社会工作者干预的焦点是改变即时性的情境，让案主保持对此情境的意识觉醒，同时向其他专业人员学习如何与环境系统有效沟通。

第四个层面：干预的目的是把案主问题引向政治方向。社会工作者的工作内容包括集体性的社会行动；进行地方性、全国性或者国际性的政策倡导；向案主提供参与集体性行动和组织的信息和知识；提供社会行动所必需的技巧训练等。

古铁雷斯、帕森斯和考克斯指出，这四个层面并不是相互排斥的，各个层面的任务可以同时开始，而且这些层面也不是线性的或者有先后次序的开展，干预活动可以从任何一个层面开始，每个层面的介入活动都可以提升其他三个层面的成效。社会工作者在整个过程中充当催化剂，通过一系列提问，提升案主的意识，促使案主找出解决问题的方法。[①]

(六) 评估

赋权取向的评估要求案主与社会工作者一起收集资料，也一起对所界定问题的各相关因素进行系统分析。为了能够全面分析案主所面临的权力障碍，李指出，社会工作者需要从多元视角对案主所面临的问题进行整体性的全面分析。此外，李还提出了整合历史视角、生态视角、阶层视角、女性主义视角、批判视角等多元视角的分析框架，全面系统地对个人及其所在环境因素进行了分析。[②] 李进一步提出了一个评估的内容清单，认为赋权视角下的社会工作评估内容主要包括十个方面。

① 基本信息。案主的基本信息包括婚姻、家庭关系、同住人、社会经济地位、工作和收入、宗教信仰、文化背景、健康状况等。

② 生命转变。如年龄和角色、正常状况或者突发情形、当前的危机事件、问题的发展历史等。

③ 健康与心理卫生状况。案主的健康与心理卫生状况包括样貌、生理和精神疾病史、发展障碍、服药情况、受压迫经验等。

④ 人际状况。与重要他人、支持网络的关系和沟通模式，特别要弄清案主的家庭成员和支持网络是谁；评估关系的性质，如果可能，与重要他人见面，注意问题和优势；社会工作者与案主关系的反思也要包含在其中。

⑤ 物理和社会经济环境。描述社区、邻里、家庭气氛、工作环境等的状况，特别是资源、品质，以及回应案主需求的适切程度；这些环境是否能够提

---

① 陈树强. 增权：社会工作理论与实践的新视角[J]. 社会学研究，2003(5)：70－83.

② LEE J A B. The empowerment approach to social work practice：building the beloved community[M]. 2nd ed. New York：Columbia University Press，2001：94－95.

供足够的资源和支持；问题是否与环境有关联等。

⑥ 突显受压迫的情况。明确案主当前所经历的压制，资源歧视或者资源获取障碍，关系性议题（如性侵、虐妻等），何种权利的不平等体现了这种压制。

⑦ 无力感或权利不足的问题。案主缺乏的是知识、技术或者资源；权利的缺失可能是个人、人际或政治层面上的。

⑧ 聚焦案主的优势。社会工作者应描述案主的资源和长处。

⑨ 评估可行性。社会工作者和案主一起评估，评估问题的本质，制定行动目标并进行任务分工。

⑩ 签订工作协议，制定干预计划。

综上，对赋权视角的实践进行评估是复杂的。因为赋权既是一个过程也是一个结果，所以评估有必要阐述对某个被确认下来的状态之动力过程的评价。① 尽管社会工作者可以结束助人关系，但案主将继续改变。事实上，案主可以通过在服务方案或他们的一般性生活中扮演不同的角色而继续他们的工作。因此，持续性评估会在整个助人过程中发生。②

第三节 赋权视角下的反贫困社会工作实践

赋权理论强调个人的权利与主观能动性，认为每个人都有权参与到公

① 陈树强. 增权：社会工作理论与实践的新视角[J]. 社会学研究，2003(5)：70－83.
② 同①.

共决策中,有能力获得自身所需的资源,有能力影响资源在社会系统中的分配。赋权理论在价值取向上强调推动社会公平与正义,尊重受助人的自决与自我实现权利,强调受助人的充分参与的重要性。世界银行提出了"促进赋权",主张让穷人获得更多的机遇,在政治上赋予他们更多的决策参与权力,使国家制度对穷人负起责任;提供安全保障,以提升穷人在遭受疾病、经济危机、政治动乱、自然灾害和暴力冲击时的脆弱地位。同时,世界银行明确将赋权看作减少贫困的重要途径,从相对宏观的层面,提出了赋权视角下反贫困实践的原则和策略,为全球反贫困工作提供了重要的理论依据与实践工具。① 在此背景下,随着我国社会工作参与反贫困实践的不断深入,赋权视角下的反贫困社会工作也形成了具有本土特色的实践模式。

一、赋权视角下的反贫困社会工作实践原则

世界银行针对贫困提出了一个多维的观点,尤其强调了为贫困人口增加机会、保障贫困人口的安全和赋权对经济增长、减贫的重要性。世界银行的一些实践表明,赋权能够促进良好的治理,进而强化增长前景。公民参与进来,发出自己的声音,有利于形成共同意识。赋权是通过增进穷人的权能来提高发展效率。这包括通过教育和获得基本医疗保健的机会来增加穷人的人力资本,增加他们获得土地、金融资本和市场信息的机会,从而减少不平等。经验还表明,赋权可以提高发展效率,并在个人层面产生有利于穷人的影响。基层社区的参与是生产和维护当地公共产品(如供水、卫生、学校、

① NARAYAN D. Empowerment and poverty reduction: a source book[M]. Washington DC: World Bank Publications, 2002: 31－66.

道路和森林管理）的有力工具，从而提高投资的发展效益。

在诸多实践经验的基础上，世界银行对赋权进行了阐释，并指出广义上的赋权指的是选择和行动的自由，以塑造一个人的生活，它意味着对资源的控制和决策。由于社会、文化、政治、经济条件和制度体系的不同，改革战略也必须各不相同。虽然赋权没有单一的模式，但经验表明，当赋权取得成功时，某些要素几乎总是存在的。这些要素协同作用，增强了治理需求方的能力。基于赋权视角的反贫困社会工作实践中，必须考虑四个基本要素。

一是获取信息。赋权视角下的信息就是力量。从政府到公民，再由公民到政府，信息须双向流动。了解信息的公民能够更好地利用机会，获得服务，行使权利。最重要的信息包括国家和私营部门的业绩、金融服务和市场，以及有关基本服务的规则和权利。通信技术常常在获取信息方面发挥关键作用。

二是包容/参与。赋予参与权能的方法是将穷人看作合作者，将决策权和控制权——特别是财政资源的决策权和控制权——下放到最低层次。中央或者地方政府在制定规划和预算时，要将穷人和其他被排斥的群体考虑在内。这样可以确保有限的公共资源能够使用在最优先的事项之上，并且切实符合地方性要求。这种包容性和知情参与是需要通过改变规则和程序来实现的。

三是问责。国家官员、公共雇员、私人供应商、雇主和政客必须承担责任，为影响公民福祉的政策和行动负责。问责主要有三种类型：一是政党和代表的政治问责，可以通过选举来实现；二是政府机构的行政问责，可以通过机构内部和机构之间的横向与纵向的内部问责机制来实现；三是社会或公共问责，可以通过公民的政治监督和问责来实现。

四是当地的组织能力。当地的组织能力指的是人们共同努力，调动资源来解决共同关心的问题的能力。有组织的团体和社区更有可能发出自己的声音，满足自己的要求。当这些以成员身份为基础的团体结成更高级别的联盟时，他们可以在影响其福祉的政策对话和决策中获得发言权与代表权。

赋权的四个要素可以结合起来创建更有效、响应更快、更具包容性和更负责任的制度。这些制度能够使穷人提升自己的能力，增加自己的资产，并摆脱贫困。

世界银行通过项目实践探索了赋权理论在反贫困实践中的基本原则和实践框架，并在具体的实践活动中进行了运用。世界银行将赋权的方法和实践原则主要运用到以下反贫困实践领域。

第一，提供基本服务。这指的是增加穷人获得并有效利用基本服务（如医疗、教育等）的机会。基本服务领域的赋权侧重于各种合作生产战略，包括：① 将有关政府服务和业绩的资料纳入公共领域；② 设计参与机制，包括穷人能够负担得起的服务或需求方面的筹资战略；③ 通过赋予社区团体权力和控制推动社区发展的关键决定和财政资源，提升社会责任感和地方组织能力。这些项目可以是多部门的，也可以是单一的。

第二，改善地方治理。改善地方治理对于更好地提供服务和更好地应对贫困人口的优先问题至关重要。到目前为止，权力下放和地方政府改革主要集中在正式系统的供应方面。被赋予权力（拥有权力和资源）的地方政府需要通过增加公民获取信息的机会、促进包容和参与、加强对公民的责任等机制来赋予地方社区权力。

第三，改善国家治理。宏观经济政策强调社会参与。由于国家议程和政策决定了穷人获得资源和机会的时机，因此，这些议程必须纳入四项赋权要素。实现穷人与国家预算、政策制定之间的信息链接，通过社会问责机制让公民参与或反馈等行动，都将需要加强穷人组织和其他民间社会团体履行这些新职能的能力，以使国家政府做出反应并承担责任。一些政策性贷款、方案贷款和国家减贫战略的制定都应将公民的参与纳入议程。这需要建立机制，将“参与”制度化，并通过纳入赋权实践框架的其他三个要素来提高其有效性。

第四，促进贫困人口参与市场活动。如果穷人被排除在最佳的生产活动之外，经济增长就无法持续。只有当一个国家能够促进创业、创造就业，使个人的财产权利或福利得到保障时，才能让穷人拥有更具生产力的生计。但只有这些还是不够。小微企业面临的被约束和受排斥的境遇，不会因为宏观投资环境的改善而自动得到优化。穷人缺少平等参与经济的机会。赋权的方法和原则可以帮助穷人克服许多阻碍他们进入市场的障碍。法规的变化可以鼓励私营部门的行动者创新和开发新产品，这些新产品有可能惠及大量拥有金融和保险产品的贫困人口。

第五，穷人获得司法公正的机会。法治和有效的司法系统不仅对投资环境很重要，也对保护穷人及其生计很重要。世界银行资助的很多项目包含法律和司法改革内容。这些项目的重点是：① 加强行政司法，使行政决策对普通公民更负责任；② 促进司法独立；③ 加强法律教育；④ 增加穷人诉诸司法的机会；⑤ 公众宣传和教育。

总之,赋权的重点是增加穷人的选择和行动自由。赋予穷人权力本身就是一个目的,而且对发展的有效性至关重要。赋权包括协助人们建立自信和信念,并尊重他们的行为。它不是一项单独的战略,而是一种促进发展的方法,其基础是坚信穷人本身是减贫任务中最宝贵的伙伴。

二、赋权视角下的中国反贫困社会工作实践探索

赋权视角为国际反贫困社会工作实践提供了一个新的理论和实践框架,也为中国特色反贫困理论与反贫困社会工作实践领域提供了一个认识贫困和消除贫困的工具。同时,基于中国的文化和社会背景,赋权视角下的中国反贫困实践也逐渐形成了适合本土的社会工作实践模式。下面介绍绿耕聚焦农村妇女赋权的反贫困社会工作实践。①

(一) 农村妇女赋权的社会工作实践分析框架

作为国内较早在农村开展反贫困社会工作实务探索的机构之一,绿耕在云南等地区的农村探索了西方社会工作理论与本土文化结合的模式,并在此基础上发展出了本土化的行动策略。农村妇女赋权是绿耕社会工作实践的重要领域。妇女赋权强调的是妇女增强自己的权力,这种权力不是控制别人的权力,而是妇女以此增进自我意识、尊严、幸福感的权力。基于对赋权的内涵和实践的理解,绿耕以乐明村青梅小组为例,提出了农村妇女赋权的社会工作实践分析框架(如图 7－1 所示)。此分析框架梳理了赋权实践在个体、人际关系和社区参与三个层面的具体做法,并结合绿耕的实践经

① 张和清,杨锡聪,等.社区为本的整合社会工作实践:理论、实务与绿耕经验[M].北京:社会科学文献出版社,2016:92.

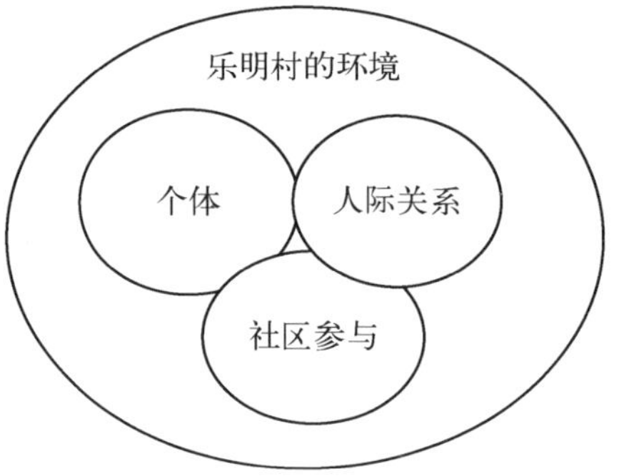

图 7－1　农村妇女赋权的社会工作实践分析框架

验，分析和讨论了社会工作在实务过程中如何实现对农村妇女的赋权。用这个框架对青梅小组进行分析，可以看到小组的权力缺失不仅仅是个人的问题，还受到社会环境的影响。因此，只有将青梅小组放在乐明村的社会大环境中去分析，才能够看见属地环境如何导致妇女权力缺失。

（二）农村妇女权力缺失的现状

根据上面的分析框架，可从个体、人际关系和社区参与三个层面描述乐明村妇女权力的缺失状况。

一是个体层面的权力缺失。乐明村妇女缺少控制生活资源和改善自己生活的能力，也无法对所处的环境施加影响。

二是人际关系层面的权力缺失。乐明村妇女所处环境的封闭性和人际交往的孤立性导致她们孤立无援。

三是社区参与层面的权力缺失。妇女在村庄正式组织中的"缺位"和村庄公共生活中的"缺席"，导致她们在社区参与层面被边缘化。

（三）反贫困社会工作实践策略

针对乐明村妇女权力缺失的现状，绿耕从"培力弱势"的宗旨出发，从个体、人际关系和社区参与三个层面推动妇女赋权。

1. 个体层面的赋权实践策略

个体层面的赋权主要是指个体拥有得以控制自身生活的能力和对所处

环境的影响能力，包括实际的控制能力和心理控制能力两个方面。对于青梅小组的妇女来说，个体层面的赋权主要是使她们感到有能力去独自应对生活中的难题。绿耕从以下两个方面实施了个体层面的赋权。

第一，偶遇并建立伙伴关系。社会工作者与案主在村庄偶遇，通过“一起干事情”建立伙伴关系。在“打理果园”“采摘”“制作青梅”的过程中，妇女的普通生活被赋予新的意义。

第二，相伴同行。在青梅小组发展过程中，社会工作者采取的策略有三种：一是与妇女始终保持平等的关系；二是为不耽误妇女干农活，邀请老师到村里培训；三是培训方式灵活多样，培训内容通俗易懂，以便妇女理解和接受。正是这样的相伴同行过程，不断地改变着妇女消极和负面的自我认识。

总之，社会工作者与青梅小组的妇女从“偶遇”开始，充分利用她们自身的优势和资产开展生计项目，逐步改变了妇女个体层面权力缺失的状况。首先，青梅小组通过产品加工增加妇女经济收入的同时，使妇女的个人能力和自信心得到了提升。其次，激发青梅小组妇女的能动性和自我效能感。此外，青梅小组给妇女提供了一个充分表达自我的空间。小组成员协同劳动，彼此交流，还有机会向外来者讲述自己的故事，这无形中改变了她们以往的发声方式。

2. 人际关系层面的赋权实践

人际关系层面的赋权是指通过人与人之间的互动，达到自我权力和能力的提升。这就使小组成为促进赋权的关键性工具，小组为赋权提供了一个平台。至于青梅小组人际关系层面的赋权，则主要体现在小组的巩固与发展阶段。为了推动小组巩固与发展，社会工作者主要从两个方面开展工作。

第一，确立组织架构。社会工作者借助小组内部出现矛盾的契机，推动青梅小组确立了正式的组织架构，在小组内进行了正式的分工，确定了组长、采购人员和质量监督人员等职务。在推动小组组织健全的过程中，社会工作者并没有直接替青梅小组的妇女做决定，而是相信她们有解决问题的能力，并有合乎自己实情的处理方法。这样做激发了她们的自主性，使她们真正成为小组的“主人”，增强了她们对小组的认同感。

第二，建立民主参与机制。社会工作者最初从大家最关心的“钱”的问题入手，引导妇女聚在一起讨论。在针对“怎么做好产品”这个问题上，妇女们逐渐学会公开表达自己的意见，通过不断地互动，开始学会分享经验，在集体讨论中一起寻找陷入困境的原因和摆脱困境的办法，寻求彼此间的支持，从而有了越来越多的共识。通过发挥每个人的能力和才智，逐渐凝聚小组力量。在这个过程中，社会工作者既倾听妇女的需求、理解她们的个体经验，又注重引导妇女参加公开的讨论，尽可能以集体协商的形式寻求解决问题的办法，推动小组建立民主参与机制。在青梅小组这个平台，每个成员都能够真实地表达个人的意见，进行公开、充分的讨论，从而促进小组可持续发展，使小组中每个人的主体性都能够得到发挥。

在青梅小组发展与巩固的过程中，绿耕的主要做法是让小组中的妇女学会合作，在合作中建立支持网络，以此改变她们在村庄人际关系层面权力缺失的状况。一是打破封闭性，建立小组内部支持网络。在小组建立之前，几位妇女的人际交往基本上局限在“围屋”和家庭内。自从青梅小组建立后，特别是随着小组的不断发展，妇女与“围屋”外的人的联系越来越多，打破了村庄里以“围”为隐性界限的区隔，逐渐与村庄里的其他人形成密切互动的支持网络。二是打破孤立性，争取家庭内部的支持。小组推动了生计项目的发展，无论是生态种植还是青梅产品加工，都增加了妇女的经济收入，这让她们在家庭中开始享有一定的决策权。个人能力的增强和自信心的提升使妇女与家人之间的互动增强，也使家庭中的权力关系发生了变化。

概括而言，绿耕在人际关系层面的赋权策略主要体现在两个方面：一方面，始终把发挥妇女的主体性放在突出的位置；另一方面，推动小组的发展与巩固不仅是目标之一，还是解决问题的方式和重要的赋权策略。小组是促进妇女人际交往、参与公共事务的有效载体，小组组织结构和民主参与机制的建立，使小组产生了巨大的动力和凝聚力，有助于增进妇女之间的合作，提升她们的自尊、自信。

3. 社区参与层面的赋权实践

社区参与层面的赋权主要关注社会行动和社区改变，包括使用政府和其他社区资源的合作行为。青梅小组社区层面的赋权实践首先体现在妇女有机会以平等的身份参与社区公共生活，包括参与村庄的正式组织和公共活动等。其次，社区参与层面的赋权是以推动整个村的发展体现出来的。具体做法包括：利用社区公益金关怀老人，弘扬社区互助精神；利用“妇女之家”平台，青梅小组发挥模范带头作用，带领更多村民参与公共活动。

在社区参与层面的赋权实践中，绿耕的策略主要体现在以下两个方面：

第一，促使妇女从公共参与的边缘位置逐渐走向“中心”。社会工作者从培育青梅小组开始，不断鼓励妇女关注村庄的公共事务。公益金的资助让妇女有机会在村庄的公共生活中“崭露头角”。依托“妇女之家”这一平台，青梅小组的妇女名正言顺地步入村庄的正式组织，成为公共平台的主角，从而开始推动社区发展。

第二，促使妇女从被动的接受者变为积极的行动者。妇女最初加入青梅小组的动机只是期望在社会工作者的帮助下挣钱，但随着意识的提升和能力的增强，她们除了商议小组的具体事务，还商议村里的大事。

总之，社会工作者在培育青梅小组的过程中，不断创造机会，推动妇女参与公共事务，从根本上改变了妇女在社区层面权力缺失的状态。乐明村妇女开始在村庄的公共领域发挥作用，开始改变社区的性别权力关系。

在绿耕实现妇女赋权的过程中，有四种策略贯穿始终：一是社会工作者以尊重和认可妇女的能力为基础；二是社会工作者采取陪伴、同行的方式与妇女一起成长；三是社会工作者为妇女创造了更多的展示才能的机会；四是社会工作者引导妇女将对自己的关注扩展到对村庄其他人的关注，带动更多的人参与到村庄公共事务中。

第八章　生态系统视角下的反贫困社会工作

生态系统视角是在20世纪70年代兴起的社会工作实践视角之一。为了回应早期的社会工作理论对社会层面关注的缺失，部分学者融合了生态有机论、一般系统理论等的部分观点，关注个人与环境的互动，形成了经典的生态系统理论视角。从社会工作的发展历史看，社会工作自出现以来就与反贫困紧密结合。生态系统视角下的社会工作也把反贫困视为重要内容，关注从对个别化贫困者的帮扶转向系统化的贫困治理，强调贫困治理系统中的综合力量。本章将从生态系统视角的发展脉络入手，将社会工作反贫困实践置于生态系统理论发展的整体背景中进行探讨，并在此基础上梳理生态系统视角下反贫困社会工作的理论基础、发展脉络、实践经验等，为反贫困社会工作实践与贫困治理提供理论与实践依据。

第一节　生态系统视角的形成与发展脉络

一、生态系统视角的引入

生态系统视角本身有着悠久的发展历史，包含不同的知识来源，特别是有机生物生态学、社会学中的“人类生态学”、信息论、控制论等观点对其形成和发展有重要的启发。生态系统视角的理论根源最早可追溯至达尔文提出的生物进化论中有关生物体如何在自然环境中进化和适应的观点。[①] 后来“生态”一词被提出，具体指的是有机体及其在自然环境中的相互依存关系，并利用互惠的概念对生态适应和生物与环境之间的相互关系进行了探讨。之后，生态学理论迅速在自然科学界发展起来。在此基础上，社会达尔文主义、系统理论、人类生态学逐渐兴起。20 世纪 30 年代，芝加哥学派中的生态学派等开始以系统性的整体观看待人类及其生存的自然环境。因此，自然科学和社会科学之间的传统鸿沟开始被打破。社会科学界开始普遍关注包括人类系统在内的多重系统，生态系统视角思想开始在社会科学界传播开来。

社会工作领域中的生态视角思想可以追溯到 100 多年前里士满在其著作《社会诊断》中有关“在情境中理解行为”“慈善合作”的观点，即在家庭服务领域里，社会工作者需要整合、利用案主家庭内部和外部的“力量”与“资源”，关注家庭及其系统环境的影响。[②] 其后，谢菲尔德（Sheffield）提出了

① DARWIN C. The origin of species[M]. Ware: Wordsworth Edition Ltd, 1998: 2-16.
② RICHMOND M E. Social diagnosis[M]. New York: Russell Sage Foundation, 1917: 183-216.

"全景式"这一概念，提出了个人与其所处社会环境相互关联的"子情境"的重要性。① 汉密尔顿(Hamilton)认为，社会工作应该聚焦个体和社会经济环境，并通过改善个人的社会经济状况和心理功能解决问题。② 但是这一时期的社会工作主流理论范式仍以关注个体化的精神分析、人格理论为主导，环境系统理论或生态观并没有得到充分的重视和发展。之后，社会工作开始转向更加现实和专业的实践观，在实践中广泛借鉴了社会学领域的系统理论，如帕森斯的"社会行动"概念框架③、卢曼(Luman)的社会系统理论等系统观，这些理论都对社会工作系统模式的发展产生了很大影响。④

20 世纪 70 年代，贝塔朗菲(Bertalanffy)对系统理论进行了全面阐述，将社会元素添加到人与环境的交互中，认为"环境"一词可以被分解为不同层次的系统结构，并将环境与个体的压力、需求和互动相联系。⑤ "全人"这一概念将传统心理学关注个人内心的分析视角转向对个人外在环境变化的关注，要求社会工作者不仅要关注案主的心理状态，还应该从更大的社会环境和时代背景出发，深刻理解案主的各种问题，充分调动各界力量，更好地解决案主的问题。⑥ 之后，聚焦于个人和社会的一般系统理论视角

---

① SHEFFIELD A E. Three interviews and the changing situation[J]. Social forces, 1924, 2(5): 692 - 697.

② HAMILTON G. Theory and practice of social case work[M]. 2nd ed. Rev. New York: Columbia University Press, 1951: 1 - 12.

③ PARSONS T. Social systems and the evolution of action theory[M]. New York: Free Press, 1977: 229 - 269.

④ VISKOVATOFF A. Foundations of Niklas Luhmann's theory of social systems[J]. Philosophy of the social sciences, 1999, 29(4): 481 - 516.

⑤ BERTALANFFY L. The history and status of general systems theory[J]. Academy of management journal, 1972, 15(4): 407 - 426.

⑥ GOLDSTEIN H. Social work practice: a unitary approach[M]. Columbia: University of South Carolina Press, 1973: 223 - 230.

在社会工作和精神病学领域风靡一时，成为社会工作领域中的一个重要理论视角。其主要优势在于支持家庭治疗和社区精神卫生运动的发展。该视角更加注重家庭和社区在提供照顾和精神疾病治疗服务中的环境系统。其中，戈尔茨坦(Goldstein)提出了“整合视角”，强调人与环境的有机统一和整体性。① 平卡斯(Pincus)和米纳汉(Minahan)更为详尽地将系统观点纳入社会工作实践模式中，并将个体环境分为三个系统：非正式或原生系统(如家庭、朋友、同事)、正式系统(如社区组织、商会)以及社会系统(如医院、学院)。他们认为这三个系统可以作为支持性资源系统帮助有问题的人士解决困难，而社会工作者的主要任务就是协助问题人士提升自我解决问题的能力，建立或恢复与资源系统之间的有效联结，修正或完善个人与系统内外的互动，并在宏观层面推动社会政策体系建设等。在此基础上，他们还进一步提出了四个社会工作实践系统，即改变主体系统(社会工作者及其所在组织)、案主系统(寻求帮助并与改变主体系统协同工作的个人、群体、家庭和社团)、目标系统(改变主体系统为达到目的正试图去改变的那些人)、行动系统(改变主体系统与之合作以实现目标的那些人)。②

另外，布朗芬布伦纳(Brofenbrenner)将生态系统理论引入人类行为的研究中，强调个体在环境中的成长、重组、适应的双向互动的动态过程，认为个人是一个不断成长、与动态环境进行重构的实体，个人与环境之间的互动

① GOLDSTEIN W N. Toward an integrated theory of schizophrenia[J]. Schizophrenia bulletin, 1978, 4(3): 426-435.

② PINCUS A, MINAHAN A. Social work practice: model and method[M]. 6th ed. Itasca: F. E. Peacock Publishers, 1976: 26-54.

是双向的、相互适应的过程，环境不能仅仅被理解为家庭、朋辈群体，而且要包括更大的社区和社会等。他还将个人—过程情境系统地划分为微观、中观、外围和宏观四个层次。① 四个层次的系统包括：① 微观系统。微观系统主要指最基本的系统，包括家庭、学校、同伴以及性格特征等。微观系统对个体具有重要影响，可以潜移默化地形成特定的行为方式、价值观念和人际关系模式，以影响个体的发展。② 中观系统。中观系统指更广义的系统，是多个微观系统之间的相互作用过程，主要包括家庭、学校、父母、同伴之间的互动。③ 外围系统。外围系统是指个体不直接参与，但对个体的微观系统、中观系统产生影响的环境系统，例如，父母的工作单位、学校等对家庭互动产生影响的系统。④ 宏观系统。宏观系统是指个体所处的社会环境，是影响个体成长最普遍的环境力量，会直接或间接影响个人成长和家庭功能。根据布朗芬布伦纳的阐述，系统对人的影响方式和影响程度会通过不同系统及其联结差异而形成不同的模式，这一定程度上解决了一般系统理论过于抽象的问题，但是仍然未能就如何在社会工作中进行操作而提供具体的方案。

需要指出的是，布朗芬布伦纳的社会生态系统理论是通过对儿童成长过程的分析而提出的，具有较强的生物学理论基础。社会生态系统理论关注儿童的社会环境对其成长过程的影响，但未能对个体的能动性进行阐述，因此被一些学者批判为“环境决定论”。作为现代社会生态理论最著名的代表性人物之一，扎斯特罗则进一步阐述了人的成长与社会环境的关系，并将

① BRONFENBRENNER U. The ecology of human development: experiments by nature and design[M]. Cambridge: Harvard University Press, 1979: 1 - 5.

个体生存的社会生态系统划分为三种类型，即微观系统、中观系统和宏观系统。其中，微观系统是指个人，这里的“个人”是具有生物、心理和社会系统的系统类型；中观系统指任何小规模的群体，包括家庭、职业群体和其他社会群体；宏观系统是指那些比小规模群体更大的系统，如文化、社区、习俗、制度、机构、组织等。① 虽然扎斯特罗提出的生态系统观对系统的划分较为粗略，但它在一定程度上弥补了布朗芬布伦纳的社会生态系统理论对个体与环境互动关注的不足，打破了个体与环境的对立关系，将微观个人系统视为生态系统的一部分，而个人问题就是由于生态系统不协调导致的。同时，扎斯特罗对社会生态系统的分层内容更为细致。比如，他在微观系统里面加入了个体的心理、生理等因素，关注心理与生理之间的相互影响和个体本身对环境的反应。②

二、生态系统视角与社会工作的融合

系统论在社会工作领域的广泛运用打破了传统医学模式的个体化视角，将原有对人类行为理解的一元论扩展到更为广阔的多元论视角，极大地丰富了社会工作的实践架构，弥补了社会工作临床实践中社会层面的缺失，使人们开始聚焦个人因素之外的环境和情境因素。同时，在实务层面促使社会工作者从更为广阔的社会情境出发，理解并协助案主寻求解决方法。但是，随着一般系统理论在社会工作领域的盛行，一些局限也随之暴露：未

① 扎斯特罗，柯斯特-阿什曼. 人类行为与社会环境[M]. 师海玲，孙岳，等译. 北京：中国人民大学出版社，2006：15－17.

② 付立华. 社会生态系统理论视角下的社区矫正与和谐社区建设[J]. 中国人口·资源与环境，2009，19(4)：125－128.

能对“做什么”“如何影响系统”做进一步阐释；系统概念过于抽象，难以有效辨析边界；包容性过强，具体操作性不足，难以应对任何特定的情景。① 到了20世纪70年代，随着系统观的确立以及部分学者的进一步反思和完善，生态系统视角逐渐兴起，形成了具体的系统模型和观点，其中以杰曼和迈耶(Meyer)等学者为代表提出的生态系统观影响最为广泛，并在社会工作实务领域形成了综合性的生态系统干预模式。

事实上早在1973年，杰曼就作为第一个学者将生态概念正式应用于社会实践工作，强调社会实践中的生态系统概念。② 杰曼指出，生态学是一门研究有机体及其环境适应性的学问，以及研究它们如何达到动态平衡和建立相互关系的科学。生态学提供了一个恰当的视角，帮助社会工作者关注人类之间的关系和他们自身的人际关系与组织环境，帮助个体寻求支持性环境，提升个体与他人、周围环境互动的质量。③

“生活模式”是杰曼和吉特曼(Gitterman)提出的另一个重要概念，强调社会工作应聚焦让案主置身其中的生活场域。④ 据此，生态系统观被视为研究有机体与其环境之间关系的科学，生态学是一种对人和他们所处环境的整体看法，即人与环境本质上是一个整体，而不能孤立地理解两者的关系。正如杰曼所言，人与环境的关系应该是持续地相互交流或交易，在这种交流

① 何雪松. 社会工作理论[M]. 上海：上海人民出版社，2007：97-98.
② GERMAIN C B. An ecological perspective in casework practice[J]. Social casework, 1973, 54(6)：323-330.
③ 同②.
④ GERMAIN C B, GITTERMAN A. The life model of social work practice[M]. New York：Columbia University Press, 1980：225-280.

或交易中，人和环境相互影响、塑造甚至改变。① 事实上，杰曼将生态学作为社会工作的一种实践隐喻，试图通过干预生活模式和设定目标，将生态隐喻直接应用于社会工作实践中。杰曼和吉特曼认为，生态隐喻下的社会工作致力于改善人与环境之间的适应性，同时将与生活有关的问题视为生命过渡、环境压力和人际过程等。生活模式将个人和环境视为一个统一的系统，在这个系统中，每个人都受到另一个人的影响。该模型认为，人们不断地、交替地适应环境的许多不同方面。同时，每个人都是在个人的基础上调整自己与环境的关系。当交易过程中的平衡被打破，个人就会产生压力，而压力反过来又导致了个体需求、资源和环境之间的不协调。② 可见，杰曼和吉特曼的生态系统理论基础更多地融合了精神分析理念，为社会工作干预提供了一种分析与分类方法。

在生态系统视角的影响下，迈耶（1983）认为生态观念是指人与环境的关系，这种视角能够有助于社会工作者理解案主所处的自然环境。③ 迈耶明确界定了生态系统这一概念，并指出生态系统包含两个理论：生态论和一般系统论。迈耶用生态论视角来阐明所有变量之间的自适应关系，提出在容纳个体复杂性的同时避免过分简单化和还原论的倾向；一般系统论则强调对个体适应的多样性、复杂性和不确定性进行解释。

① GERMAIN C B, BLOOM M. Human behavior in the social environment: an ecological view[M]. 2nd ed. New York: Columbia University Press, 1999: 16.
② GERMAIN C B, GITTERMAN A. The life model of social work practice[M]. New York: Columbia University Press, 1980: 57.
③ MEYER C H. Clincial social work in the eco-systems perspective[M]. New York: Columbia University Press, 1983: 31.

虽然生命模式和生态系统视角都强调人在环境中的思维，但两者对环境的理解略有差异。生命模式把环境理解为包括相互作用的物理和社会环境，但重点关注的是社会和抽象的系统环境。杰曼和吉特曼还对生命模式的社会和物理环境概念进行了区分，认为这是一种分析工具。而在迈耶的生态系统理论中，并没有具体指明环境类型。综上，使用生态系统理论时，社会工作者必须考虑案主及其生活环境，重点关注人与环境之间的关系。总而言之，杰曼和吉特曼将生态学作为一种实践隐喻，而迈耶只是将生态学作为一种语境隐喻。

生态系统理论的基本假设包括以下内容：① 个人有能力与环境互动，与其他人发生联系是个体与生俱来的能力；② 基因和其他生物因素被视为个人与环境交互的结果；③ 个人—环境构成了一个统一的系统，在该系统中，人与环境相互影响，形成一种互惠关系；④ 调适度是指个体与环境互惠的结果，即适应性良好的个体与具有滋养性的环境之间的互动；⑤ 个人的行动是有目标取向的，人类为了更好地生存而抗争，个体赋予环境的主观意义对自身发展是重要的；⑥ 人格是人与环境长期交互的发展结果；⑦ 个体的生活经验是可以产生积极改变的；⑧ 个体生活中的问题需要在其整体生活情境中进行调整；⑨ 为帮助案主，社会工作者应该随时准备介入案主所在的生活空间和各个层面的系统。[①]

三、生态系统视角下的社会工作反思

20 世纪 80 年代后，生态系统观开始融合包括增权理论在内的更多理论

① 文军. 社会工作模式：理论与应用[M]. 北京：高等教育出版社，2010：372 - 373.

视角，强调社会工作者与案主建立互惠关系，进而在实务层面为案主进行倡导。[①][②] 另外，生态系统观也对生态社会视角、深度生态学视角和生态女性主义视角等进行了融合。其中，生态社会视角主要是在英国学者提出的社会排斥概念的影响下，为解决21世纪欧洲的排斥性贫困问题和社会融合问题而提出的观点，并在欧洲部分国家开展了较为广泛的理论实践，其主要观点包括整体性视角、原生资源利用与再生、自我意识的正面利用、社会环境和合作性网络等。

新的生态学理论则强调，所有的人类事物只是自然事物的一个组成部分。昂格尔（Ungar）在深度生态学的基础上，进一步提出了社会生态学视角下的实践原则，主要包括：强调个体内在价值；加强社区和服务结构化联盟；促进资源的多样性；关注提升社区能力和社区成员能力的公共政策；社会工作者具有促进改变的社会责任等。[③] 在最近十几年的发展中，生态系统理论视角的新的关注点开始转向全球化、社会生态危机等问题，且更加关注如何促使经济、社会等方面的可持续发展。在社会工作领域，如何发挥专业优势助力可持续发展也成为当前的关注焦点之一。

其中，芬兰于韦斯屈莱大学的学者们进行的社会工作研究受到了较多关注。他们构建了生态社会视角，探讨由社会工作者和研究人员组成的研究小

① SOLOMAN B B. Black empowerment: social work in oppressed communities[M]. New York: Columbia University Press, 1977: 23.

② PINDERHUGHES E B. Empowerment for our clients and for ourselves[J]. Social casework, 1983, 64(6): 331 - 338.

③ UNGAR M. A deeper, more social ecological social work practice[J]. Social service review, 2002, 76(3): 480 - 497.

组所面临的现实挑战，并从生态社会的角度考虑可持续发展问题。在此基础上，于韦斯屈莱大学的学者们提出了新的生态社会工作理念，该理念更加强调生活环境与人类福利之间的相互关系。他们将生活环境看作一个整体的人类环境，除了物质和社会环境，还从更加长远的历史文化与社会发展角度考察这些因素对个人行为的影响。① 其中，生态社会视角关注整个社会的可持续发展，强调社会工作者需要扮演领导者的角色，从而对发展当地社会政治生态和社会可持续作出贡献。生态社会视角的贡献在于，借鉴了传统的德国生态批判方法、城市生态学和人类生态系统的视角，为社会工作理解生活环境提供了一个更具整体性、发展性的视角，并对社会工作提出了反思性要求。②

在此基础上，皮特斯（Peeters）从可持续发展视角，围绕赋权、社会资本和抗逆力等核心概念，构建了社会工作实践的社会生态框架。③ 他认为，社会的可持续发展是社会、经济、生态三个系统之间的相互作用、相互协调与平衡的结果。在此基础上，皮特斯提出了可持续发展的社会生态三维度系统（如图 8-1 所示）。另外，他还指出，社会生态观中的不同系统在现实中并非处于完全的对称位置，三者之间并没有所谓的中心主体和任何服务与被服务的关系。这一观点鼓励社会对地球的生态系统采取更谦卑的态度，并打破将经济放在核心地位的传统理念。

---

① MATTHIES A L, TURUNEN P, ALBERS S, et al. An eco-social approach to tackling social exclusion in European cities: a new comparative research project in progress[J]. European journal of social work, 2000, 3(1): 43-52.

② NÄRHI K, MATTHIES A L. The ecosocial approach in social work as a framework for structural social work[J]. International social work, 2018, 61(4): 490-502.

③ PEETERS J. Social work and sustainable development: towards a social-ecological practice model[J]. Journal of social intervention: theory and practice, 2012, 21(3): 5-26.

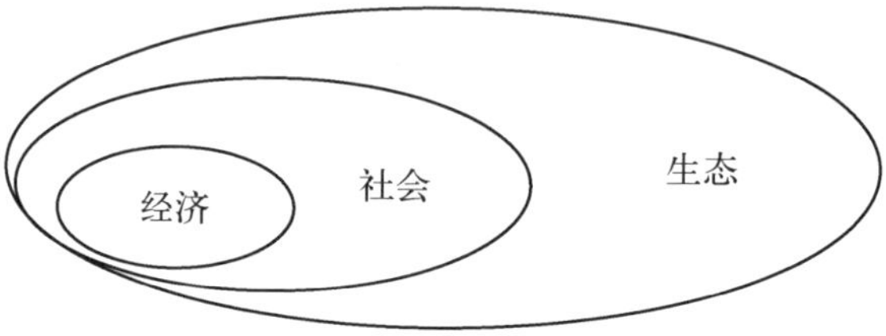

图 8-1　社会生态三维系统

该框架将可持续发展视角置于更现实的框架内，允许生态系统限制社会和经济系统，强调生态的社会文化意义大于其经济价值。该框架进一步指出生态问题也需要被看作社会问题，反之亦然。同时认为，经济生产活动与人类如何对待与自然环境之间的关系是通过社会中介完成的，因此社会系统是位于经济系统和生态系统之间的。所以，为发挥社会系统所具有的调节作用，需要强调社会和政治行动在向可持续性过渡方面的重要性。经济系统则需要通过具有社会性质的企业和其他社会行动者之间的合作行动对可持续发展作出贡献。

第二节　生态系统视角下反贫困社会工作的理论基础与实践框架

一、生态系统视角下反贫困社会工作的理论基础

纵观生态系统视角下社会工作的发展历程，人们围绕社会工作中环境和人类福祉之间的关系展开了激烈讨论，对环境的理解从个体微观环境扩展到了更为广泛的社会、文化、经济、制度等环境并不断延伸。这些观点与学界对贫困的理解和认知有异曲同工之处，同时也影响着人类社会的反贫困实践活动。回溯生态系统理论的早期社会工作著述，学者们对环境的理

解大致有两种观点：一种是以里士满为代表的强调“人在环境中”的生态视角，另一种是以亚当斯为代表的强调“城市生态学”的生态观。下面，我们就以里士满和亚当斯为代表的社会工作生态系统观为例，介绍其中所蕴含的反贫困社会工作理论基础。

这两位社会工作先驱都强调社会环境对人类福祉的重要性。其中，里士满将社会关系更多地理解为“人在环境中”的网络谱系，即一个人应该被理解为其生活环境的一部分，并强调环境的社会属性。① 这种思想受到社会心理学的启发，关注社会互动和社会网络在人类条件中的重要性，以及它们共同构成的整体性。里士满将这种生态观应用到社会工作中，认为社会工作的任务应该包括如何通过社会关系有意识地全面发展一个人的个性，同时她还指出，社会工作者的职责不是为他人评判什么是“坏的”或“不正常的”个人或社会关系，而是帮助他人理解个人和环境之间的关系对每个独特个体的重要意义。里士满对人类环境的理解着重于社会关系层面。亚当斯则从更广泛的意义上将环境放置于更大的“城市环境”中，认为环境应该包括社会环境、生活环境、物质环境、建筑环境（如住房条件、污染等）和地方服务（如公共卫生、卫生条件等），并关注生活条件和生活环境对人类福利的影响，认为改变以上环境是解决社会问题的根本方法。②

事实上，作为来自芝加哥学派的学者，亚当斯的观点与芝加哥学派其他学者的观点不尽相同，对社会问题的理解具有较强的前瞻性。一般芝加哥

① RICHMOND M E. What is social case work?: an introductory description[M]. New York: Russell Sage Foundation, 1922: 126－143.

② ADDAMS J. Democracy and social ethics[M]. Urbana: University of Illinois Press, 2002: 178－220.

学派学者认为，城市发展类似于生物发展过程，社会各阶层、各民族之间的冲突、同化和竞争的平衡过程是人类社会发展的自然过程。但是亚当斯认为，城市生态的概念是解释社会问题的核心，并认为某些群体处于劣势的原因并非“生理特征”，而是特定社会环境导致的结果，因此，人们应该在他们自己的环境中被描述和理解。

里士满和亚当斯的生态视角观对如何理解贫困和解决贫困问题提供了更为全面和整体性的理论视角，打破了传统心理学强调致贫的个人病态或缺陷论，而是将环境因素纳入分析贫困的解释框架，从个体行为和环境的系统观理解贫困，并对社会工作反贫困理念与实践产生了深远的影响。以德国为例，19 世纪末，随着社会工作教育被引进，所罗门将里士满和亚当斯的生态系统思想带到德国，呼吁人们从深层次的、更为复杂的环境和人类行为之间的关系中去理解贫困。所罗门在分析贫困问题时开始考虑环境因素，认为很可能是其他因素而不是人本身的原因造成的贫困问题。至此，社会工作的反贫困视角的环境思维可以追溯到社会工作发展的最初阶段，并且成为社会工作反贫困理论与实践的重要元素。

20 世纪 70 年代，生态系统理论在社会工作学界产生了更为深远的影响，有关系统论的探讨及其在社会工作领域的应用成为学者们关注的焦点。其中，戈尔茨坦提出的统一社会工作模式、平卡斯和米纳姆（Minaham）提出的整合模式在西方国家的影响最大，并在社会工作领域被广泛应用。[①][②] 平

---

① GOLDSTEIN H. Social work practice: a unitary approach[M]. Columbia: University of South Carolina Press, 1973: 88.

② PINCUS A, MINAHAN A. Social work practice: model and method[M]. Itasca: F. E. Peacock Publishers, 1973: 56-61.

卡斯和米纳姆较为详细地讨论了如何将系统观纳入社会工作实践模式这一议题。他们将社会工作系统划分为改变主体系统、案主系统、目标系统和行动系统四类,并对各类系统的人员构成及其基本任务进行了具体描述(如表8-1所示)。

表8-1　基本社会工作系统

系　统	描　　述	信　　息
改变主体系统	社会工作者和他们所工作的机构或组织	社会工作者与他人的关系可能是合作性的,即彼此存在一个共同目标;也可能是协商性的,即需要通过协商达到一个共同目标;也存在彼此冲突的可能,即双方有着截然相反的目标
案主系统	从改变主体系统那里接受服务并得到利益的任何个人、群体、家庭、社区组织等	案主是那些同意接受帮助并且尝试改变的个体或群体,潜在的案主是那些社会工作者和社区人员试图接触的人
目标系统	为改变和影响案主系统而要达到的目标和效果	案主系统的目标和目标系统可能是一致的,也可能是不一致的
行动系统	为改变和影响案主系统所进行的工作	不同案主与行动系统之间会产生不同的专业关系

资料来源:PAYNE M. 现代社会工作理论[M]. 何雪松,张宇莲,程福财,等译. 上海:华东理工大学出版社,2005:153-154.

另外一个代表是杰曼发展起来的生态系统理论,同样对社会工作实践的指导有重大影响。杰曼讨论了具体的生态概念,在生态系统论中增加了与人类生活条件相关的时间和空间等观点。①② 在此基础上,他从生态视角

① GERMAIN C B. Time: an ecological variable in social work practice[J]. Social casework, 1976, 57(7): 419-426.

② GERMAIN C B. General-systems theory and ego psychology: an ecological perspective[J]. Social service review, 1978, 52(4): 535-550.

出发，提出了生活模式这一社会工作实务干预模式①，认为人的发展是持续与其环境在不同层面进行交换并适应的过程，人们与生态环境之间是互惠的关系，即通过交换而彼此影响。该理论的基本假设主要有：① 人们按照自身独特的生命历程进行运动，在这个过程中人们会体验到各种压力，这些压力可能源于生活转型、人际关系紧张、环境压力等。② 面对压力，人们首先会依据压力的严重程度，寻找应对问题的资源，包括关系、效能、能力、自尊、自我观念、自我引导等；而如何利用这些资源又会受到社会因素的影响，如强制力、剥削力、生活环境、特定空间、生命历程、社会时代等。③ 人的问题源于压力太大、资源不足，人们无法适应环境。据此，社会工作的主要目的就是帮助处于困境（贫困）的人们减轻生活压力，增加个人和社会资源，提高人们对所处环境的适应度。

史坡林（Siporin）则针对当时生态系统观的发展及其在社会工作实践领域的应用进行了更为详尽的阐述，强调人们在现实生活的时间和空间中的相互作用，认为社会工作的工作目标应该是强调个人与周围环境的相互补充、资源交换，以及个人和各子环境系统之间的适应配合等。同时，他认为人与环境的交互还受到了以下要素的影响：人口的流动和分布情况，包括流动过程中土地、技术、能源、社会组织和其他资源的使用情况；个体所处的生命周期和发展任务的进化情况，包括适应、偏差、冲突、反馈、自我调节和变

① GERMAIN C B. Social context of clinical social work[J]. Social work, 1980, 25(6): 483 - 488.

化情况等。[①] 因此,史坡林认为生态理论视角下的社会工作实际要解决的是个体生命网络中个体系统和子系统之间的协调问题,且个体的生命网络应该被视为一种开放的、自组织的、自我调节的、与子系统相互作用和相互依赖的适应性复合体。在此方面,史坡林的观点与杰曼一致,他们都认为社会工作旨在提高人们与其环境之间的交互质量而非数量。

迈耶在综合上述生态系统观的不同概念的基础上,提出了综合系统论,认为社会工作要聚焦个人所处的生活空间,理解个人和环境交互过程中有关个人的生活经验、发展时期和资源分布等信息,并提出社会工作实践的具体考察内容应该包括生活变迁、环境品质和适合程度三个层面的信息,并在此基础上制定评估和解决个人问题的方案。[②] 综上,在杰曼看来,社会工作的主要目的是增强人们的适应能力,影响人们所处的环境,以确保人与环境的交互更具有适应性。[③]

至此,生态系统理论在社会工作学界被理解为考察人类行为与社会环境交互关系的理论。该理论把社会环境看作一种社会性的生态系统,强调生态环境对于解释和分析人类行为的重要性,强调人与环境各系统的相互作用及其对人类行为的重要影响。这些观点使生态系统理论成为社会工作领域中的重要基础理论之一,也为社会工作反贫困实践提供了重要的解释

① SIPORIN M. Ecological systems theory in social work[J]. Journal of sociology & social welfare, 1980, 7(4): 507 - 532.

② MEYER C H. Clinical social work in the eco-systems perspective[M]. New York: Columbia University Press, 1983: 84 - 86.

③ GERMAIN C B. Social context of clinical social work[J]. Social work, 1980, 25(6): 483 - 488.

和分析框架。

然而，也有学者质疑生态系统观的社会工作实践原则。例如，佩恩曾指出，生态系统观强调环境变化①，但缺乏对既有社会系统的批判。这表明，最初发展起来的生态系统理论夸大了系统各部分的重要性，过于强调系统稳定，而忽视冲突和变革的可能性。这些针对生态系统理论的批评，在一定程度上是一种系统唯我论的结果，这种唯我论没有能力解构其自身的文化内嵌性。佩恩还指出，迈耶的生态系统模型只揭示了事物固有的复杂性，并没有表明社会工作者应该如何行动。虽然以系统为基础的生态系统不能成为解决所有问题的“灵丹妙药”，但它对社会问题的深刻描述和解释，确实能更好地帮助社会工作者了解服务对象及其所处的环境和拥有的权力。

二、生态系统视角下社会工作的实践原则与框架

下面以杰曼和吉特曼提出的生活模式的三阶段为基础，介绍生态系统视角下社会工作的实践框架，以及社会工作实践的具体过程和行动内容，以期为社会工作反贫困实践提供指导。

首先，生活模式包括初期、持续和结案三个阶段。在初期，社会工作者的主要任务是思考并寻找问题的成因，在助人过程中为案主创造一个接纳性的、支持性的服务环境，鼓励案主“讲述自己的生命故事”。社会工作者还需要和案主就问题本身进行协商和讨论，达成一致意见。在持续阶段，社会工作者的主要目标是聚焦改变。其中，在个体的干预层面，社会工作者的主

① PAYNE M. Modern social work theory [M]. 4th ed. Basingstoke: Palgrave Macmillan, 2014: 134.

要工作是赋能、教导和推动，帮助案主应对压力性生活转型、环境性压力和创伤性事件，增强案主与环境的适应度。在环境层面，社会工作者则需要扮演倡导者、组织者的角色，推动和创建支持性的社会环境。在结案阶段，社会工作者主要处理案主的分离情绪，需要注意结案时间和方法的适用性等问题。① 总体来看，杰曼和吉特曼的生活模式更多地强调个体和环境之间是否能够良好适应，为社会工作实践提供了一种观察人与环境关系的新方法，很好地解释了案主的问题源于自身的应对能力不足。但应看到，这一生活模式所包含的生态系统观更多吸纳的是自我心理学在精神疾病临床实践中有关生命模型的思考，更多地强调环境中的资源不足和社会压迫带来的个体获取资源的能力不足，而对个体的主体性、能动性、反思性关注不足，难以解释在同样境遇下不同个体应对能力和生活品质的差异。②

在此基础上，史坡林提出了生态系统模型的行为原则③，包括：① 交换平衡。人与其生态环境的有效互动需要以系统的良好运转为前提，即个体与其内外部环境在交换资源的过程中，是否达到互补、平衡的状态是个体与其生态系统良好互动的特征。② 内在一致性。个体需要具备成熟的内在能力，并能够在环境中及时得到支持性帮助，积极获取所需的社会资源，很好地发挥自己的潜能。③ 辩证变化。一个系统的结构、要素和过程发生系统性变化，是由前两个原则中出现的矛盾、差异和冲突引起的。交换平衡和内

① PAYNE M. Modern social work theory [M]. 4th ed. Basingstoke: Palgrave Macmillan, 2014: 86.

② 卓彩琴. 生态系统理论在社会工作领域的发展脉络及展望[J]. 江海学刊，2013(3): 113 - 119.

③ SIPORIN M. Ecological systems theory in social work[J]. Journal of sociology & social welfare, 1980, 7(4): 507 - 532.

在一致性往往是一种理想状态，但在现实中时常被破坏，因为在适应、成长的生命过程中，它们不可避免地发生了变化。社会工作者在实践中需要辩证地思考成长与衰落、控制与偏离、同一性与差异性的内在属性，合理应对案主积极和消极的反馈，以及在转变和适应等变化过程中的结果，在实务操作中促进案主的系统结构出现动态的、一体化的新平衡形式。

另外，基于生态系统理论的社会工作实践原则应包括以下内容：社会工作者与案主是平等的伙伴关系、个人与环境不可分离、社会工作者应努力提升案主的胜任力、社会工作者从不同层面干预环境系统。其中，生态图是生态系统理论视角下社会工作实践的主要评估工具，评估内容主要包括：描述核心系统；影响案主效能的情景因素；检视案主关系的范围和品质；理解案主的压力和应对能力的不平衡；洞察案主与社会工作者之间的关系；探索更大、更宏观的社会系统。①

帕德克（Pardeck）进一步将生态系统视角下的社会工作干预模式细分为七个工作步骤②：① 进入系统。社会工作者通过与案主及其相关人员面谈，评估案主的所有重要关系，找出案主与环境关系失调的根源，以及案主拥有的优势。② 绘制生态图。绘制的生态图主要以案主系统中的人物和事件为重心，结合正向和负向的行为表现或情感关系表现内容。③ 评估生态系统。社会工作者在案主的生态系统中找寻并描述案主生命中的重要关系和主题。④ 提出改变并促进改变。社会工作者与案主一起讨论最有可能产生改

① 卓彩琴．生态系统理论在社会工作领域的发展脉络及展望[J]．江海学刊，2013(3)：113－119.

② PARDECK J T. Social work practice: an ecological approach[M]. London: Greenwood Publishing Group, 1996: 87－90.

变的生态系统层次，然后签订协议，提出促成改变的具体方法和行动。⑤ 协调与沟通。在干预步骤中，社会工作者的重要作用就在于协调案主的各个生态系统，社会工作者是案主生态系统中的一位重要他人。⑥ 再评估。如果前面的干预过程并不顺利，社会工作者应进行再评估，再次寻找进入案主生态系统的切入口。⑦ 成效评估。成效评估强调确立生态系统发挥作用的有效性和评量干预行动的连贯性。首先，干预结果的有效性必须经由可操作的评估步骤加以确立，强调评估需要使用一些结构式工具。其次，评估的连贯性需要站在案主的角度来评估干预行动推进的成效。需要注意的是，这个干预模式提供了一个服务指南，但是此模式仅适用于微观层面。

根据帕德克提出的生态系统理论，社会工作者大致扮演六个专业角色，包括：① 与会者。帕德克把社会工作者形象地比喻成参加一个问题解决会议的与会者，与会者需要直接采取行动，与案主协商解决问题。② 使能者。社会工作者积极采取各种行动，包括安排行动、改变事件、互动、评估环境，以促使案主所在系统发挥功能。③ 中介者。社会工作者会发挥系统联结、资源转介的作用，协助案主与社会支持、社会服务之间产生链接。④ 调解者。为了促使不同的参与者能够为案主采取联合行动，社会工作者就要在不同的个人、团体之间进行调解。⑤ 倡导者。为了获得发展不足或不存在的资源和服务，社会工作者需要采取倡导行动。⑥ 监护者。针对那些无能力自保的案主，社会工作者需要在行动中扮演监护者的功能性角色。①

---

① PARDECK J T. An ecological approach for social work practice[J]. The journal of sociology & social welfare, 1988, 15(2): 133 - 142.

另外，肯普(Kemp)等提出，个人在环境中的实践也是生态系统理论在社会工作领域中的重要内容。① 该观点下，社会工作实践的基本原则包括：① 强调对环境挑战和资源把握的重要性；② 重视为案主赋权，挖掘案主的优势，提升案主的抗逆力；③ 聚焦环境中的现实和潜在资源；④ 环境评估和干预是多层次的；⑤ 环境既代表了机会也代表了限制，强调对环境的干预需要包括批判性反思和行动。肯普在生命模式的基础上有了一些更深入的理解和思考，但其提出的基本原则缺乏可操作性。

1989 年，在环保主义的影响下，奈斯(Naess)提出了新生态学理论，强调所有人类事物只是所有自然事物的组成部分，呼吁从以人类为中心的人文主义转向以所有生物的自我实现规范为指导的生态中心主义，关注物理环境中的多样性、复杂性和共生关系，强调生态理论应该为实践提供行动指导和具体信息，并提出相应的实践原则(如表 8-2 所示)。②

表 8-2 新生态学理论及其实践原则

理论观点	实践原则
强调人类作为生命本身的内在价值，而非外在赋予的社会功利性价值	个人除了对他人或所在社区有价值，还具有内在价值
生命形式的丰富性和多样性本身就是一种价值，有助于地球上人类和非人类生命的繁荣	文化和社会组织的多样性为解决人类共同面临的问题提供了独特的解决办法

① KEMP S P, WHITTAKER J K, TRACY E M. Person-environment practice: the social ecology of interpersonal helping[M]. New York: Aldine de Gruyter, 1997: 136.

② NAESS A. Ecology, community and lifestyle[M]. Cambridge: Cambridge University Press, 1989: 16-78.

续 表

理论观点	实践原则
人类没有权利减少生物系统的丰富性和多样性	社区和为社区提供服务的机构必须采取有组织的联盟行动，以增加可直接利用的资源的多样性
人类对非人类世界的干涉过多，且情况正在迅速恶化	由社区利益相关者，而非官僚机构提供的管理服务系统应该是天然的、促进社会团结的
人类生活和文化的繁荣往往伴随着人口的大量减少	当人类服务提供系统保持较小规模时，其工作效率最高，从而使资源能够被分配给所服务的社区
生活条件的显著改善需要政治性变革，同时也影响着基本的经济、技术和意识形态结构	需要通过制定公共政策，为社区及其成员提供维持其福祉所需的资源，提升社区及其成员独立运作的能力
重视生活质量，而非追求生活水平	对个人生活质量的提升是现代文明社会和经济发展的基础

资料来源：NAESS A. Ecology, community and lifestyle[M]. London: Cambridge University Press, 1989: 29.

此外，皮特斯提出了以赋权和建立社会资本为中心的生态社会工作的综合实践模型。① 从构建背景来看，这一模型是为推行欧洲城市社区工作的公共政策而设计的，目的是在三个相互包含且相互联系的生态系统的基础上，建立一个更可持续的生活环境。具体内容如下：

① 生态社会方法是一个综合概念，它包含广泛的背景特征，与社会工作中典型的“人在环境中”的行为相对应，主要观点是将生态系统的焦点扩展到生物物理环境。

① PEETERS J. The place of social work in sustainable development: towards ecosocial practice[J]. International journal of social welfare, 2012, 21(3): 287-298.

② 生态社会方法的核心目标是赋权所固有的社会行动，是一种以公民为导向的实践，将服务对象视为学习、发展和社会变革过程中的合作伙伴。

③ 作为一种面向社会工作者和服务对象（或社区成员）的参与性研究方法，社会影响评估是连接社会生态环境和社会行动的桥梁。

第三节　生态系统视角下反贫困社会工作的应用与实践

社会工作实践与反贫困工作相伴而生，核心主题是解决贫困问题。社会工作实践以生态系统理论为触角开展反贫困工作，强调把个人和家庭的贫困问题放置在环境系统中去考察，并以人与环境之间的互动关系为概念框架，理解和分析致贫原因。具体而言，生态系统理论视角下的反贫困社会工作致力于从行为和环境系统的角度理解贫困，并将环境因素纳入分析框架中。结合布朗芬布伦纳的生态环境理论，反贫困社会工作干预的目标对象包括个人、家庭、次文化、社区等各个层次系统。根据生态系统理论，微观系统的行为会受到中观系统，如家庭成员、家庭环境和家庭氛围的影响，同时也会受到宏观系统，如文化、社区、机构、制度、习俗等因素的重要影响；反之，个人行为对于这些系统同样也会产生重要影响。因此，在生态系统理论的视角下分析贫困与反贫困，不仅能够解释贫困的多元影响因素，而且能够厘清家庭、社区、关系、制度等因素对个体贫困的影响。同时，生态系统理论强调发挥个人主动性，把个人看作有目的的主体，个体具有为自己做最好的决定和选择等潜能。[①] 以上生态系统观为反贫困社会工作提供了明确的理论解释与分析框架。在实践层面，生态系统理论主要表现为社会组织或地方基层更多以社区居民生计为突破口，立足于改善居民生活环境和提升居民能力，以社区居民的生活和生态良性循环为目标，实现社会融合、社区可持续发展等反贫困目标的社会工作实践。接下来，本章以欧盟一项针对排斥性贫困的研究项目——新地方政策解决欧洲城市社会排斥（Making New Local Policies against Social Exclusion in European Cities）为例，介绍生态系统理论视角下的社会工作在反贫困实践中的具体应用与经验。[②]

一、案例背景

20 世纪末，欧洲进入后工业社会之后，劳动力市场的核心整合功能日益脆弱，具体表现为以下几个方面：在社会和生态生活环境中，社会成员需要新的参与市场和融入社会的机会；同时，欧洲郊区的社会排斥导致“第三城市”问题（边缘地区贫困）产生。以社会排斥为主要特点的城市贫困成为当时欧洲的主要社会问题。如何减少以贫困剥夺为核心的社会排斥，促进社会融合，推动社会和经济发展成为当时核心的政策干预目标。在此背景下，英国、德国和芬兰联合开展了为期三年的以社区为基础的社会工作研究与干预项目。该项目以生态—社会视角为理论基础，分别在芬兰的于韦斯屈

① 宋丽玉，曾华源，施教裕，等. 社会工作理论：处遇模式与案例分析[M]. 台北：洪叶文化事业有限公司，2002：256.

② MATTHIES A L, TURUNEN P, ALBERS S, et al. An eco-social approach to tackling social exclusion in European cities: a new comparative research project in progress[J]. European journal of social work, 2000, 3(1): 43 - 52.

莱、英国的莱斯特和德国的马格德堡三个城市进行了社区社会工作，以期解决当时广泛存在的社会排斥与城市新贫困问题。项目目标主要从协调居民福祉与其居住环境之间的关系出发，从整体理解居住环境和以公民为导向的社区实践的角度来探讨社会排斥和社会包容问题，强调预防和解决社会排斥，建立可持续的生活环境，以从根本上解决城市新贫困群体被社会排斥和融入困难等问题。

该项目主要基于生态社会视角，强调各系统之间的合作。其中，生态系统层级包括三个城市的政府、地方社区以及当地大学和公民之间的合作。项目的主要干预目标是向公民普及社会工作知识，并从边缘化群体及其生态社会环境的角度影响地方决策。具体干预方法和目标有：① 采取“社会行动方法”，为社区居民提供社会和社区工作方法，促使公民参与到环境改善的行动中。② 运用社会工作知识，在城市规划和地方政治决策（如城市建设、福利服务）中影响社会可持续发展，进而开展社会影响评估。③ 推动欧洲社会工作学界从生态—社会层面解释不同城市出现的社会排斥问题。

二、基本方法与经验介绍

（一）基本概念与方法

该研究项目涉及社会工作领域中的三个主要概念：社会生态方法、社会影响评估和社会行动。

社会生态方法以德国生态运动发起的生态社会政策为背景，强调社会和生态的可持续发展，采纳了生态视角中对社会问题采取整体和系统的观点，为社会工作者提供了参与当地政策制定和城市规划的具体步骤，并致力于解决实际问题。

社会影响评估是对一个项目的建设和实施所产生的影响进行评估的过程，其评估方法基于生态系统视角的整体观点，强调社会工作者应在规划和开发过程中结合不同的观点、维度和专业意见，以服务使用者和市民为本的方法为原则。其中，社会工作者的主要职责是在与城市规划者、其他当地行动者、决策者合作时，提供宝贵的见解并致力于促进个人福利提高。

社会行动是一种结合青年社会工作、社区社会工作的理念和方法，进行社会工作实践、培训与评估的方法。社会行动强调尊重和积极看待服务对象，特别是社会中的贫困者和边缘群体。基于社会行动视角，所有公民都应能获得基本技能和知识，这是参与社会决策的重要条件。其中，社会工作者的主要责任是促进学习、发展和变革的过程。具体而言，社会行动与传统社区社会工作做法的区别主要包括以下三点：一是社区工作将交给社区居民自己，二是专业人士与社区人士共同合作，三是承认所有人都有能力进行社会变革。

（二）实践方法与经验介绍

在上述项目中，德国、英国、芬兰的三个城市中参与项目的所有研究人员都专注于研究社会排斥与城市生活环境之间的相互关系。其中，德国的研究人员以马格德堡的新奥尔文斯泰特社区为例，从生态社会的角度研究了社会排斥的缘起，以及解决这类问题的实践方法。该研究采用了定量调查和定性访谈的方式，与当地政府和市民密切合作。同时，研究人员以实验的方式参与行动研究，并承担了社区工作者的角色。英国的研究人员则使用了社会行动方法调查研究莱斯特某社区的社会资本和社区工作进程。而在芬兰，研究人员在于韦斯屈莱的四个居民区进行了实地研究，并与当地社会工作者密切合作，以生态系统视角社会工作为导向，调研了社区居民的社会排斥和建构过程。三个城市的研究基础、经验与贡献如表 8－3 所示。

表 8－3　三个城市的研究基础、经验与贡献

	芬兰：于韦斯屈莱	英国：莱斯特	德国：马格德堡
研究基础	社区社会工作—社会影响方法	社区过程—社会行动方法	社会生态理论—社会工作地方实践方法
方法类型	社会规划（专业性模型）	社会行动（增能模型）	地方发展（实验式模型）
过程	在 1998—2000 年，以可持续发展和社区改变为目标，进行研究合作和实践行动，以便结合当地环境，研究和解决社会排斥问题		
地方影响	通过社区项目，运用社会生态方法和社会行动法对社会、城市规划进行理论建构，实施社会影响评估	通过社会资本调查，运用社会行动原则和社会生态方法在社区中进行能力建设	运用社会生态方法、社会影响评估和社会行动方法在社区合作中进行社区工作、社会行动研究
实务过程	在参与性活动和社会可持续规划中建设全面的知识与技能行动，例如，与居民就社区规划和当地问题进行谈判、讨论	促使“被社会排斥”的社区居民参与、倡导地方政策的执行，促使研究人员、社区工作者和居民一起完成社会资本调查	建立公民主导的社区中心，包括建立社区团体、地方网络，组建社区文化活动和社区论坛等
地方贡献	推进社会行动与社会影响评估相结合的生态社会视角构建；在日常工作中培养社区居民学习知识和应用知识的能力；建立以学习和过程为导向的社区合作关系；在不同层面（宏观、中观和微观层面）制定当地的生态社会可持续发展政策		

资料来源：MATTHIES A L，TURUNEN P，ALBERS S，et al. An eco-social approach to tackling social exclusion in European cities：a new comparative research project in progress[J]. European journal of social work，2000，3(1)：43－52.

三、生态系统视角下反贫困社会工作实践的特点与经验启示

（一）反贫困工作服务领域的扩展：从聚焦单一到关注整体、多维

第一，生态社会视角下的社会工作在探讨社会排斥与社会包容的关系时，将从整体的、多维的视角研究人类福祉与生活环境之间的关系，并且强调把以社会工作的三大专业方法（个案、小组、社区工作）为本的整合社会工作方法应用于反贫困社会工作中。

第二，反贫困社会工作实践需要考虑不同地区居民的多样性，多样性则意味着对居住区进行整体且全面的规划。具体而言，社会工作者致力于帮助有需要的个体、家庭、群体或社区，努力为服务对象提供必要的服务。反贫困社会工作服务的主要群体应包括儿童、妇女、残疾人和老年人。针对他们生活环境中的具体需要，社会工作者应采取多元文化主义视角提供多元服务，以避免排斥或歧视不同人群。

结合我国的扶贫实践，不论在连片贫困区还是相对分散的贫困社区，贫困阶层社会分化现象始终普遍存在。虽然在精准扶贫的政策要求下，扶贫对象被分成了不同类别，但不同层次贫困群体的需求各不相同。这需要在我国具体的反贫困实践中，从生态视角出发，对整个社区和贫困家庭进行具体分析，从而找到激发社区活力的路径，达到推动其发展的目标。

（二）跨部门合作与多中心联动

在反贫困社会工作实践中，社会工作者需联合多个地方职能部门、社区及研究机构。为明确各方责任，社会工作者就需要理顺各个责任主体的工作职能和各部门合作的协调机制。同时，生态系统视角下的反贫困社会工

作要求服务对象的内部系统拥有良好的生态环境，形成并保持良好的自我运行。其中，社会工作者应该充分发挥协调者和资源链接者的作用。首先，社会工作者以协调者的角色对反贫困政策、具体服务措施进行解读。其次，作为资源链接者，社会工作者应积极链接系统内外资源，实施目标对接，有效促进不同部门和组织系统之间的沟通和协作。具体而言，社会工作者应依据各反贫困责任主体的优势、立场，对反贫困服务进行整体规划，避免责任主体在政策理念和具体实施上不协调，促进反贫困社会工作行动整体机制与资源体系的有效联结。

（三）以民为本的社会工作评估方法

生态系统反贫困社会工作观认为，贫困问题不仅涉及物质生活方面，而且涉及个人生活的各个方面。生态系统观认为贫困问题在许多方面都与后现代社会的生活政治问题有关，特别是在生态、生产和伦理方面。结合我国以生产致贫、消费致贫、生态致贫为主的结构性致贫因素，反贫困社会工作的社会评估方法应该由“问题视角”向“发展视角”转变，展开对贫困服务对象的需求评估，并且通过多样化的参与策略，克服一般发展理论和方法过于宏观的问题，转向对人本身和生活社区的关注，使反贫困行动更灵活、更有针对性、更人性化，最大限度地激发贫困者的主动性。其中，社会工作者对个体的环境做全面评估时，需要结合个体在不同环境中的综合影响确定干预的核心内容，重点分析各个系统要素之间的关系，同时关注单一系统要素的改变对其他系统要素带来的影响。

纵观国内外社会工作介入反贫困的实践经验，那些由社会工作者介入的自下而上的、以需求评估为本的精准扶贫服务，几乎都充分考虑了社区治理环境、血缘、人情和地方文化价值等多样化因素的影响，并将服务对象纳入社区生态体系中进行统筹，采取了整合性的社区发展策略。由此，生态系统视角下的社会工作服务的整体效能和内生发展能力要远远优于传统的反贫困干预模式。[①②]

（四）以社区为基本介入单位建立合作伙伴关系

以交流当地知识和经验的形式进行行动研究是一个值得推荐的方法，因为这种方式能让社会工作者在社区干预中创造更多的影响力和促进社区改变，对缓解社区社会排斥问题、提高公民参与度及其对社区问题的关注具有积极的作用。

具体而言，合作伙伴关系的建立可以先通过社会工作者的带动让部分社区成员参与到社区反贫困实践中，并利用现有的资源，引导他们起到带头示范作用。以中国农村实际为例，可以通过创办合作社，将分散的个体经济整合起来，优化资源配置，让先富带动后富。通过这种直接的示范作用，可以有效提高贫困群体对脱贫致富的预期。另外，合作伙伴关系还强调社区内部的凝聚力，以此推动整个社区的可持续发展。其中，针对绝对贫困群体，社会工作者需要通过资源链接，协助其通过“政策兜底”和外部慈善力量摆脱生活困境。在此基础上，社会工作者通过以教育投资为基础，协助社区居民掌握知识，提升能力，从而建立以学习和过程为导向的社区合作关系。

---

① BRADSHAW T K. Theories of poverty and anti-poverty programs in community development[J]. Community development, 2007, 38(1): 7-25.

② 金昱彤. 社会工作参与精准扶贫：从救助个案到改变系统[J]. 甘肃社会科学，2017(6)：165-170.

（五）强调可持续发展的反贫困策略

生态系统视角下的社会工作强调将社会与经济、自然环境发展相结合的生态平衡观。在具体的反贫困社会工作介入策略上，社会工作者需要以发展性的视角制定反贫困行动策略。例如，社会工作者可以协助社区发掘当地的优势资源，协助社区开展可持续的生计发展项目。社会工作者在引导当地反贫困工作者和贫困群体充分挖掘社会资本的同时，也要发挥社区应有的资源链接和资源整合的优势，推动社区经济长期发展。另外，可持续发展的反贫困策略强调提升人的能力，即通过人力资本投资策略和能力建设摆脱贫困。这里的能力不仅包括服务对象的技能，还包括促进服务对象长期发展的内生力。

第九章　女性主义视角下的反贫困社会工作

社会工作与女性主义之间具有天然的联系：女性主义对多元化视角、批判性思维、两性平等的追求，成就了社会工作对传统社会工作的反思与批判；社会工作在实践中通过与女性主义思想不断融合和创新，逐步发展并形成了一个重要的实践模式。在女性主义视角下，反贫困社会工作将贫困视为一种压迫，强调以颠覆性的理念对服务对象进行教育和引导，通过革命性的行动进行反贫困工作。本章将从女性主义思想的起源入手，将社会工作反贫困实践放在女性主义发展的整体脉络中进行探讨，介绍社会工作在发展过程中与女性主义理论的融合，梳理女性主义视角下反贫困社会工作的理论基础、发展脉络、实践策略等，为贫困治理提供女性主义视角下的相关理论与政策依据。

第一节 女性主义社会工作的形成与发展脉络

女性主义起源于19世纪的法国，并以追求两性平等、促使女性摆脱传统“父权制”思想为开端。作为真正意义上的一种理论视角，女性主义进入社会工作领域是20世纪70年代至80年代的事情。当时，社会工作者受到女性主义的启发，尝试将女性主义视角应用到社会工作实务中，产生并发展了女性主义社会工作。女性主义社会工作通过对传统社会工作的批判，一方面对重塑社会工作专业属性起到了重要作用；另一方面强调社会工作者不仅需要关注女性的能力建设、心理调适、社会支持等方面，还要聚焦女性和其他弱势群体在宏观的社会关系变革中的作用。

一、女性主义思想渊源

作为一种批判式的意识形态，女性主义思想在西方社会文明发展中经历了较为漫长的历史，最早可追溯至古希腊时期。现代的女性主义思想则起源于18世纪后期的法国资产阶级革命和启蒙运动。当时，社会倡导女性需要在“自由、平等、博爱”的主张下反思自我，历史上称之为第一代的西方女权主义。作为女性主义颇具代表性的先锋人物，英国哲学家、女权倡导者米尔(Mill)致力于追求女性在受教育、立法、经济上与男性的平等。应该说，当时的女性主义者主要从经济方面追求对妇女的解放。这些思想为后期马克思主义女权运动的发展奠定了重要基础。但是，这一时期以女权运动为主的女性主义思想传播还仅仅局限在一些实践活动，并未有相关的理论研究，未能形成理论性的建构。随后，法国著名妇女领袖德古热(de Gouges)发表的《女权宣言》和英国女性主义者沃斯通克拉夫特(Wollstonecraft)编写的《女权辩护》，为现代女性主义理论的出现奠定了重要的理论基础。①

20 世纪初至 20 世纪 60 年代，在经历了两次世界大战之后，殖民制度几近瓦解，社会矛盾激增，女性主义理论的发展诉求进一步扩展，并在当时的动荡年代中不断嬗变，逐渐形成了以米莉特(Millet)为代表的马克思主义(或社会主义)女性主义、以弗里丹(Friedan)等为代表的自由主义女性主义和激进主义女性主义三大女性主义流派。马克思主义女性主义主要强调，女性和男性在经济与阶层分化中是不平等的，追求女性的经济地位的提升，认为从更大层面的社会变革是最为重要的。自由主义女性主义强调，在现存政治体制下寻求女性的机会与权利平等。激进主义女性主义是对整个男性社会和"性阶层"体制的挑战，关注父权制和男性特权等体制构建，聚焦女性赋权和性别关系的改变。这一时期的女性主义对多个学科产生了深远影响，并逐渐发展成为具有影响力的理论范式，其理论核心是对性别二元结构不平等的回应、挑战和改变。此时，女性主义的本质是思考与展现女性境遇的哲学视角或分析个人与政治的关联模式，而不仅仅是探讨女性被压迫的政治结论。

20 世纪 60 年代到 80 年代，后现代女性主义思潮开始出现。后现代女性主义是源于女性主义在性这一问题上的反思，将女性主义上升到哲学层面的某种思考。其中，后现代女性主义批判了激进主义女性主义和自由主

① SCOTT J W. French feminists and the rights of "man": Olympe de Gouges's declarations[J]. History workshop journal, 1989, 28(1): 1-21.

义女性主义在性这一问题上的观点。后现代女性主义认为，这两派的观点都没有摆脱权力的压制模式，都把权力视为由某种机制和群体占有的一种东西，从而把男女两性的两分状态固定化了，把男权制的压迫当作一个静态的概念来看待。后现代女性主义强调超越“传统理性”和“二元论”的束缚，提倡从自身实际感受出发，关注所有弱势群体，并以更加包容的视角促使女性在父权叙事的社会中占据一席之地，获得真正意义上的平等。

从20世纪90年代开始，女性主义的发展已远远超越了三大传统流派的范畴，不断涌现新的理论流派，包括殖民女性主义、女同性恋女性主义、生态女性主义、后现代女性主义等。不同流派的女性主义虽然瓦解了女性主义理论范式的统一性和一致性，但它们的重要贡献在于对正统理论体系与知识框架提出的一系列挑战和颠覆式的扩展。其中，具有重要影响的思想内容包括：① 质疑原有的聚焦男性的理论和知识框架，意欲打破男性话语权体系；② 认为知识和价值是整合的，知识是全人的、整体性的，强调认识方式的多元性，批判二元主义的对立思维；③ 指责普遍主义的标准，强调对女性的关注和多样化描述。

二、女性主义与社会工作的融合

女性主义与社会工作的相遇并非偶然，两者的结合源于女性主义强调的女性经验的重要性和多样性，这点与社会工作的旨趣具有相容性。同时，女性主义为社会工作解决女性面临的社会问题提供了替代性理论和实践方法。①

① SANDS R G, NUCCIO K. Postmodern feminist theory and social work[J]. Social work, 1992, 37(6): 489 - 494.

正如柯林斯(Collins)所言,“社会工作具有女性主义的天然本质”,之所以说社会工作本质上是女性主义的,不仅因为社会工作从服务领域上就有将妇女作为重要服务对象的传统,而且从社会工作专业本身来说,其形成和发展在很大程度上是依靠女性的。① 另外,更重要的是社会工作在伦理价值、哲学理念和行动目标上具有明显的女性主义色彩。比如,社会工作强调要尊重案主的多样性和差异性,这与女性主义强调女性经验的重要性和多样性是一脉相承的;社会工作的终极目标是促进公平正义,这与女性主义对社会正义和社会变革的追求也是一致的;社会工作对女性议题的关注,以及其具有的照顾性质的专业功能,也使社会工作服务通常被视为一种女性活动。据此,女性主义社会工作的发展过程恰是社会工作不断彰显并珍视女性主义本质的过程。同时,具有批判属性的女性主义为社会工作重塑了一个反思性的场域,促使人们直面具有社会身份的性别,开始对性别议题进行质疑和审视,将性别身份和性别差异的结构性、过程性建构外显,并在实践上打破对女性身份的束缚。②

从发展历史上看,社会工作思想中开始出现女性主义视角最早可追溯至 20 世纪 60 年代的妇女解放运动。事实上,在女性主义运动初期,社会工作已经出现了以女性为主要服务对象的实践活动,如一些针对贫穷妇女开展的具有慈善性质的活动。但社会工作实践在这一时期尚未借鉴或直接显示女性主义的观点。20 世纪初,从美国罗斯福新政改革开始,一些睦邻组织

① COLLINS B G. Defining feminist social work[J]. Social work, 1986, 31(3): 214 - 219.

② GRINGERI C E, Roche S E. Beyond the binary: critical feminisms in social work[J]. Affilia, 2010, 25(4): 337 - 340.

中出现了以白人女性为主的社会工作者，她们自称“女性主义社会工作者”，但依然未运用系统的女性主义视角开展实务。直到1960—1970年，随着女性主义运动的不断发展，其理论逐渐成熟，女性主义开始作为一种批判性的思维范式成为重塑传统社会工作的重要来源。同时，在实践领域，社会工作也开始关注女性权利表达和身份抗争的实践面向。至此，社会工作越来越多地在女性主义运动和女性主义理论的发展中吸收知识和灵感，并在社会工作研究、社会工作行政、社会工作实务等方面不断进行专业反思与自我修正，在批判与合作的互动过程中逐渐形成了女性主义社会工作。[①]

多米内利(Dominelli)认为，女性主义社会工作最大的贡献在于挑战了传统社会工作的“性别盲”(gender-blindness)，倡导为女性服务对象提供具有性别敏感度的关照。女性主义社会工作推动了社会工作行业的转向和批判性发展。多米内利认为女性主义对传统社会工作的批判主要包括以下方面：① 传统的社会工作助长了父权社会的统治。在女性主义视角看来，传统社会工作的运作依赖国家和男性在资源上的保护。由于受到资源和资金的限制，社会工作者有时不得不妥协。② 传统社会工作存在“性别盲”。[②]社会工作者倾向于将女性自动视为具有自主性的个体，认为女性能在恶劣的社会沙漠中开发出一片绿洲。[③] 也就是说，社会工作者期待女性可以在严苛的环境中自行生存，却很少过问造成女性困境的结构性因素。③ 传统社

① SANDS R G, NUCCIO K. Postmodern feminist theory and social work[J]. Social work, 1992, 37(6): 489 - 494.

② DOMINELLI L. Social work: theory and practice for a changing profession[M]. Malden: Polity Press, 2004: 79.

③ 同②2.

会工作将女性视为男性的附属。女性主义者认为，传统社会工作将男性普遍主义视角作为衡量所有女性经验的准则，并质疑社会工作者对女性需求的回应。女性主义认为，传统的社会工作将女性视为依赖者和照顾者是对女性生活的干预，存在阻碍女性自我能力显露的倾向。④ 传统社会工作存在对女性社会工作者的“消权”。尽管社会工作专业的女性从业者在人数上占优势，但大部分的决策权都被男性从业者掌握。出现这种现象的原因在于，在多数社会工作机构里往往是男性担当领导，女性则较多在一线工作。其根源在于男权社会赋予女性的照顾意识形态使女性社会工作者较难成为管理者，没有给予她们进入传统管理阶层的机会。[①]

整体来看，女性主义社会工作通过吸收女性主义既有理论和视角，使社会工作重返以女性为中心的专业实践，同时对“性别”这一社会身份进行了持续思考。根据韦策尔(Wetzel)的总结，社会工作与女性主义在以下方面达成了共识：① 以所有人的内在价值和尊严为核心价值；② 强调积极参与社会的重要性；③ 强调消除自我实现的障碍的必要性；④ 认为个人可以通过干预实现发展；⑤ 强调在各个领域预防和消除歧视的重要意义。[②] 同时，社会工作尊重案主自决性、案主差异性的专业准则和追求公平正义的专业旨趣，使女性主义与社会工作能以天然的兼容性来共同挑战不合理的社会秩序。可见，女性主义与社会工作在价值观层面有着天然的联系。另外，社会工作专业的产生和发展在很大程度上源于对女性主义核心议题的关注。尽管社会工作者并不一定明确为自己打上“女性主义者”的标签，但社会工作

① 黄丹. 破除社会工作中的“性别盲”：《女性主义社会工作：理论与实践》评介[J]. 社会工作，2016(5)：120－124.

② 何雪松. 社会工作理论[M]. 上海：上海人民出版社，2007：237.

自创建以来更多的是处理性暴力、性交易、无家可归、贫穷等女性议题，聚焦一系列与女性身份抗争相关的治疗、照顾以及改变等活动。综上，社会工作的专业属性和重要使命决定了其与女性主义的融合是一种必然。

第二节 女性主义社会工作的理论基础与实践方法

女性主义理论对女性在社会政治和人际层次经历中的结构、动力进行了阐释，为社会工作专业化和新范式下的理论建构提供了理论基础与实践启示。虽然女性主义内部有着一些共同的目标，但实际上也形成了许多不同的流派和多元化的理论，不同流派对如何解决社会问题有着不同的方案。为了提高女性社会工作理论应用的灵活性和适应性，社会工作者应该熟悉女性主义各个流派的基本观点，并在此基础上重新定义女性主义社会工作，理解女性主义社会工作的基本内容、实践策略与方法。本节将通过回顾女性主义理论的五个流派，在此基础上介绍并总结女性主义社会工作的基本定义、干预原则和干预方法。

一、女性主义理论与社会工作

女性主义视角与社会工作有着内在的契合，多数女性主义理论在消除误解、性别不平等、结构限制等方面的目标与社会工作的干预目标不谋而合。①

① DORE M M. Feminist pedagogy and the teaching of social work practice[J]. Journal of social work education, 1994, 30(1): 97-106.

虽然女权主义的每一个分支流派由于对阻碍女性的力量的看法不同而存在不同目标，但这并不妨碍社会工作在众多女性主义理论中，针对不同情境、不同群体和时代的需求，选取适合的女性主义视角来解决社会问题。下面将根据索尔尼尔(Saulnier)的研究，介绍女性主义的五个分支流派及其对社会工作专业化的启示。①

(一) 自由主义女性主义

自由主义哲学是女性主义的思想基础，自由主义的女性主义认为社会由独立的个体组成，每个个体都在为公平的资源份额而竞争。自由主义致力于追求个人自由、个人私域不受国家的干预。由此，自由主义女性主义在公共领域和私人领域之间画了一条分界线，前者被认为是由国家管理的，后者被认为是不受国家控制的。从西方文化发展史来看，独立(相对于相互依赖)、机会平等(相对于结果平等)、个人主义(相对于集体主义)等传统自由主义价值观在西方社会根深蒂固，以至于它们现在仍被视为标准的社会功能，而不是一种特定的意识形态。自由主义女性主义者指出，社会将女性作为一个群体而不是个体来对待，这侵犯了女性的平等权利。自由主义女性主义者主张，女性应该享有与男性同样的权利，但他们往往忽视了两性在生理和社会角色上的差异，以及不平等的分配制度。

自由主义女性主义者关注女性在政治、两性平等、所需的某些社会服务等方面面临的公共问题，他们以为女性争取平等接受教育的机会、平等就业的机会和同工同酬为主要工作内容。但是有学者认为，自由主义女性主义

① SAULNIER C F. Incorporating feminist theory into social work practice: group work examples[J]. Social work with groups, 2000, 23(1): 5-29.

者对贫困关注不足，并倾向将种族压迫问题解读为性别的不平等。[①] 同时，自由主义女性主义还存在一些局限：自由主义女性主义既不寻求精英统治的终结，也不寻求社会的其他根本变革，而是致力于促使女性能够从当前社会中获得更多的福利。[②]

基于此，自由主义女性主义社会工作者认为，女性问题通常由家庭功能失调所致，因此他们主张从支持女性的角度解决个人问题，而非消除社会结构性障碍。他们干预不平等的策略通常包括开展技能培训、培养人际交往方面的自信等，而不关心消除权力失衡的结构性支持。所以，自由主义女性主义主要通过使用正式政策（如取缔性别歧视、改善产假规定、实现教育改革、增加女性在婚姻内的经济权利、增加女性在离婚时获得子女监护权的可能性、赋予女性选举权等）来作为社会变革的机制。

（二）文化女性主义

文化女性主义认为，性别是划分人类的一种基本方法，并将性别的二元划分视为享有超越阶层、种族和其他不平等来源的一种特权。文化女性主义认为女性和男性之间存在着深刻且普遍的差异，同时强调女性优于男性，或主张与男性话语体系中相反的内容，并在此基础上赋予女权话语更有价值的意义。例如，文化女性主义认为，女性通常被视为有教养的、无私的人，在某些方面应该比男性更有竞争力。这一理念与多诺万（Donovan）等社会

① GIDDINGS P. In search of sisterhood：Delta Sigma Theta and the challenge of the Black sorority movement[M]. New York：William Morrow，1988：13－23.

② NES J A，IADICOLA P. Toward a definition of feminist social work：a comparison of liberal，radical and socialist models[J]. Social work，1989，34(1)：12－21.

工作学者的思想较为一致。[①] 作为文化女性主义流派之一，生态女性主义则进一步认为，女性与自然力量的联系更紧密，强调通过倡导和平、尊重生态、促进妇女精神和文化发展等方式，提高妇女和妇女文化的社会价值。总的来说，文化女性主义试图团结女性主义者，消除女性之间的分裂。为了实现这些目标，文化女性主义坚持普遍主义，淡化差异，强调建立女性文化，注重发展女性拥有的企业和服务。

文化女性主义社会工作更多从满足女性需求的角度出发，通过增强意识、支持和互助来帮助女性解决问题。另外值得一提的是，文化女性主义与社会工作的灵性视角也有相同之处，两者都强调精神世界的满足。因此，女性视角下的社会工作致力于帮助女性服务对象建构自我信念、进行自我赋能，从而推动结构性变革等目标的实现。

（三）后现代女性主义

作为一种认识论，后现代主义被后期发展的女性主义大量借鉴，形成了后现代女性主义。后现代女性主义主张话语就是权力，认为女性想要得到解放就必须建立起以女性为主体的话语体系。基于此，后现代女性主义者注重考察在固有的权力网络中，语言对社会现实的作用。[②] 同时，后现代女性主义借鉴福柯（Foucault）的“多重抵抗”概念，即人们可以从多个场域反对

---

① DONOVAN J. Feminist theory: the intellectual traditions of American feminism [M]. New York: Ungar, 1985: 109.

② SCOTT D. Practice wisdom: the neglected source of practice research[J]. Social work, 1990, 35(6): 564 - 568.

压迫性权力的观点，寻求多种方式解构被文化诠释的男性优越感意识形态。[①] 根据弗拉克斯(Flax)的总结，后现代女性主义的任务主要有：① 阐明女性主义的社会观点；② 分析社会对女性的影响；③ 检视权力和知识关系在塑造女性对社会世界的看法方面的作用；④ 想象社会如何被改变。[②]

基于此，后现代女性主义社会工作关注语言，以及语言如何形成和影响人们的条件，并用语言来解决问题。相对地，后现代女性主义社会工作并不关注改变世界，而是致力于改变服务对象对世界的看法。比如，通过帮助服务对象分析污名化的产生和社会权力对这一过程的影响，为女性提供一种认识观，帮助其重新思考自己的地位，从而实现自我认同。

（四）妇女主义社会工作

妇女主义源于女性主义对非裔美国妇女的关注和讨论，认为在以美国白人为主导的话语体系里，很难对黑人女性给予重视和理解，所以，妇女主义提出种族因素对个人的生活经历和性别认同具有决定性影响。基于此，妇女主义关注性别和种族的交集问题，聚焦阶级斗争。妇女主义对原有的压迫模型进行了修正，认为原有的压迫模型不能解释压迫系统中种族和性别的相互影响。妇女主义提出需要重新审视女性主义压迫模型中对性别歧视和阶级歧视的理解，深入了解种族主义的运作过程。在此基础上，妇女主义提出“兼而有之”的世界观，即将种族和性别建立在统一的整体中，对相互

① FOUCAULT M, GORDON C. Power / knowledge: selected interviews and other writings: 1972 - 1977[M]. New York: Pantheon Books, 1980: 88.

② FLAX J. Thinking fragments: psychoanalysis, feminism and postmodernism in the contemporary West[M]. Berkeley: University of California Press, 1990: 55.

依赖的压迫系统提供一种包容性的观点。

妇女主义视角下的社会工作更加关注少数族裔群体问题的解决，帮助女性服务对象的自我意识觉醒，并通过提供公共空间的方式，促进女性群体对其处境、身份塑造过程的讨论，进而提高少数族裔女性群体的自我意识，促进其互助支持网络和自治组织的构建。

(五) 激进女性主义

激进的女性主义者认为，女性个人经历的不公正和她们认为的个人痛苦，实际上源于权力失衡。此外，激进的女性主义者把社会描述为父权社会，即家庭是根据男性的继承和依赖而组成的，而社会是在以男性为中心的父权体系的基础上构建的。这种父权制被描述为一种文化普遍性，所有社会制度都在强化这种社会秩序。父权结构的性别等级制度是一种通过对个人身份、社会互动和权力结构体系进行复杂的政治操纵后而赋予男性特权的体系，并随着人类互动的渗透进一步加强了各种性别等级制度。①

激进女性主义还发展出了男性至上主义的心理学分析视角，他们认为，一方面内化的压迫性父权信息对女性的心理造成了损害，对女性的心理控制是父权制度的重要组成部分；另一方面，女性的个性和性特征是为了满足男性的需求而构建的，而不是为了满足女性的需求。② 同时，刻板的性别角色不仅扭曲了人们(包括女性和男性)的心理，还导致了基于性别的压迫的

① SANDS R G, NUCCIO K. Postmodern feminist theory and social work[J]. Social work, 1992, 37(6): 489 - 494.

② KLEIN C E, DONOVAN J, KLEIN E, et al. Feminist theory: the intellectual traditions of American feminism[J]. Tulsa studies in women's literature, 1988, 6(1): 109.

产生。基于此，激进女性主义尤其关注女性暴力、性别歧视、儿童照顾等方面的议题。

激进女性主义社会工作更强调探讨父权社会中的女性的社会角色，以及个人和政治问题之间的联系，通过增强意识、支持、赋权、技能培养、制定社会行动计划、宣讲等方式，鼓励妇女参与社会行动，摆脱社会角色的限制，从而治愈父权社会所造成的伤害。

二、女性主义社会工作的服务领域、干预原则和评估内容

女性主义社会工作在实践层面重视对服务对象进行赋权，致力于对服务对象从个体到社会不同层面的变革，关注社会情境中每个个体的独特性和多样性，而非"概化"个人或者一视同仁。同时，女性主义社会工作者在回应服务对象的个性化、多样化需求时，强调理解并注重社会结构上的性别压迫对女性和弱势群体在特定情境下的影响。因此，女性主义社会工作不仅致力于提升女性在生理、心理、社会等方面的能力，也促使女性在宏观的社会关系变革中充分发展。下面具体介绍女性主义社会工作的服务领域、干预原则和评估内容。

（一）服务领域

尽管女性主义拥有许多不同的流派和理论视角，每一个流派分支分析社会问题的角度和介入的方案都不同，但这些流派内部仍然存在一些共性。为了从女性主义视角出发对社会工作予以重新的定义，就需要考虑社会工作实务的每个面向，包括社会工作者与案主、同事、雇主、国家的关系等。

多米内利认为，女性主义社会工作是一种社会工作实务的形式，强调通过社会关系的重塑与再造来对女性产生影响。多米内利认为，女性主义社会工作承认并关注两性的差异性，高度认可女性的能力和力量，重视并重新形塑照顾角色，探讨性别的社会建构，致力于分析并评估父权对女性、男性、儿童的影响，通过明确女性、男性、儿童的不同需求并确保他们的需求得以满足，以增进他们的福祉。

此外，与儿童、青少年、老年人社会工作不同，女性主义社会工作尤其强调增强女性自身的意识，致力于帮助女性在面对不平等待遇时，能够有意识地维护自身权益。基于此，女性主义社会工作者的工作内容主要是促使女性性别意识的觉醒，帮助她们从心里认识到男女相互平等，在遭遇不公待遇和自身权益遭到侵害时，具有维护自身权益的敏感度，继而从心理和生活上真正独立起来。特别是在陷入困境时，使她们能够主动寻求专业救助和社会支持。

根据多米内利的理解，女性主义社会工作包括以下几个方面的内容：① 评估男权式的性别关系对女性、男性、儿童的影响并予以回应；② 检视公域和私域的男权制度对女性、男性、儿童的影响；③ 对依附性的重新界定；④ 避免在建立平等关系中出现错误的公平陷阱；⑤ 礼遇差异；⑥ 赞赏女性的优势和能量；⑦ 关注社会工作者并改善其工作条件；⑧ 解构社区；⑨ 挑战母职概念；⑩ 挑战对家庭的单调描述，扩展其概念；⑪ 思考性别的社会建构；⑫ 区分女性、男性、儿童的需要；⑬ 以局内人/局外人的身份开展工作；⑭ 理解无权者抵抗剥夺的能动性和能量。[①]

① 何雪松. 社会工作理论[M]. 上海：上海人民出版社，2007：193.

另外，多米内利认为女性主义社会工作对男性服务也有启示，因此要求女性视角的社会工作还要关注以下工作领域：① 性别的权力关系对男性的重要意义；② 男性成长教育中对弱者的忽视；③ 男性基于社会的设置而获得高于女性的特权；④ 多样性同样存在于男性之间；⑤ 男性之间的多样性反映了不同层次的特权；⑥ 男性对父权制剥夺他人权利的觉知；⑦ 重新定义男性气质；⑧ 父权制与男性侵害女性后的无责豁免制度模式之间的联系；⑨ 父权制下，个人情感的普遍缺乏及其对个人行为的影响。

（二）干预原则

多米内利总结了女性主义社会工作的重要干预原则①，主要包括以下几个方面：

第一，承认女性群体内部的多元性。女性主义社会工作应该清楚地认识到女性群体内部的多元性和差异性，不同群体面临不同的压迫，有不同的诉求。社会工作者需要关注女性内部的复杂、多元、流动的现实，通过女性主义视角认识到女性遭受的种种不同的压迫；通过倾听女性的故事，帮助女性对其生活情境进行分析，支持女性掌控自己的生活，检视父权对女性的压迫。

第二，意识觉醒和集体行动的重要性。激进女性主义者一直坚持“个人的就是政治的”，即必须将女性的个人生活体验联结到对权利的争取。在个体层面，社会工作者通过帮助女性了解其他人悲惨的生活经历，减轻自身的

① 黄丹. 破除社会工作中的“性别盲”：《女性主义社会工作：理论与实践》评介[J]. 社会工作，2016(5)：120－124.

孤立感，同时增强集体归属感。在社会层面，重新界定女性群体遭遇的问题，了解真相，促使她们拥有向“专家”挑战的权利。多米内利特别指出了社区工作对女性行动的重要性。她认为以社区为基地开展女性主义的社会活动，可以帮助女性“发声”，促进社区转变。[①] 也就是说，女性主义社会工作实施的起点是让女性投入社区的社会行动，再由社区转移到公权力领域。这与女性主义的“个人的就是政治的”“政治的就是个人的”行动纲领一脉相承。

第三，女性主义社会工作不仅为女性的福祉工作，也为男性和儿童的福祉工作。女性主义社会工作认为，男性也是父权社会的受害者，因为男性被迫扮演社会赋予他们的角色。女性主义社会工作者可以对女性的情感需求有更多的了解和支持。同时，当女性主义社会工作者与男性一起工作时，必须协助男性将“男子气概”这一概念重新定义，并将男性的情感需求放置在工作的中心位置。同时，也能觉察到在主流社会中男性承受的重担，如男性因为被设定为“养家糊口者”，不得不扮演社会、家庭、女性期待的角色，所以他们的情感需求不能得到满足。另外，多米内利进一步指出在家庭干预中，需要将父亲带回家庭，而不是社会工作者将所有的焦点放在提升母亲的“亲职”能力上。多米内利始终谴责“女性应该具有母职的天然属性”这一观点，拒绝将职业女性定义为没有能力的母亲。

另外，童敏也认为女性主义要对社会工作的专业性进行重塑，并提出了女性主义视角下社会工作的专业策略，主要包括能力建设、心理调适和社会

① DOMINELLI L. Women and community action: local and global perspectives[M]. 3rd ed. Bristol: Policy Press, 2019: 49 - 63.

支持。他认为只有将这三种策略有机结合起来，保持动态中的平衡，才能提高社会工作服务的专业化水平。[①] 其中，在能力建设方面，女性主义社会工作者应该支持服务对象成长，促使她们对抗惯习化的社会化过程，从而提升服务对象的应对能力。在心理调适方面，女性主义社会工作者致力于帮助女性走出“病态化”的心理阴影，促使她们认识到性别差异本质上源于社会性别结构，而并非个人差异。在社会支持方面，女性主义社会工作者主要通过在社区开展一系列女性互助小组或者工作坊，促使服务对象能够参与到社区支持网络中。[②]

（三）评估内容

根据兰德（Land）的理解，女性主义社会工作应该评估以下问题[③]：① 社会情境是如何形塑服务对象对自我处境的理解的？社会政治性别议题在何种程度上削弱了服务对象的能量？性别刻板印象是否正在影响劳动分工和工资分配？② 服务对象的个人经验如何根植于特定的政治脉络？它对服务对象的影响是什么？③ 服务对象系统中存在的关于正常和异常的概念是什么？它们是否根植于男权的传统？它们是支持还是消解了潜能？④ 家庭或家庭成员呈现怎样的叙事？这些叙事在何种程度上阻碍了家庭成员的成长？⑤ 什么是值得重视的？什么样的个人概念因性别议题或刻板印象而受到忽视？⑥ 男性和女性的体验有何不同？整个家庭如何理解男性气质和

① 童敏.社会工作的能力视角：一种以人为本的研究策略[J].马克思主义与现实，2008(1)：114-118.

② 何艳婷.女性主义社会工作的渊源和发展：对传统的批判及其专业性的重塑[J].社会工作(下半月)，2010(7)：16-19.

③ 何雪松.社会工作理论[M].上海：上海人民出版社，2007：193-194.

女性气质？家庭成员满意现在的分配吗？⑦ 家庭里的权力动态机制是否与性别角色有关？

第三节　女性主义反贫困社会工作的应用与实践

20世纪90年代以来，为消除妇女贫穷，联合国开发计划署在许多国家资助开展了一系列活动，如小额信贷计划、技术培训等。其中，由联合国开发计划署资助的南亚反贫困社会动员项目（以下简称“南亚减贫项目”）强调赋予妇女经济权利和实现变革的能力建设，充分体现了女性主义社会工作反贫困的理念，并涉及了反贫困社会工作的实践内容。下面我们以南亚减贫项目为例，介绍女性主义反贫困社会工作的实践框架和具体方案内容。

一、女性主义反贫困社会工作的应用与经验

南亚减贫项目始于1994年，是联合国开发计划署为支持南亚国家消除贫困而开展的一项服务计划。其中，孟加拉国、印度和尼泊尔被选为社会组织和社会动员方案的试点地区。1996年，该项目对方案进行了完善和扩展，在原有的框架内加入了有利于贫困者的宏观政策倡议和参与性贫困监测内容，并将项目执行范围扩大至斯里兰卡、巴基斯坦、马尔代夫等国家。

以印度为例，联合国开发计划署主要针对印度女性及其贫困问题开展了专门的扶贫项目。该项目融合了女性主义视角，强调赋予妇女经济权利和变革的能力，并提供了专业的社会服务。该项目主要在安得拉邦的三个

区域进行试点。该区域的特点是极度分化的社会阶层与高贫困率，生态退化严重，交通基础设施匮乏，同时存在低就业率，以及由于长期干旱、收入低带来的高婴儿死亡率和传染病（如麻疹）复发等问题。在该项目中，根据参与式贫困评估方法，由女性担任户主、单亲和没有获得资助的老年人组成的家庭被视为极端贫困家庭，并作为该项目的主要服务对象。

南亚减贫项目的核心理念是社会动员，强调项目执行中对反贫困工作的经验学习和反思。同时，该项目认为适当的社会动员在减贫工作和改进参与式发展规划方面具有重要作用。需要注意的是，该项目虽然未明确提出运用女性主义视角介入反贫困工作，但在具体的项目设计理念和反贫困措施中涉及了女性主义反贫困社会工作的干预理念，具体包括以下内容：

第一，把贫困者看作减贫工作的代理人和伙伴，承认贫困者的创造力和创业能力，并给予他们作为发展伙伴的尊重和尊严。在此基础上，该项目还通过建立协会和团体，帮助村内、村外的各级群体与贫困者结成联盟团体。这一联盟团体被称为自助团体。以自助团体为基础，贫困者在更高层级形成更大规模的妇女团体。

第二，运用独特的参与式方法。首先，在基层一级开展项目时，以明确受益人为前提，帮助受益人发扬从下而上进行规划的精神。其次，运用参与式工作方法，通过自助团体为其提供信贷和储蓄。需要注意的是，虽然项目主要提供信贷和储蓄，但自助团体的参与式互动对贫困者在乡村社区生活的各个方面都产生了积极的影响。其中，参与式互动包括：通过自助团体，以集体方式确定问题，明确受这些问题影响最大的人群；提出不同的备选方案，并从中选择最合适的方案。因此，在自助团体中，小组成员根据他们自己设定的标准来确定问题、解决方案，以及如何分配贷款。这种参与式工作模式一方面提高了小组成员的参与感，另一方面培养了小组成员的领导力，为该项目的可持续发展提供了更多的可能性。

第三，开展问题妇女的团体活动，促进妇女权利意识的提升。项目评估表明，自助团体以及由此开展的团体活动，在提高妇女权能和长期能力建设方面都显示出积极的效果。自助团体带动的集体活动提升了妇女非凡的领导力和管理技能。此外，妇女成员之间的合作和积极关系有助于产生信任感和安全感。

第四，重视反贫困工作的可持续性，强调解决代际贫困和过程贫困问题。根据这一思路，自助团体中成立了以年轻女性为主的团体，通过童工教育和技能培训课程，甚至停止使用童工的方式，增加贫困家庭对女童的人力资本投资。同时，也有一些地区的自助团体开展了抵制童婚的活动，因为童婚是使这些落后地区产生贫困和妇女社会地位低下的根源之一。另外，自助团体也通过一些贷款项目开展生殖健康和生育控制教育，以帮助贫困家庭的女性对生育进行合理规划。某些地区的农业工会制定最低工资标准，以缩短女性与男性之间存在的巨大工资差距。由此可见，自助团体的反贫困策略不仅是一种应对机制，还是一种变革方式。

综合而言，该项目的实施对贫困女性的改善可概括为如下几个方面：① 各团体的成立为妇女提供了信心和团结网络，以解决她们所面临的贫穷问题和基于性别、阶层、种姓的社会歧视问题；② 社会保障性安居工程通过培养社区居民的储蓄习惯，调动社区居民储蓄，使贷款渠道、手续办理更加便利；③ 妇女从自己的储蓄中获得消费和紧急贷款，从而不再屈从于放债人，恢复了自我尊严；④ 通过提供信贷和技能培训，增加了妇女创造收入的机会，提高了妇女在家庭中的地位；⑤ 妇女针对社会行动和社区基础设施开展的集体活动提高了她们在社区中的地位，获得了尊重。

二、女性主义反贫困社会工作的服务方法与实践原则

在斯特里尔（Strier）和本雅明（Binyamin）的研究中，女性主义社会工作服务在开展贫困人口的社会服务时采取了女性主义反压迫的观点，认为在过去30年里，新自由主义政策理念下的福利改革和财政削减造成了高贫困率和社会服务部门功能的衰退。这些变革大大削弱了社会服务机构对最脆弱群体需求的回应能力。同时，还破坏了社会工作者履行某些重要社会使命的能力，即促进社会变革和追求社会正义。基于此，斯特里尔和本雅明提出了女性主义反压迫视角下社会服务的专业方法、组织框架、实践原则，这对女性主义反贫困社会工作实践策略具有重要启示意义。①

（一）女性主义视角下社会服务的专业方法和组织框架

女性主义反压迫范式认为贫困是多层次压迫的结果，且是一种结构性障碍的结果。② 也有学者认为，贫困群体在很大程度上被迫生活在有辱人格

① STRIER R, BINYAMIN S. Developing anti-oppressive services for the poor: a theoretical and organisational rationale[J]. The British journal of social work, 2010, 40(6): 1908 - 1926.

② KELSO W A. Poverty and the underclass: changing perceptions of the poor in America[M]. New York: New York University Press, 1994: 25 - 28.

的社会环境中，容忍各种形式的压迫。[①] 从这个角度来看，贫困被视为系统性障碍的直接产物，这些障碍又进一步减少了人们获得资源、服务和参与社会的机会。另外，该视角认为工资低、社会福利缺乏、失业、经济政策频繁且剧烈变化等都是致贫的重要原因。

由于反压迫视角强调对贫困的结构性进行解读，所以对反贫困的看法通常侧重于制度性变革，而不是仅关注穷人本身的改变。但由于系统性改革很难实现，往往需要长期战略，所以该视角主要通过宣传、游说、建立联盟、增强社会意识和支持社会运动来推进反贫困工作，并通过这些社会运动推动社区参与政治进程。女性主义的反压迫视角促使社会工作专业为如何评估贫困者并提供社会服务找到了新方法。这种方法旨在通过法律和政治层面的变化来改变服务提供的结构和程序。基于此，斯特里尔和本雅明从反压迫视角设计了反贫困社会服务的专业方法和组织框架（如表 9 - 1 所示）。[②]

表 9 - 1　反压迫视角下反贫困社会服务的专业方法和组织框架

	传统方法	反压迫方法
方法论	个体或家庭层次	多重方法：个体、家庭、群体、社区、政策层次
问题界定	通过服务内容界定	通过服务对象界定

① POGGE T. Freedom from poverty as a human right: who owes what to the very poor? [M]. Oxford: Oxford University Press, 2007: 35 - 37.

② STRIER R, BINYAMIN S. Developing anti-oppressive services for the poor: a theoretical and organisational rationale[J]. The British journal of social work, 2010, 40(6): 1908 - 1926.

续 表

	传统方法	反压迫方法
服务对象	服务对象对服务效果的影响很小	批判性对话：在个人和组织层面上积极参与服务、决策过程
贫困理论方法	个人、行为、文化层面的理论	情境化理论
工作者	强调专业界限	强调专业介入
服务认同	专业的	伦理的
社会工作者的专业状态	低专业状态	独特的高专业状态
组织学习类型	自上而下地学习：通过管理者和转介进行监管与培训	与服务对象进行横向反思学习

（二）女性主义视角下社会服务的实践原则

斯特里尔和本雅明在反压迫社会服务理论框架下提出了三项实践原则。

1. 运用情境化理论界定贫困问题

反压迫视角认为贫困的产生是基于机会不足、资源分配不公而造成的社会不平等，为贫困者提供社会服务的组织应充分认识到贫困的这一本质。所以，除了满足贫困者的具体需求，还要致力于解决贫困者存在的结构性障碍。具体做法是从社会情景出发关照贫困群体，尤其要关注那些因弱势而处于社会边缘的贫困群体的社会结构与社会生活，了解和评估他们所处的复杂情形和贫困状态。

2. 多层次干预方法

反压迫视角认为贫困是一种多层次的压迫状况，如果要有效援助服务对象，就需要采取一种超越个案工作的方法，即结合微观和宏观实践的多层次干预方法。

3. 重视多样性

反压迫视角强调对贫困者多样性的重视。原因在于反压迫视角认为贫困人口往往具有高度的文化和种族异质性，并且这些异质性对压迫的产生方式发挥着重要作用。基于此，社会工作者需要具备敏感性，深刻理解社会阶层的差异。该视角认为尽管许多社会服务机构已经意识到文化、种族和性别差异，但对阶层问题仍缺乏敏感性。

三、女性主义反贫困社会工作的经验启示

第一，强调伙伴式的社会工作专业关系。女性主义反压迫视角下的社会服务突破了传统临床的专业权威关系，强调建立平等、相互尊重的伙伴关系。这里的伙伴关系可以理解为建立在平等和相互尊重、共同活动和共同学习的基础上的关系。社会服务和服务对象之间的伙伴关系是一个不断进行的过程。在这个过程中，社会工作者和服务对象通过积极探索合作的方式，推进共同目标的实现。需要注意的是，伙伴关系的建立需要服务组织构建一个可以消除权力差异的组织氛围，而社会工作者和服务对象的态度、情绪等都会影响伙伴关系的建立。

第二，建立参与性、包容性的社会服务机构。多米内利强调只有认识到权力关系对服务关系的影响，充分发挥社会工作调节社会不平等机制的作用，才能避免传统的治疗性社会工作的局限性，从根本上帮助贫困个体摆脱贫困。基于此，社会服务机构应该意识到福利制度中社会工作者与服务对象之间的权力不平衡的关系。所以，反压迫视角下，社会工作者需要以组织

机构为依托，与服务对象建立平等的伙伴关系，让服务对象参与决策过程，包括管理和政策制定工作。具体方法包括建立服务对象指导委员会、服务对象咨询团队等组织。此外，与服务对象建立伙伴关系还需要建立更具包容性的组织机构，将服务对象纳入组织评估的过程，积极采纳服务对象反馈的建议。

第三，设立民主组织机制。设立民主组织机制是为了与贫困对象结成工作联盟，打破服务组织的等级体系。这要求直接服务的提供者必须由专业的社会工作者、辅助人员和志愿者组成，并作为一个团队以民主和无等级差异的方式来提供服务。另外，还需要建立透明的决策与审核机制，促进服务对象积极参与的组织文化形成。

第四，增进反思，重视创新精神培育。女性主义视角认为贫穷是复杂的社会问题，社会工作者需要考虑不断变化的情境，提出具有针对性的解决方法。社会工作者必须提升自反性，即不断思考价值观、社会差异、权力关系如何影响服务对象和组织之间的互动，以及这些互动如何反映穷人和非穷人之间的关系。这需要将反思文化内化于社会服务组织中，鼓励社会工作者和服务对象通过持续的对话进行反思学习，以实践和经验为基础，制定具有创新性的解决办法和行动策略。此外，领导者的任务是为学习和产生创造力所必需的组织条件提供便利。

第五，加深专业社会工作者的职业认同。女性主义视角下，社会工作者在从事反贫困工作时，要关注、理解和洞察服务对象，并与之建立真诚的情感联系。但是，这会对社会工作者产生潜在危害，例如，在目睹或参与服务对象的创伤事件或痛苦经历后，社会工作者会出现继发性创伤压力、精疲力竭、职业倦怠等问题。这需要社会工作者对自身职业角色有明确的认知与认同，并采取必要的措施预防和减少卷入此类创伤所带来的负面影响，否则很难长期投身于女性主义视角下的服务领域中。例如，在服务女性贫困对象的过程中，社会工作者需要通过职业认同中的专业经验、知识和情感反应，确定“公正”的界限和自我工作价值，进而产生坚定的工作动力，坚持不懈地帮助服务对象。

第六，鼓励社会工作者的社会介入。女性主义社会工作强调为贫困者提供所需的专业社会介入。这里的社会介入意味着社会工作者需要在情感、智力、道德方面进行投入，能够与服务对象一起工作，认同服务对象的痛苦，跨越专业界限为服务对象制定干预计划并提供服务。社会介入还强调与他人融合、包容他人、与他人分享。与此同时，社会介入可能还意味着缩短职业距离。社会工作者必须具备解决贫困问题的情感、智力和道德介入的能力。需要注意的是，虽然社会介入会增加基层工作者的情感负担，但也有积极作用。首先，社会介入丰富了社会工作者的个人和专业经验。其次，复杂的专业介入原则具有深远的治疗价值。另外，社会工作者和服务对象的共同参与既有助于亲密关系的建立，又有助于以信任为基础的专业关系的建立。

第七，强调批判意识。女性主义视角下，社会工作者在从事反贫困工作时，要具有批判的、理性的思维和行动方式，促使服务对象能够果敢、有力地摆脱自身所处的结构性困境。批判意识可以在服务过程中通过小组合作的方式形成，从而帮助服务对象建立主体意识，并在互助团体中培养他们参与、合作的精神，提升他们在自组织中的策划、参与和自治能力，这是促进服务对象建立独立的批判意识的重要基础。

第十章　中国反贫困行动的实践逻辑与现实路径

第一节　中国反贫困行动的实践历程

传统而言，中国的贫困问题主要集中在农村地区，大规模的反贫困行动也主要体现为针对农村地区的政策行动和实践。为此，本节主要回顾中华人民共和国成立以来的农村反贫困行动发展历程。

一、中华人民共和国成立到改革开放前：反贫困探索与实践

中国反贫困行动始于中华人民共和国成立后。中华人民共和国成立之初，由于基础设施的缺乏和技术的落后，国家经济基础薄弱，社会较为贫困。可以说，这个阶段的中国贫困问题不仅仅是局部面临的问题，更是整个国家面临的主要经济问题。① 从中华人民共和国成立到改革开放前，虽然中国并

① 国风，魏晓东，董锁成. 历史的壮举：中国农村反贫困历程[M]. 太原：山西人民出版社，2003：50.

没有从国家层面上出台专门的反贫困政策，但是中国的工业化和现代化建设，以及以土地改革为核心的经济政策在很大程度上促进了农村生产力的发展，极大改善了农民的贫困状态。某种意义上，虽然这一阶段我国还未提出严格意义上的扶贫政策，但是此时的反贫困实践探索为以后政府开展大规模、有组织的扶贫行动奠定了重要的理论和实践基础。

中华人民共和国成立后，广大农民在以毛泽东同志为核心的党中央带领下探索走向富裕的道路。毛泽东同志指出："全国大多数农民，为了摆脱贫困，改善生活，为了抵御灾荒，只有联合起来，向社会主义大道前进，才能达到目的。"①1955 年，全国开始实行合作化，目的是在农村中消灭富农经济制度和个体经济制度，使全体农村人民共同富裕起来。② 1957 年，毛泽东又提出在几年的时间内使农村的小部分缺粮户不再缺粮，使农村没有贫农，使农民达到中农和中农以上的生活水平。③

由此看出，在中华人民共和国成立初期，中国虽然没有明确提出农村扶贫的理念和措施，但是农村合作化运动、农民共同富裕的发展目标本身就包含着反贫困的理念和目的。20 世纪 50 年代初，中国一些省份开始了扶贫行动，主要目标是解决贫困地区的农村春耕困难。20 世纪 60 年代，当时的内务部党组在给中央的《关于在社会主义教育运动中加强农村社会保险工作，帮助贫下中农困难户克服困难的报告》中提出，要帮助困难的农户发展生

① 毛泽东. 毛泽东选集：第 2 卷[M]. 2 版. 北京：人民出版社，1991：179.
② 国家农业委员会办公厅. 农业集体化重要文件汇编[M]. 北京：中共中央党校出版社，1982：45.
③ 施由明，刘清荣. 从毛泽东到胡锦涛：中国扶贫开发理论的不断深化[J]. 农业考古，2007(6)：332－337.

产，增加收入，并指出这是帮助贫困农户解决困难的根本办法。这是国家第一次正式提出农村扶贫问题，并指示各地进行扶贫试点。① 20 世纪 70 年代后期，民政部派出十几个工作组，分别到各省调查了解农村贫困户和各地区的扶贫情况，并对全国的扶贫工作进行了安排。此后，中国开始逐步实施正式的、有计划的大规模扶贫开发战略。

这一阶段，国家没有明确提出专门的扶贫理念和措施，也没有专门的扶贫工作机构，但是该阶段的相关工作与一些政策依然具有扶贫的意义和效果。中华人民共和国成立之后，通过农村合作化和人民公社化运动等，国家逐渐将农民组织起来，并将其纳入人民公社的体系中，形成了农民依靠集体的保障网络。在农村，政府通过土地改革，推翻了土地私有制并逐渐形成一个三级所有的集体经济体系。② 这个时期，农民虽然缺乏生活资源，但是平均分配土地的政策在一定程度上解决了农民的极端贫困问题。与此同时，国家还在发展农村生产力方面采取了一些有效措施③，在一定程度上缓解了农村贫困问题。这些措施包括：① 在全国范围内大规模地开展基础设施建设，进行农田水利建设，改善农村灌溉设施和交通条件，有效地提升了农业生产效率。② 建立农村科技服务网络，在全国建立了 4 万多个农村科技推广站，形成了一个基本覆盖全国各地农村的农业技术推广服务网络系统，一大批先进实用的农业技术得以应用和推广。③ 建立农村合作信用体系，解

① 王瑞芳. 告别贫困：新中国成立以来的扶贫工作[J]. 党的文献，2009(5)：44 - 50.

② 林卡，范晓光. 贫困和反贫困：对中国贫困类型变迁及反贫困政策的研究[J]. 社会科学战线，2006(1)：187 - 194.

③ 张磊. 中国扶贫开发政策演变：1949—2005 年[M]. 北京：中国财政经济出版社，2007：3 - 4.

决了农村资金短缺问题。到1978年，中国已经建立由6万多个乡镇、县级农村合作信用营业机构和35万个基层网点构成的农村合作金融服务网络。④ 农村基础教育和农村基本医疗卫生事业快速发展，乡村学校和卫生所的建设、乡村合作医疗等政策的实施，促进了农村人口素质和人力资本的提升。⑤ 建立以农村五保制度和特困人口救济制度为主的农村基本社会保障体系，以划拨专项资金的方式，由民政部门负责对一些老弱病残、丧失或者缺乏劳动力的农户和受灾群众进行基本生活保障和救济。

通过这些措施，中国在当时综合国力并不强大、人民生活水平并不高的情况下，一定程度上缓解了贫困问题给国民带来的困境，保障了当时的社会稳定和国民经济的顺利发展。同时，这一时期，国家通过合作化运动和土地改革，将土地等主要农业生产资料转变为集体所有，并通过农产品的指令性低价收购和平均分配等制度，为国家的工业化建设积累了资本。

因此，中华人民共和国成立到改革开放前的这一段时期，虽然中国没有形成专门的扶贫理念、扶贫工作机构和机制，但这是中华人民共和国成立后，国家第一次大规模地缓解了贫困现象。有学者称之为“集体主义福利模式下的道义性救济式扶贫”。[①] 但还应看到，尽管国民经济和各项社会事业取得了较大发展，但是当时农村居民的生活水平普遍偏低，贫困问题有待进一步解决。

二、1978—1985年：体制改革推动农村贫困的缓解

自1978年中共十一届三中全会以来，中国开始实施改革开放政策，经济

① 黄英君，苗英振，蒋径舟. 我国政府反贫困政策回顾、反思与展望：基于社会资本投资的视角[J]. 探索，2011(5)：154-158.

体制开始由计划经济向社会主义市场经济转变，这使中国的经济得到快速增长，城乡贫困问题也得到极大缓解。邓小平同志认为："改革的性质同过去的革命一样，也是为了扫除发展社会生产力的障碍，使中国摆脱贫穷落后的状态。"①由此，在改革开放后，中国采取了通过改革不适应生产力发展的生产关系来实施反贫困战略，认为"坚持改革开放是决定中国命运的一招"，中国应该将改革开放作为消除、减缓贫困的根本途径。

从中华人民共和国成立后的中国农村贫困问题来看，致贫因素是多方面的。为了缓解农村贫困，当时的中国采取了以下措施：

第一，实行农村家庭联产承包责任制。1978 年以后，通过农村土地制度改革，人民公社制度逐渐被家庭联产承包责任制取代，农民获得了土地的使用权和收益权，农村的生产经营方式发生了根本性的改变，农户的生产积极性也得到极大的提升。此阶段，农村经济增长显著，中国粮食产量从 1978 年的 3.05 亿吨增长到 1984 年的 4.07 亿吨，增加了约 1 亿吨，农民收入水平同期也增长了 2.69 倍。② 家庭联产承包责任制的实施是 1978—1984 年农业生产高速增长最主要的原因，其贡献率为 46.89%。③ 制度改革带来了巨大的经济效益，农民生活水平得到了大幅度提高。

第二，逐步放开农产品价格，改善农产品交易条件，极大地调动了农民的积极性，使农产品产量得到提升，农民收入迅速增加，年均增长率达

① 邓小平. 邓小平文选：第 3 卷[M]. 北京：人民出版社，1993：255.

② 许庆. 家庭联产承包责任制的变迁、特点及改革方向[J]. 世界经济文汇，2008(1)：93－100.

③ LIN Y F. Rural reforms and agricultural growth in China[J]. The American economic review, 1992, 82(1): 34－51.

到了 15.1%。①

第三，发展乡镇企业，改变农村经济单纯依赖农业的格局，同时转移农村富余劳动力，增加农民的非农收入。

第四，推动农村剩余劳动力的转移。1978 年后，中国开始推行农村劳动力转移政策，部分农村劳动力被乡镇企业吸收。1984 年开始，国家允许务工、经商、办服务业的农民自理口粮到集镇落户。1985 年，国家进一步促进农村剩余劳动力向城市转移，允许农民进城设坊，从事服务业，提供劳务等。这些改革内容都促进了农村经济发展，使改革带来的经济增长收益覆盖到农村人口，同时也体现了制度改革为农村扶贫治理带来的效果。

除了上述制度改革带来的扶贫治理效果，这一阶段国家开始了具有明确指向的扶贫活动：1980 年，国家设立了“支援经济不发达地区发展资金”，专门用来支持“老、少、边、穷”地区的经济发展。后来该资金逐渐发展成为现在中国扶贫资金的重要组成部分。1982 年，国家设立专项财政拨款，成立了“三西”地区农业建设领导小组，开始对特别贫困的“三西”地区（甘肃省定西地区、河西地区和宁夏回族自治区西海固地区）进行扶贫开发，这为后来在全国范围内开展大规模的扶贫活动提供了借鉴。1984 年，国家实行“以工代赈”，以粮棉等实物或现金的形式，支持贫困地区的道路、通信、水利等基础设施建设。贫困人口则通过投工投劳的方式得到了相应的劳动报酬，增加经济收入。该扶贫工程一直延续至今，并在扶贫领域发挥着重要作用。

① 张磊. 中国扶贫开发政策演变：1949—2005 年[M]. 北京：中国财政经济出版社，2007：69.

1984年9月，《关于帮助贫困地区尽快改变面貌的通知》发布，明确提出了针对贫困地区的优惠政策，集中力量解决18个连片贫困地区的贫困问题，要求各级政府重视贫困问题的缓解。同时规定“各部门戴帽下达到贫困地区县的各项建设经费，由县政府统筹安排，集中用于关系群众切身利益的生产建设项目”。

从1978年中共十一届三中全会第一次提出中国存在大量贫困人口，到1984年扶贫方针的初步确定，中国开始真正将反贫困问题纳入国家的重要任务范围内。通过农村经济体制改革，以及国家推行的相关扶贫政策和专门的扶贫活动，农村贫困人口大幅度减少，贫困地区农村的经济社会状况得到了较大的改善，农民的经济收入和生活水平也得到了提升。同时，这一阶段的扶贫工作，尤其是“三西”地区农业建设行动的组织架构、人事安排、资金的使用等方面，为后来的大规模扶贫活动提供了重要的可以借鉴的经验。实际上，此阶段的扶贫工作已经开始瞄准特殊贫困地区（如“三西”地区），并向这些贫困地区输送实物或者资金等扶贫资源，以缓解这些地区的贫困问题。

三、1986—1993年：政府主导的大规模开发式扶贫

改革开放后到20世纪80年代中期，由于中国改革开放所带来的经济增长极大地缓解了城乡的贫困状态，由体制改革所带来的扶贫效果初显。但是，随着经济社会高速的不平衡发展和中国贫困总人口的不断减少，中国农村的贫困状况也在发生变化，更多的贫困人口集中在中西部、偏远山区和少数民族地区。20世纪80年代中期，由于经济、社会、历史、文化、自然地理条

件等多方面因素的影响，中西部地区并没有像东部发达地区那样获得快速的经济增长，发展相对滞后，生活水平依然偏低。这种情况下，经济增长的方式已经很难在短时间内帮助“老、少、边、穷”等贫困地区脱贫致富。因此，国家对这些地区的脱贫致富与发展问题给予了特别的关注。

从政策发展来看，中国在这一阶段之前采取的扶贫方式主要是救济式扶贫，这种方式虽然可以直接缓解贫困状况，但是并不能帮助贫困地区和贫困群体增强抵御风险和自我脱贫的能力，而且容易使贫困群体产生对外部支持的依赖性，从而造成扶贫政策“养懒汉”的意外后果。因此，在这一阶段，中国开始转变扶贫指导方针，从道义性、救济式的扶贫方式向制度性、规范化的开发式扶贫方式转变。所谓开发式扶贫，就是依靠国家必要的外部支持，利用贫困地区自身所具有的自然资源，进行开发性的生产建设活动，逐步形成贫困地区和贫困群体的自我积累与发展能力，促使贫困地区和贫困群体主要依靠自身力量解决温饱问题，从而脱贫致富。

1986年4月，全国人民代表大会第四次会议决定把贫困地区的发展问题列入《中华人民共和国国民经济和社会发展第七个五年计划》，这标志着中国正式把扶贫开发工作纳入国家发展战略规划。同年5月，国务院贫困地区经济开发领导小组成立，隶属于国务院的议事协调机构。之后，根据国务院统一要求，各地政府也成立了扶贫开发领导小组，负责本地的扶贫开发工作。扶贫开发领导小组的成立表明扶贫工作已成为国家的重要任务。扶贫开发领导小组的组长一般是各级政府的主要领导，其他部门的负责领导作为小组成员，他们的主要任务如下：组织调查研究；拟定贫困地区扶贫开发的方针、政策和规划；协调众多扶贫活动；解决扶贫开发建设中的重要问题；等等。自此，中国形成了从中央到地方负责扶贫开发工作的专门行政组织系统。具体来讲，不同的政府职能部门负责不同的扶贫项目和规划。

同时，国家在扶贫工作中开始划定贫困标准，用于识别贫困人口。1986年的贫困线是由国家统计局在对6.7万户农村居民家庭的消费支出进行调查的基础上计算得出的。随着经济社会发展水平的提高，贫困标准也不断提高。贫困标准的确定使扶贫开发工作更加科学、规范，同时也指明了扶贫开发的目标对象。

扶贫开发领导小组成立后，决定以县为扶贫开发的基本单位，陆续确定了331个国家重点扶持贫困县。按1985年农民人均纯收入计算，农区县低于150元，牧区县低于200元，革命老区县低于300元，即列入国家扶持范围。另外，各省（自治区、直辖市）根据当地情况，确定贫困县，并给予特殊照顾和重点扶持。国家希望通过重点扶持这些贫困县脱贫，使它们起到脱贫的带头作用。同时，国家要求贫困县要在扶贫项目规划和管理方面下功夫，确保扶贫资源的适时投放和经济效益。这也说明中国扶贫开发有了明确的帮扶对象，国家的扶贫资源投放也有了明确的瞄准机制。此时，县也成为国家在基层开展扶贫工作的一个基本单位。

在扶贫资金的投入、分配与使用方面，国家在这个时期继续执行前一阶段已经有的专项扶贫资金（支援经济不发达地区发展资金、以工代赈资金、“三西”农业建设专项补助资金）政策。同时，国务院于1986年决定从当年开始，每年发放10亿元的专项贴息贷款，用于支持全国重点贫困县的扶贫开发。这也说明前一阶段的扶贫资金的投入取得了好的效果。该阶段则是加大扶贫资金的投入力度，同时，信贷扶贫也成为国家扶持贫困地区贫困群体脱贫的重要手段与工具。国家开始改变原来单纯由财政拨款、资金无偿使用的方式，转向财政拨款和银行信贷相结合、有偿使用与无偿使用相结合的方式；改变以往分散、平均使用国家支持贫困地区扶贫开发资金和物资的倾向，提出若要解决贫困地区的重点突出问题，就要集中力量解决贫困地区贫困县的发展问题。扶贫资金由县级政府按照“统一规划、统筹安排、渠道不乱、性质不变、相对集中、配套使用、确保效益、各记其功”的原则使用。在扶贫资金的使用上强调专款专用。同时，严格按经济效益分配使用资金，哪个县项目选得准、资金管得好、经济效益高，就多给扶贫资金；反之则少给扶贫资金。由此可见，在该阶段扶贫资源的投入和使用方式上，中国的政策从全覆盖、无偿使用转变为选择性投放、有偿使用，这就使贫困地区贫困群体需要满足一定的条件才能够获得扶贫资源。

四、1994—2000年：政府主导下多元主体参与的扶贫攻坚阶段

上述信息表明，中国政府虽然在1986年就已经开始了有组织的扶贫开发工作，但是随着20世纪80年代中期到90年代初的减贫效率的下降，农村扶贫难度加大，中国扶贫进入了攻坚阶段。1994年国务院决定实施《国家八七扶贫攻坚计划》。

《国家八七扶贫攻坚计划》采取的扶贫开发措施主要有：① 重新确定592个国定贫困县作为扶贫攻坚的主战场，这些贫困县主要集中在地域偏远、交通不便、经济发展落后、生产生活条件恶劣的山区、革命老区和少数民族地区；② 继续增加国家扶贫资金投入，调整资金投放结构，将东部沿

海部分省份的信贷扶贫资金逐步转移投放到中西部省份，发展资金的增量不再向广东、福建、浙江、江苏、山东、辽宁六个沿海省份投放，财政、信贷和以工代赈资金等国家扶贫资金主要集中用于国定贫困县，并以贫困县中的贫困乡作为资金投放和项目覆盖目标；③ 在财税、信贷、经济开发等领域给予政策优惠；④ 明确提出各政府职能部门在扶贫工作中的责任和任务；⑤ 明确提出分级负责、以省为主的省长（自治区主席、市长）负责制；⑥ 要求各级党政机关、企事业单位积极与贫困县定点挂钩扶贫，不脱贫不脱钩；⑦ 要求沿海较为发达的省都要对口帮助西部的一两个贫困省、区发展经济；⑧ 鼓励群众团体、民间组织、区域和国际组织积极参与中国农村扶贫开发工作；⑨ 强化贫困县在农村扶贫中的责任，要求加强基层组织建设等。

为保证该计划顺利完成，1996 年，中央召开扶贫工作会议，并颁布《关于尽快解决农村贫困人口温饱问题的决定》，决定继续加大农村扶贫开发工作的支持力度。其主要内容有：① 进一步增加扶贫投入；② 明确分级负责、以省为主的扶贫责任制，做到资金、权力、任务、责任到省（自治区）[①]；③ 决定国家各项扶贫资金全部用于国定贫困县[②]，根据各省、自治区贫困人口数量、贫困状况和资金使用效益，统一确定扶贫资金的分配方案，由各资金管

① 责任到省是指省（区、市）级政府对扶贫开发工作全权负责。任务到省是指由省（区、市）级政府规划和组织本省扶贫开发工作全局。资金到省是指将中央分配到省的扶贫资金由省级政府根据中央有关规定和本省具体情况自行分配。权力到省是指省（区、市）级政府具有扶贫项目审定权、扶贫资金分配权、项目检查验收权和资金使用监管权等一系列权力。参见：财政部农业司扶贫处. 从“四到省”到“四到县”：扶贫开发工作责任制的探索及完善[J]. 农村财政与财务，2008(7)：6 - 8.

② 1996 年对国家级贫困县再次作出调整，国家级贫困县数量仍然是 592 个，增加了中西部地区的国定贫困县名额。

理部门按年度一次分配到省、自治区；④ 组织沿海发达省、直辖市对口帮扶西部贫困省、自治区；⑤ 要求各级党政机关、企事业单位要帮扶到县、乡、村；⑥ 扶贫攻坚要坚持到村到户；⑦ 实行党政一把手扶贫工作责任制；等等。

1999 年，国务院再次召开扶贫工作会议，进一步明确此阶段扶贫攻坚的基本目标与任务，继续要求扶贫要落实到贫困村、户，帮助贫困地区改善生产生活条件，发展种植业和养殖业，通过多种渠道增加扶贫投入，动员和组织社会各界积极参与到扶贫开发工作中。

从以上反贫困的政策和行动来看，自 1980 年开始，中国每年都投入了大量的扶贫资源用于支持贫困地区和贫困人口脱贫致富，其中最主要的扶贫资源就是扶贫资金。综合来看，这一阶段国家用于解决贫困人口温饱、支持贫困地区发展的专项资金主要有：支援经济不发达地区发展资金、“三西”农业建设专项补助资金、新增财政扶贫资金、以工代赈资金和扶贫专项贷款。为了提高这些扶贫资金的使用效益和效率，1997 年，国务院出台《国家扶贫资金管理办法》，对各项财政扶贫资金的投向、分配、管理、使用等方面进行了统一规定，决定将国家扶贫资金全部用于国定贫困县，并强调扶贫资金和项目要到达贫困村、贫困户。

总体上，中国农村扶贫开发工作在此时已经走上了规范化、制度化的道路，扶贫开发制度体系逐渐完善。作为第一个扶贫开发纲领性文件，《国家八七扶贫攻坚计划》不仅对这一阶段的扶贫开发工作具有指导意义，同时也对之后的扶贫工作具有重要的引领作用。这一阶段，国家更加注重解决贫困地区的温饱问题，同时将更多的扶贫资源向中西部贫困地区的贫困县倾斜，并且通过东部发达地区省份对口帮扶的方式，将东部的财力、人力资源向西部地区转移。此时，国家依然瞄准贫困县，不同的是，开始强调扶贫资源对贫困乡、村、户的覆盖。全国重新调整贫困县标准，以县人均纯收入低于400元为标准，确定了592个国家级贫困县，“七五”期间已经列为国定贫困县，人均纯收入不超过700元的仍然保留资格。① 国定贫困县的动态调整使扶贫资源更加有效地瞄准贫困地区，提高了扶贫资源的使用效率。从反贫困的参与主体来看，此时农村扶贫开发的主体依然是国家主导的反贫困行动，但是明显开始注重党政机关、企事业单位、国内外社会组织等多元主体的参与，贫困治理的理念初现端倪，农村扶贫开发的整体合力有所增强。政府也在扶贫开发领域开始向下授权，给予地方各级政府更多的权力，使地方政府能够根据当地实际，灵活地应对在农村扶贫中遇到的问题。政府有组织、有计划的扶贫攻坚行动也取得了明显的成效。应该说，这一阶段的扶贫计划对国定贫困县的整体发展有非常积极的影响。国家对扶贫资源的分配与国定贫困县的贫困发生率相关，也就是说，越穷的县获得的扶贫资源越多。总体上，《国家八七扶贫攻坚计划》实施期间，扶贫投资获得了高于10%的回报率。② 而且在贫困人口减少方面，经过七年的扶贫攻坚，到2000年，中国农村贫困人口从8 000万减少到3 200万，减贫成效世界瞩目。

五、2001—2012年：综合性的大扶贫阶段

进入21世纪之后，中国农村发生了极大变化，农村贫困状况也呈现出新

① 康晓光.中国贫困与反贫困理论[M].南宁：广西人民出版社，1995：313.
② 汪三贵.中国的农村扶贫：回顾与展望[J].农业展望，2007(1)：6－8.

的状态。经过长时间的农村扶贫攻坚，中国农村贫困人口的温饱问题已经得到基本解决，农村贫困人口进一步减少，并进一步向中西部地区集中。但是中西部地区的贫困人口越来越分散在贫困村。相关数据显示，2000 年，国定贫困县中贫困人口比重占全国贫困人口总数的 53.0%。2002 年确定 592 个国家扶贫开发工作重点县后①，重点县中贫困人口数量占全国贫困人口总数的 62.1%。② 这也说明原来面向贫困县的扶贫瞄准机制已经无法覆盖绝大多数贫困人口。同时，农村贫困状况也发生了较大变化，更多地表现为非收入性贫困，农户致贫因素也更加多元化和复杂化，农村内部贫富差距在扩大，贫困群体的需求也更加多元化。③ 因此，中国农村扶贫在这一时期面临诸多新的挑战和问题。在建设小康社会总体目标之下，2001 年国家颁布实施了《中国农村扶贫开发纲要(2001—2010 年)》，决定集中力量，加快贫困地区脱贫致富的进程，将扶贫开发事业推向一个新的阶段。在此阶段，中国农村贫困治理的突出特点是惠农政策与农村扶贫开发双轨并行的贫困治理，即在继续开展农村扶贫开发工作的同时，国家实施了一系列支农惠农政策，从而形成了一个多部门、多主体、多政策综合参与的“大扶贫”格局。

这一时期，中国政府对扶贫工作的重点与瞄准对象做了重大调整：把低收入人口纳入扶贫对象；针对贫困人口分散化的特点，政府在确定 592 个重点县之后，又确定了 14.8 万个贫困村作为扶持重点，瞄准对象开始由贫困县

① 在《中国农村扶贫开发纲要(2001—2010)》颁布以后，中国在中西部老少边穷地区确定了 592 个贫困县，作为国家在扶贫开发工作中重点扶持的对象。

② 楚永生. 新时期中国农村贫困的特征、扶贫机制及政策调整[J]. 宏观经济研究，2008(10)：55 - 58.

③ 左停，齐顾波，唐丽霞. 新世纪我国农村贫困和反贫困的新特点[J]. 贵州社会科学，2009(7)：46 - 52.

转向贫困村。扶贫资源瞄准重心实现下移，使扶贫项目和扶贫资源更加贴近贫困人口。同时，也将更多的贫困人口纳入扶贫工作的重点对象。相关数据显示，14.8万个贫困村中的贫困人口约占当时全国贫困人口的80%。2001年，中国政府将参与式村级扶贫开发规划作为“整村推进”项目的理念和方法。该阶段的重大扶贫举措还包括推行劳动力转移培训、产业扶持。在这一阶段，政府除了继续加大财政扶持力度，还对扶贫项目结构做了调整，增加了提升贫困人口素质和能力的扶贫项目。2005年，国家开始对贫困户进行“建档立卡”，希望以此改善瞄准机制，精准识别贫困户，将更多的扶贫资源传递到贫困户手中。

2005年10月，党的十六届五中全会提出建设社会主义新农村，作为新农村建设重要组成部分的农村扶贫工作也进入一个新的阶段。在新形势下，“十一五”扶贫规划提出不断加大扶贫工作力度和投入力度，大力推进贫困地区新农村建设的目标，并提出以下基本原则：① 坚持开发式扶贫的基本方针，辅之以救济救助式扶贫；② 优先解决绝对贫困人口，保护低收入贫困人口；③ 自然资源和人力资源开发并重；④ 注重贫困地区经济社会全面发展；⑤ 坚持政府主导、社会参与和群众自力更生相结合；⑥ 尊重贫困群体的参与权、受益权等基本原则。同时提出具体措施，包括：① 瞄准贫困群体；② 因地制宜，实施整村推进扶贫开发项目；③ 加大培训力度，提高劳动者素质；④ 抓好产业化扶贫，调整农业结构，培育增收产业；⑤ 加强扶贫资金管理，提升扶贫资金使用效益；⑥ 动员社会各界积极参与扶贫开发。

与此同时，21世纪初，中国公共财政政策开始向农村公共领域覆盖，一系列惠农政策相继出台，极大促进了农村公共基础设施建设和公共服务水平的提升，增加了农民收入，在一定程度上缓解了农村贫困问题。其中，产生了较大反贫困效应的政策有：① 农村税费改革政策。2006 年取消农业税费，减轻了农民负担。对于以农业为主要收入来源的贫困地区和贫困人口而言，农业税的取消间接地增加了农户的收入，具有显著的减贫意义。② 农村义务教育中的“两免一补”政策。这项政策从 2001 年开始实施，其中，中央财政负责提供免费教科书，地方财政负责免杂费和补助寄宿生生活费。2005 年，中央和地方各级财政安排专项资金 70 亿元，积极组织实施“两免一补”政策，共资助中西部地区农村义务教育阶段的贫困家庭学生 3 400 万人。2006 年，在西部地区开始全部免除农村义务教育阶段学生的学杂费，享受免学杂费政策的学生达到 4 880 万人。2007 年，全国农村义务教育阶段家庭经济困难的学生均享受到了“两免一补”政策。该政策的实施大大减轻了贫困家庭的教育负担，同时降低了贫困地区农村学生的辍学率，保障其基本受教育权，增加了贫困人口的人力资本。③ 新型农村合作医疗制度、农村医疗救助制度、农村最低生活保障制度等逐渐在全国范围内实施。2002 年，新型农村合作医疗制度开始在国内实施，该制度通过互助共济，减轻了贫困家庭的医疗负担。2003 年开始实施的农村医疗救助制度在更大程度上减轻了农村贫困家庭的医疗负担。医疗救助制度一方面资助农村“五保户”、贫困家庭、特困户等困难群体参加新型农村合作医疗，另一方面对医疗负担较重的贫困家庭给予一定补贴，避免农村家庭因病致贫、因病返贫。2007 年开始实施的农村最低生活保障制度按照一定标准，为因残、因病而生活困难，以及没有劳动力的农村居民家庭提供最基本的生活保障，满足其最基本的生活需求，为农村贫困群体提供最后的安全网。这一系列惠农政策和《中国农村扶贫开发纲要（2001—2010年）》的实施极大地促进了中国农村的反贫困进程。同时，贫困地区经济社会迅速发展，贫困人口生活水平得到进一步提升。

为了继续深入推进农村扶贫开发工作，2011年，国家颁布《中国农村扶贫开发纲要（2011—2020年）》（以下简称《纲要》），提出要继续加大扶贫投入力度，提高扶贫标准，坚持政府主导和统筹发展，注重转变经济发展方式，增强扶贫对象的自我发展能力，提高基本公共服务的均等化。这说明了新时期中国政府的扶贫工作已经不再只关注收入性贫困，还开始关注收入和财富分配的不平等，并希望通过扶贫开发实现社会财富的公平分配。因此，《纲要》提出要将经济社会发展水平低、交通和生态条件落后的连片特困地区作为扶贫开发的主战场，以此解决区域发展的差异问题。由此，农村扶贫依然坚持开发式扶贫，将扶贫标准以下有劳动能力的农村人口作为扶贫对象，实现扶贫开发和最低生活保障制度衔接，把社会保障作为解决温饱问题的基本手段，逐步完善社会保障体系。同时，新时期扶贫开发工作进一步强化了专项扶贫、行业扶贫和社会扶贫"三位一体"的扶贫工作格局。

2012年，国家对扶贫工作重点县进行了微调，调出已经脱贫的38个县，调入38个新贫困县，总数依然是592个。其中，中部地区有217个，西部地区有375个；属于集中连片特殊困难地区范围内的国家扶贫开发工作重点县有440个。新时期的农村扶贫工作以片为主、工作到村、扶贫到户，将更多的扶贫资金投向到户的扶贫项目中，扶贫瞄准目标进一步缩小。2014年，中共中央办公厅、国务院办公厅印发了《关于创新机制扎实推进农村扶贫开发工作的意见》（以下简称《意见》），提出了创新扶贫工作的六大机制、十项工作。《意见》明确要求建立精准扶贫的工作机制，做到对每个贫困村、贫困户的精准识别，针对致贫原因进行帮扶等。由此，国家开始将扶贫资源更多地投向贫困人口，来应对个体性贫困问题。

总体上，这一阶段农村扶贫工作已经从单纯的开发式扶贫进入了开发式扶贫和保护式扶贫相结合的新阶段①，注重经济社会的全面发展，注重扶贫开发与保护性措施的并行。这一时期的各项惠民政策和开发式扶贫的结合使贫困人口的生存状况得到进一步改善，生活质量得到提升。同时，此阶段的扶贫工作不仅瞄准区域，还瞄准贫困人口；扶贫项目审批权开始向县级政府下沉，大幅提高了扶贫工作的瞄准精准度。

六、2013—2020 年：精准扶贫阶段

党的十八大以来，以习近平同志为核心的党中央高度重视农村扶贫工作。2013 年 11 月，习近平总书记在湖南湘西考察时，首次提出了“精准扶贫”，提出扶贫要实事求是，因地制宜。要精准扶贫，切忌喊口号，也不要定好高骛远的目标。随后，中共中央办公厅、国务院办公厅印发《关于创新机制扎实推进农村扶贫开发工作的意见的通知》。2014 年 5 月，国务院扶贫开发领导小组办公室②等七部委联合印发《建立精准扶贫工作机制实施方案》，对精准扶贫工作机制、重点工作、总体布局等方面都做了详尽规划。中国精准扶贫工作开始进入实践阶段。

2015 年 6 月 18 日，习近平总书记在贵州调研时强调：“要在精准扶贫、精准脱贫上下更大功夫，做到扶持对象精准、项目安排精准、资金使用精准、

① 李小云. 我国农村扶贫战略实施的治理问题[J]. 贵州社会科学，2013(7)：101 - 106.
② 2021 年 2 月 25 日，国务院扶贫开发领导小组办公室正式更名为国家乡村振兴局。——编者注

措施到户精准、因村派人(第一书记)精准、脱贫成效精准。”

2015年,党的十八届五中全会进一步指出,要实施脱贫攻坚工程,实施精准扶贫、精准脱贫,分类扶持贫困家庭,探索对贫困人口实行资产收益扶持制度,建立健全农村留守儿童和妇女、老人关爱服务体系。① 2015年11月初,中共中央办公厅、国务院办公厅印发《深化农村改革综合性实施方案》,进一步提出:“创新农村扶贫开发体制机制。着眼全面建成小康社会、不让农村贫困人口掉队的要求,分类施策,加快健全精准扶贫工作机制,完善贫困县考核机制,完善干部驻村帮扶机制,完善扶贫资金管理机制,完善金融服务机制,创新社会参与机制,建立扶贫对象动态调整机制,完善扶贫开发与农村低保有效衔接的机制。完善片区联系工作机制,推动片区规划实施与减少贫困人口的目标相结合,将政策、项目等落到实处。抓紧研究制定扶贫开发的重大举措,确保在既定时间节点打赢扶贫开发攻坚战,加快贫困群众脱贫致富、贫困地区全面建成小康社会步伐。”

2015年11月29日,《中共中央 国务院关于打赢脱贫攻坚战的决定》出台,指出要“围绕‘四个全面’战略布局,牢固树立并切实贯彻创新、协调、绿色、开放、共享的发展理念,充分发挥政治优势和制度优势,把精准扶贫、精准脱贫作为基本方略,坚持扶贫开发与经济社会发展相互促进,坚持精准帮扶与集中连片特殊困难地区开发紧密结合,坚持扶贫开发与生态保护并重,坚持扶贫开发与社会保障有效衔接”,“到2020年,稳定实现农村贫困人口不愁吃、不愁穿,义务教育、基本医疗和住房安全有保障”。“确保我国现行标

① 新华社.中国共产党第十八届中央委员会第五次全体会议公报[EB/OL].(2015-10-30)[2020-08-01].http://www.moe.gov.cn/jyb_xwfb/s6052/moe_838/201510/t20151030_216609.html.

准下农村贫困人口实现脱贫，贫困县全部摘帽，解决区域性整体贫困。”“坚持政府主导，增强社会合力。强化政府责任，引领市场、社会协同发力，鼓励先富帮后富，构建专项扶贫、行业扶贫、社会扶贫互为补充的大扶贫格局。坚持精准扶贫，提高扶贫成效。扶贫开发贵在精准，重在精准，必须解决好扶持谁、谁来扶、怎么扶的问题，做到扶真贫、真扶贫、真脱贫，切实提高扶贫成果的可持续性，让贫困人口有更多的获得感。”2016 年，国务院印发了《全国“十三五”脱贫攻坚规划》，这是指导这一时期脱贫工作的又一重要文件，标志着我国脱贫攻坚踏上了新征程。

总体上，这一阶段的精准扶贫工作强调的是注重扶贫与扶志、扶智相结合，激发贫困群众的积极性和主动性。主张贫困地区人民要彻底摆脱贫困，就必须提升自身的思想、政治和科学文化素质。对此，党和政府尤其注重发展贫困地区的教育事业，为贫困地区提供更加良好的教育环境，有效地预防了贫困的代际传递。尤其是党的十八大以来，精准扶贫呈现出多样化的特征，电商扶贫、旅游扶贫等新型扶贫方式在扶贫工作中发挥了重要作用。在党中央的部署下，在全社会的共同参与下，新时代的专项扶贫、行业扶贫和社会扶贫“三位一体”的扶贫新格局形成。在政府与社会的共同努力下，中国农村脱贫攻坚取得了显著的成就。按现行国家农村贫困标准（即 2010 年标准）测算，全国农村贫困人口从 2012 年末的 9 899 万人减少至 2018 年的 1 660 万人，平均每年减少约 1 300 万人。2013 年，建档立卡的贫困村有 12.8 万个，到 2018 年底，还剩 2.6 万个贫困村。2020 年，在现行标准下实现农村贫困人口全部脱贫，消灭绝对贫困；实现贫困县全部摘帽，解决区域性整体贫困。

第二节 中国反贫困行动的实践特点

通过回顾中华人民共和国成立以来的扶贫历程，我们可以发现中国的扶贫过程实际上是扶贫资源自上而下的传递过程。中国的扶贫实践主要是围绕扶贫资源的传递与分配过程而开展的。在中国的扶贫实践中，国家通过完善扶贫政策体系和建立扶贫组织系统，将扶贫工作和资源的传递逐渐细化、具体化。政府在其中处于绝对主导地位。这不仅体现在制定扶贫政策和提供扶贫资源上，更重要的是建构起了一个直接面对社会贫困群体，由纵横交错的科层组织、正式和非正式交织的制度规则和庞大的官僚群体组合而成的“扶贫工厂”，所有的扶贫资源都在这个工厂中生产、分配和消费。[①] 政府在中国的扶贫实践中是最主要的行动者，承载着公共权力和扶贫资源的扶贫政策则是政府向贫困地区提供公共物品以实现反贫困目标的具体媒介。专项扶贫、行业扶贫、对口帮扶、东西部协作等具体的扶贫工作制度，实际上是将多元化的政府扶贫主体纳入扶贫实践中。因此，中国的扶贫场域主要依托于政府行政系统的科层组织，利用专门扶贫机构、其他职能部门及其人员和各种资源，通过不同层级和不同部门之间的合作开展扶贫实践。具体来讲，中国扶贫的组织框架主要依托两个不同的组织体系：一是纵向的体系，即从中央到县的专门扶贫机构，再到乡镇扶贫专干；二是横向的体系，即各层级的财政、发展与改革、交通、水利等相关职能部门。在目前的政府

① 林雪霏. 扶贫场域内科层组织的制度弹性：基于广西 L 县扶贫实践的研究[J]. 公共管理学报，2014，11(1)：27－38.

管理体制之下，地方政府职能部门需要同时接受上级主管部门和本级政府的双重领导。此外，扶贫主体的组织体系中还存在对口帮扶、东西部协作等跨层级、跨区域的形式。因此，上级政府的资金、项目等扶贫资源是在一个纵横交错的行政组织网络中传递的。

从扶贫组织体系来看，在以“属地管理”为基础，以“行政发包”为特征的中国政府体系中①，中央政府通过“委托—代理”的方式，授权地方政府承担贫困治理职能。其中，县级政府部门在自上而下的扶贫过程中处于承上启下的关键位置：一方面，承接上级政府的扶贫任务和扶贫资源；另一方面，具体负责本区域内的扶贫工作，统筹安排扶贫活动，具体负责分配、管理和使用扶贫资源，将扶贫任务和扶贫资源安排到村，传递到户。正是因为在扶贫过程中的特殊位置，县级政府在中国扶贫实践中一直是最关键的一环。从 20 世纪 80 年代中国开始出现专门的扶贫活动以来，县级政府就被赋予一定的权力。如 1983 年颁布的《关于支援经济不发达地区发展资金管理暂行办法》中，提出发展资金由县根据实际情况统筹安排使用；1984 年颁布的《关于帮助贫困地区尽快改变面貌的通知》中，规定各部门下达到贫困地区的各项建设资金，由县政府统筹安排使用，集中用于和群众切身利益密切相关的生产建设项目；《国家八七扶贫攻坚计划》实施期间，扶贫资金开始集中投向贫困县，而且县内的扶贫项目经县扶贫开发领导小组批准后进入项目库。此时期，中央政府开始将权力下放到省一级，但是在具体的扶贫实践中，还是需要县级政府来统筹安排扶贫项目和扶贫资金的分配与使用。之后，国家继续将权力下放，提出责任到县、权力到县、资金到

① 周黎安. 转型中的地方政府：官员激励与治理[M]. 上海：格致出版社，2008：54.

县、任务到县，赋予了县级政府更大的自主权，让县根据当地的实际情况审批扶贫项目，决定扶贫资源的分配和使用，以便节省扶贫管理的行政成本，提升扶贫工作效率。因此，在政府主导的扶贫实践中，县级政府部门对扶贫资源的分配、管理和使用情况对扶贫绩效具有非常大的影响。

在扶贫资源的分配、管理和使用方面，政府主导的扶贫工作具有明确的部门机构边界，扶贫资源呈现专项化和部门化。如扶贫开发领导小组办公室（简称扶贫办）管理财政扶贫资金（发展资金和新增财政扶贫资金），主要用于培育特色产业，改善贫困地区农民生产生活条件，提高扶贫对象就业和发展能力等；发展与改革部门管理以工代赈资金，主要用于乡村公路、农田水利、人畜饮水、小流域治理等，与贫困地区经济发展和农民脱贫致富有关的农村小型基础设施建设项目；民族工作部门管理少数民族发展资金，主要用于支持少数民族地区发展，改善少数民族农村生产生活条件；农业银行管理信贷扶贫资金，主要用于支持贫困地区经济发展，支持贫困户发展生产；林业部门管理国有林场扶贫资金，主要用于改善贫困地区林场的生产生活条件等。

由此可见，在扶贫的组织体系中，不同的部门承担着不同的职能，不同的项目和资金也来源于不同的上级部门，并根据用途由相应的部门机构分别进行管理和使用。每个部门都被赋予一定的权限和职责，而且从中央到县，再从县到村，具有不同的层级划分，各自都遵循着韦伯所说的非人格化[①]的制度与规则。按照韦伯的观点，这种科层体系是人类支配方式中最理性的。他认为，这种高度专业化、职业化、非人格化、以目的合理性为基本取向

① 韦伯. 支配社会学[M]. 康乐，简惠美，译. 桂林：广西师范大学出版社，2010：25.

的科层组织结构可以消除环境的不确定性,从而达到最高的管理效率。① 但是,韦伯意义上的科层组织毕竟是一种理想类型,现实中的科层组织往往表现出一些“负功能”。② 中华人民共和国成立以来,在中央政府主导下开展的农村扶贫工作本质上是公共扶贫资源的分配与公共产品的生产。③ 在扶贫资源的分配和使用的实践中,面对不断分化的基层社会及其多样化的利益诉求,中国自2001年以来开始注重发展综合的扶贫体系,即从原来单纯以政府为主的扶贫模式转向一种多元主体发挥作用的综合扶贫模式。尤其是自习近平总书记提出“精准扶贫”理念以来,中国的扶贫行动越来越注重社会力量的多元参与,并以扶志、扶智为本,提供了越来越多的专业社会工作服务,旨在通过提升农村贫困人口的反贫困文化素质、能力等,来助其从根本上脱贫。

第三节　中国反贫困的路径

如上所述,自中华人民共和国成立以来,中国一直致力于对贫困的治理行动。总体上来看,中国反贫困的路径主要有产业扶贫、教育扶贫、生态扶贫、移民扶贫和社会保障扶贫五个方面。

---

① 韦伯. 支配社会学[M]. 康乐,简惠美,译. 桂林：广西师范大学出版社,2010：25.

② 默顿. 社会理论和社会结构[M]. 唐少杰,齐心,等译. 南京：译林出版社,2006：348-352.

③ 林雪霏. 扶贫场域内科层组织的制度弹性：基于广西L县扶贫实践的研究[J]. 公共管理学报,2014,11(1)：27-38.

一、产业扶贫

虽然贫困是一个复杂的多维概念，但经济贫困依然是反贫困的主要议题。因此，发展经济是反贫困的主要路径。通过国内生产总值的快速增长来解决贫困问题，一直是发展中国家反贫困的重大战略。从理论上看，这种思想的形成不可否认地受到早期发展经济学有关增长与不平等、贫困理论的影响。这一思想认为推动经济发展，打破低收入导致贫困的循环是实现脱贫的基础。这种脱贫战略的根本思路在于发展产业，以经济增长带动就业，增加居民储蓄，从而解决贫困问题。这种模式是第二次世界大战以后多数国家都采用过的产业扶贫模式。其主要特点是以发展和扶持贫困区域的特色产业为主要手段。产业扶贫的具体目标是大力扶持地方特色产业，提升贫困地区群众的自身发展能力，促进贫困区域人口脱贫致富。产业扶贫在根本上是一种“开放式＋造血式”的扶贫模式，旨在帮助改善欠发达区域的经济状况。产业扶贫的可持续性较强。

从我国的反贫困发展来看，自21世纪初以来，国内学界和政界逐渐重视产业扶贫。学者们从产业扶贫的运行机理、个案分析、模式总结等方面进行了大量研究，使产业扶贫问题逐渐成为理论研究和社会关注的焦点议题。近些年来，习近平总书记强调：“发展产业是实现脱贫的根本之策。要因地制宜，把培育产业作为推动脱贫攻坚的根本出路。”全国各贫困区域在党建引领下强化统筹协调、聚力精准施策，突出主体培育、产销对接、技术服务等关键环节，统筹做好产业扶贫、定点扶贫、片区扶贫、深度贫困地区扶贫等工作，取得了明显成效。2018年，在全国脱贫的475万贫困户中，得到产业扶贫帮扶的有353万户，占比达到74.2%。截至2019年，在建档立卡贫困户中，92%的贫困户参与到产业发展当中。产业扶贫为脱贫攻坚取得重大决定性成就提供了有力支撑。①

二、教育扶贫

教育扶贫就是通过在贫困地区普及教育，使贫困人口有机会得到他们所需的教育，掌握脱贫致富的知识和技能，提升当地人口的科学文化素质，以促进当地的经济和文化发展，并最终摆脱贫困的一种扶贫方式。根据舒尔茨提出的人力资本理论，农村贫困问题的根源不在于传统农业生产要素配置效率的低下，也不在于储蓄和投资率低于最优水平，而在于缺少对农民人力资源的投入。因此，若要摆脱贫困，就要向贫困的农民及其子女的教育进行投资。根据生命周期理论，社会成员在其生命发展的不同阶段受到的影响具有向下一阶段传递的特性，即生命周期具有内在关联性。若想阻断贫困在代际间的传递，就需要更多地关注贫困家庭子女的受教育权利。只有在贫困家庭子女的生命发展早期阶段提前介入，加大国家教育经费向贫困地区和基础教育的倾斜，才能实现教育对受教育对象的增能。

教育扶贫是我国反贫困行动的重要路径之一。治贫先治愚，扶贫先扶智。开展教育扶贫，特别是让贫困地区的孩子们接受良好教育，是扶贫攻坚的重点任务，是精准扶贫的重大举措，是阻断贫困代际传递的重要途径。作为扶贫开发战略实施的重要组成部分，教育扶贫对提升贫困地区的人口素

① 农业农村部扶贫办.发挥产业扶贫在脱贫攻坚中的根本支撑作用[J].党建，2019(11)：33-34.

质，直接提升贫困地区和贫困家庭的自我发展能力，进而从根本上消除贫困具有重要的意义和深远的影响，是贫困地区可持续发展的必由之路。新时代国家的脱贫攻坚战略明确提出扶贫的重点在于扶智，这里的“智”就是要通过教育进行扶持，即“发展教育脱贫一批”。教育扶贫的实质是通过对贫困家庭的人力资本进行投资，来帮助贫困人口彻底脱贫。

三、生态扶贫

生态扶贫不同于早先的单纯保护生态环境式的扶贫，也不同于单纯的资源开发式扶贫，它是将生态保护和资源利用、开发扶贫、发展经济有机统一在一起，是将自然资源资产、资本、财富有机统一在一起，通过有效转换，使资源资产变资本，资本变财富，最终实现扶贫目的。它有别于传统的单纯开发式扶贫中基于增量收益扶贫的做法，是更加强调资产性收益，强调增量收益与存量收益并重的一种扶贫方式。生态扶贫意在通过资产收益扶持制度，实现生态保护与扶贫开发的同步发展，建立可持续的生态资源利用保护体系，搭建生态服务消费的市场体系，是一种新的可持续发展模式与扶贫模式。

从致贫原因来看，中国的区域性贫困较为突出。在很多边远山区和地带性交汇、生态脆弱的地区，致贫的原因更多地体现在脆弱的生态环境和恶劣的地理环境上，即由于自然环境先天脆弱和资源不合理利用所导致的生态贫困。生态贫困极易衍生出其他贫困，如收入贫困、信息贫困，这严重影响了区域的可持续发展。[①] 这种贫困仅仅靠国家的资金扶持、制度、人力资

---

① 王艳慧，钱乐毅，陈烨烽，等. 生态贫困视角下的贫困县多维贫困综合度量[J]. 应用生态学报，2017，28(8)：2677－2686.

源等来改变是不够的，还必须从根源上解决问题，因此，生态型反贫困战略被提上日程。《中共中央 国务院关于打赢脱贫攻坚战的决定》中，提出了要把生态保护放在扶贫开发的优先位置，让贫困人口从生态建设与修复中得到更多实惠。2018 年 1 月 18 日，国家发展和改革委员会等部门联合下发了《生态扶贫工作方案》，该方案把生态扶贫作为精准扶贫、精准脱贫的重大举措，以扶贫开发与生态保护并重为准绳，以推动贫困地区脱贫致富与可持续发展相促进，实现脱贫攻坚与生态文明建设“双赢”为目标，采取实施重大生态工程建设、加大生态补偿力度、大力发展生态产业、创新生态扶贫方式等超常规举措，切实加大对贫困地区、贫困人口的支持力度，使贫困人口从生态保护与修复中得到更多实惠。

四、移民扶贫

贫困是人类在与自然地理环境、社会相互作用中产生的一种文化，除了社会因素，还有生态因素。长期以来，人们在“人定胜天”的思维方式指导下，过分注重对贫困的社会属性的研究，忽视了对贫困的自然属性的研究。导致在扶贫措施上只囿于救济式扶贫，其效果不尽如人意，始终未能摆脱年年扶贫却年年返贫的怪圈。尤其是在偏僻山区，那里地质灾害较多，基础设施和居住条件较差，居住空间较为分散，资源匮乏且存在潜在的居住安全问题。对于这些地区的贫困户来说，他们的生活水平得不到提高，生态环境也遭到极大破坏，移民搬迁应该是助其脱离贫困的最好选择。因此，自 20 世纪 80 年代初开始，中国开始尝试通过移民扶贫。

所谓移民扶贫，就是在扶贫开发过程中，针对不宜居住和生存环境恶劣地区的贫困群众，政府鼓励采取就地搬迁安置、跨区域安置、县域内统一协调安置、依托工业园区安置、转移就业等模式，从根本上解决困难群众的生存和发展问题。移民扶贫是扶贫工作的一项重大措施，有利于从根本上彻底改变这部分贫困群众的生存发展环境，为他们提供平等享受社会发展所带来的教育、医疗、市场、信息、交通等资源的条件；有利于原居住地的生态资源保护，真正实现经济和人口、资源、环境的可持续发展。它是从根本上解决深山区、库区、地质灾害区贫困群众温饱问题的一个有效途径。但也应看到，移民搬迁必然是一个艰难的过程。移民搬迁带来的生活环境变化、社会关系陌生化，再加上可能伴随的就业问题，搬迁户必然产生诸多不适感和不良情绪，尤其是对一些中老年农民来说，更是如此。为此，移民搬迁之后的社区重建和新社区建设是重要的一环。为了帮助移民更好地融入新搬迁地，更好地脱贫，政府需要建立一个让居民有归属感和认同感的新社区。其中，社区营造和社区发展应成为这部分反贫困社会工作的重要内容。

五、社会保障扶贫

“社会保障扶贫”是指在贫困地区提供以社会养老保险、最低生活保障和医疗保险为主要内容的扶贫服务。具体来说，是在安老、济困、扶幼、助残等领域采取的社会保护和救助性扶贫措施。社会保障承担着兜底性功能，其作用对象主要集中在“无法依靠产业扶持和就业帮助脱贫的家庭”。

社会保障扶贫的主要措施有：一是实现农村低保与精准扶贫在对象和识别标准上的衔接。对缺乏发展能力的贫困户采取社会保障“兜底”，加大省级财政统筹力度，逐年提高农村低保标准，按照量化调整机制科学调整，确保不低于国家扶贫标准。二是提高贫困地区基本养老保障水平，建立适应农村老龄化形势的养老服务模式，统筹推进城乡养老保障体系建设，在贫困地区全面建立城乡居民养老保险制度。三是实施对留守和残疾人员的关爱政策。具体措施包括：重点关注留守儿童的心理行为问题和精神疾病，保障留守儿童能够及时获得心理辅导和行为矫正；建立多部门合作机制，加大对留守妇女的保护和救助力度，加大对拐卖妇女犯罪行为的打击力度；建立残疾人关爱制度，在人员照顾和资金扶持方面加强对残疾人的帮扶力度。

第十一章　中国“后脱贫时代”反贫困社会工作的发展趋势

我国在2020年消除了绝对贫困，但消除绝对贫困问题并不意味着贫困现象在我国历史性的终结，贫困始终是所有国家必须长期面对的挑战。此外，已脱贫人口因支出过高、生计脆弱、社会风险等因素导致返贫的可能性依然存在。转型性次生贫困和相对贫困人群将成为生活困难人群的新主体，致贫因素和贫困形态也将发生变化。因此，我们需要思考的是，在“后脱贫时代”，我们应该如何重新审视贫困问题？在“后脱贫时代”，社会工作有何用武之地？反贫困社会工作范式应该如何转型？

第一节　重新理解贫困：“后脱贫时代”贫困概念的转型

在“后脱贫时代”，绝对贫困已不复存在，但这并不意味着“贫困”问题在中国的绝对消除，而是预示着"贫困"概念在中国的转型。中共十九届四中全会明确提出要"坚决打赢脱贫攻坚战，巩固脱贫攻坚成果，建立解决相对贫困的长效机制"。2020年，《中共中央 国务院关于抓好"三农"领域重点工作确保如期实现全面小康的意见》提出"扶贫工作重心转向解决相对贫困"，这表明相对贫困成为"后脱贫时代"扶贫工作的核心内容。那么，何谓相对贫困？相对贫困有何特点与特征？笔者认为，在"后脱贫时代"，中国的相对贫困问题并不必然反映在绝对收入的高低上，而主要体现在收入不平等、社会公共服务欠缺、社会风险增加等方面。可以说，"后脱贫时代"的相对贫困概念具有相对性、多维性、风险性等特征。

一、相对性：贫困内涵的改变

绝对贫困的概念较为明确，主要基于一种生理性的需要，有可测量的具体指标。与绝对贫困不同，相对贫困是一个较为复杂的概念，其最明显的特征就是相对性。[①]

相对贫困这一概念最早由富克斯（Fuchs）提出，他使用全部人口收入分布中值（或均值）的一定比例来认定贫困人口，把贫困线确定为全国人口收入分布中值的50%[②]，这种确定相对贫困线的方法被沿用至今。当下，欧洲联盟测度其成员国相对贫困水平时，采用的就是中位收入标准，将收入水平位于中位收入60%之下的人口归入相对贫困人口。相对贫困这一概念在我

① 向德平，向凯. 多元与发展：相对贫困的内涵及治理[J]. 华中科技大学学报（社会科学版），2020，34(2)：31-38.

② FUCHS V R. Redefining poverty and redistributing income[J]. The public interest, 1967, 14(8): 86-94.

国学界也受到热议，有学者认为相对贫困更多的是一种人们的收入虽能够满足基本的生活需要，但不足以达到社会的平均生活水准，所带来的脆弱、无发言权、社会排斥等社会层面的“相对剥夺感”。① 也有学者认为相对贫困更多地表现为一个从低到高的连续分布，涉及主体感受和客体评价，并反映了对于贫困认知的发展过程。② 另有学者强调相对贫困的时间性和空间性，认为相对贫困是指在当地特定的生产、生活条件下，在特定的经济社会发展约束下，个人或家庭获得的合法收入虽然可以维持家庭成员的基本生存需求，但是无法满足当地条件下所认为的其他基本生活需求的状态。③

由上可见，绝对贫困与生理需要相关，而相对贫困与分配密切相连。贫困是相对的，也是动态的，随着经济发展和生活水平的提高，贫困的最低标准也会相应提高。可以说，相对性是相对贫困的本质，主要体现在相对剥夺感、主客观相对性、时空相对性等多个层面。

二、多维性：贫困外延的拓展

贫困意味着匮乏，是一个多维度的概念。1985 年，阿马蒂亚·森系统阐述了“能力方法”，突破了以经济衡量贫困的传统标准。此后，学界对贫困的理解从最初的“经济匮乏”，发展为“能力不足”，再进化到“权利缺失”，以一

① 郭熙保. 论贫困概念的内涵[J]. 山东社会科学，2005(12)：49－54.
② 关信平. 论现阶段我国贫困的复杂性及反贫困行动的长期性[J]. 社会科学辑刊，2018(1)：15－22.
③ 邢成举，李小云. 相对贫困与新时代贫困治理机制的构建[J]. 改革，2019(12)：16－25.

种多维视角看待贫困逐渐成了共识。① 随着经济与社会的发展，贫困的概念处于不断拓展的过程中，因此，当下我国的相对贫困也是一个多元的命题，具有多维性。

“后脱贫时代”我国的经济增长虽然在物质维度上改善了人们的生活，但贫困在教育、健康、医疗等多个领域依然存在。② 传统意义上的绝对贫困不再是这一阶段扶贫工作的目标，单一的收入贫困统计已经无法客观反映真实的贫困状态。这意味着“后脱贫时代”中国的贫困不再是愁吃、愁穿和差钱的问题，而是愁健康、愁教育和愁发展的问题。对此，有学者指出，在“后脱贫时代”，转型贫困群体和潜在贫困群体是扶贫的主要对象，其贫困特点是多维度的。③ 有学者进一步指出，“后脱贫时代”贫困人口在教育、医疗、住房、社会地位、发展机会等多个层面仍处于相对缺乏的状态。④ 可以说，脱贫攻坚缓解了经济层面“贫”的问题，但社会层面“困”的问题却日益凸显。⑤ 因此，“后脱贫时代”中国的贫困呈现出多维特征，需要从经济发展、社会发展、教育水平、生态环境、信息获取等多个维度加以审视，甚至可以将精神健康、数字鸿沟、科技发展视为测量贫困的重要指标。

---

① 王婴，唐钧. 现代贫困研究：从绝对到相对再到多维[J]. 河海大学学报(哲学社会科学版)，2020，22(6)：83－89.

② 张立冬. 中国农村多维贫困与精准扶贫[J]. 华南农业大学学报(社会科学版)，2017，16(4)：65－74.

③ 李小云，许汉泽. 2020 年后扶贫工作的若干思考[J]. 国家行政学院学报，2018(1)：62－66.

④ 沈扬扬，詹鹏，李实. 扶贫政策演进下的中国农村多维贫困[J]. 经济学动态，2018(7)：53－66.

⑤ 王小林，冯贺霞. 2020 年后中国多维相对贫困标准：国际经验与政策取向[J]. 中国农村经济，2020(3)：2－21.

总之，在“后脱贫时代”，随着“贫困”概念外延，我国贫困问题不再是单纯的经济现象，而是集经济、社会、自然等因素于一体的复合现象。我们不能只关注收入水平，还要关注影响个体发展的多方面因素，建立多维贫困标准。

三、风险性：致贫重心的转移

贺雪峰认为，经过几十年的努力，中国终于消灭了绝对贫困，进入反贫困的新阶段。由于存在自然风险、社会风险、市场风险，相对贫困总是存在的。① 可见，在“后脱贫时代”，风险性亦是相对贫困的主要特点之一。② 此外，贫困还具有脆弱性。③ 脆弱性反映的就是穷人容易受到来自各种自然风险、社会风险和市场风险的冲击。这种视角将贫困归结于风险性因素的影响，加深了人们对贫困及其成因的理解。

资源、机会的缺失和风险的存在是两大致贫原因。在绝对贫困时期，前者是主要致贫原因；在相对贫困时期，致贫原因则不断向后者转移。在“后脱贫时代”，收入的高低已不必然成为评定一个家庭是否贫困的决定性因素。即便一些群体的收入高于绝对贫困线，但是由于资产和社会保障不足以抵御风险，在疾病、自然灾害、环境和其他风险的冲击下，他们也有可能成为“潜在贫困人口”，形成一种由社会风险造成的相对贫困。此外，在“后脱

① 贺雪峰. 论后扶贫时代的反贫困战略[J]. 西北师大学报(社会科学版)，2021，58(1)：14－21.

② 陆汉文，杨永伟. 从脱贫攻坚到相对贫困治理：变化与创新[J]. 新疆师范大学学报(哲学社会科学版)，2020，41(5)：86－94.

③ 《2000/2001年世界发展报告》编写组. 2000/2001年世界发展报告：与贫困作斗争[M]. 世界发展报告翻译组，译. 北京：中国财政经济出版社，2001：15.

贫时代"，扶贫政策将会逐渐淡出，部分脱贫人口由于自身条件有限，在遇到经济下行、市场波动、自然灾害或临时灾难时，很可能出现重返绝对贫困的现象，特别是部分地区受到自然条件和基础设施的制约，风险抵御能力相对较低，实现长期稳定脱贫难度很大。故而，有效防止已脱贫的人口因抵御风险的脆弱性而返贫，是"后脱贫时代"需要高度重视并努力规避的重大问题。

综上所述，在"后脱贫时代"，贫困的内涵已从原有的绝对性向相对性转变，贫困的外延已从单一的经济维度向多维度拓展，致贫原因的重心也因社会风险的增加而不断转移。"后脱贫时代"的相对贫困离我们的生活越来越近。随着绝对贫困问题的解决，我国扶贫工作的重心已逐步转向解决部分特殊贫困群体的基本生活保障问题；随着经济贫困问题的不断缓解，扶贫内容已逐步向生活领域倾斜；随着贫困特点的变化，扶贫的方式方法已从事后补救向生活化预防转型。笔者认为，在"后脱贫时代"，贫困概念是一个复杂的范畴，反贫困实践是一个持续的过程，我们可以尝试将"后脱贫时代"的贫困与反贫困问题放置于人们的生活世界中加以理解，从而思考"后脱贫时代"反贫困社会工作的未来路径。

第二节 "后脱贫时代"社会工作介入反贫困的可能

自精准扶贫战略实施以来，社会工作以其独特的助人理念、先进的理论视角、科学的方法技术在我国扶贫领域发挥了积极的作用。但是"后脱贫时代”中国贫困问题的特质已经发生了变化，国家和政府所采取的扶贫政策和实施的扶贫措施也会做出相应的改变。那么，“后脱贫时代”是否还有社会工作介入的空间与可能？反贫困社会工作在“后脱贫时代”是否还有存在的必要？我们认为，社会工作是以一定的价值理念和科学精神为指导，综合运用专业知识、技能和方法，为有需要的个人、家庭、群体、组织和社区提供专业社会服务，帮助其整合社会资源，协调社会关系，预防和解决社会问题，恢复和发展社会功能，促进社会和谐的职业活动。无论在什么时期，都会存在一定的社会问题、社会矛盾和社会服务需求，故而，社会工作都有其存在的必要和可能。反贫困社会工作是社会工作在贫困领域的应用，是一种应用社会工作专业方法应对贫困问题的实践活动，尽管贫困这一概念在“后脱贫时代”已经发生了变化，但社会工作依然有介入的可能。

一、相对贫困的介入：作为一种利益协调者的社会工作

在“后脱贫时代”，反贫困实践的重点和重心已从消除绝对贫困转向减缓相对贫困，我国扶贫开发也相应地迈入缩小个体差距、减少发展不平衡、追求社会公平正义的新阶段。当代社会工作把实现社会公正作为自己的核心价值理念，注重社会资源的合理分配与社会利益的协调，并通过专业服务实现社会公正。因此，作为一种利益协助者，社会工作能够有效减缓和消除相对贫困，在“后脱贫时代”的反贫困实践中必能发挥重要的作用。

从政策层面看，社会工作通过服务、宣传、影响社会政策等方式，帮助弱势群体争取和维护其合法权益。社会政策遵循一定的程序，动员、利用、分配各种社会资源，保障弱势群体的基本权益，合理有效地协调社会各阶层的

利益关系，维护社会公平。在这个过程中，社会工作通过社会财富的第二次分配，能够对社会不平等和贫困现象进行有目的的干预。它特别关注社会中的留守儿童、留守妇女、残障人士等弱势群体，重点满足弱势群体的基本需求，能够起到兜底和补缺的作用。

从实践层面看，社会工作已经发展出一套专门的技术与方法，帮助受助对象发挥内在潜力，运用外在资源帮助受助对象协调社会关系、解决社会问题，满足受助者的物质需求和精神需求。具体而言，社会工作在帮助受助者的过程中发挥的功能主要有：通过专业的方法帮助有困难、有需要的贫弱群体获得社会资源；帮助受助者建立社会关系网络和社会支持网络；帮助受助者开发潜能，提升个人的能力。社会工作平等、尊重、助人自助、和谐互动的专业理念与助人、救难、解困、发展的专业功能，对保障社会成员，特别是贫弱群体的权益、协调社会利益关系、维护社会公正具有重要作用。

二、多维贫困的介入：作为一种多面综合体的社会工作

如上所述，在“后脱贫时代”，贫困的外延已突破单一的经济标准，转而成为一种多维度的范畴。当前，许多学者都认为“后脱贫时代”的反贫困创新应与乡村振兴战略有机结合起来。如有的学者提出，应广泛地使用非收入的指标，能力、教育、文化等一系列指标应被纳入观察和测评贫困的范畴。① 有学者认为，科技创新、教育革新、普惠金融、制度创新、社会创业和跨

① 郝晓薇，黄念兵，庄颖．乡村振兴视角下公共服务对农村多维贫困减贫效应研究[J]．中国软科学，2019(1)：72－81.

边界协同六个主要维度是今后反贫困的主要内容。① 还有的学者将收入、教育、健康和生活条件定义为今后贫困测量的四个维度，指出农村的“多维隐性贫困”问题是“后脱贫时代”关注的重点。②

由此不难看出，在“后脱贫时代”，我们应该从经济、教育、制度、社会、健康、科技、生活等层面介入贫困。社会工作有着多元化的服务领域、多元理论范式、多元方法模式，是一种社会治理的多面综合体，要求从业者具有相当丰富、全面的知识技能。因此，社会工作能够介入的领域甚多，介入的空间也甚广，能在“后脱贫时代”的反贫困领域中发挥十分重要的作用。

三、风险贫困的介入：作为一种社会保障机制的社会工作

贫困是客观存在的社会现实，是可以被感知、体验和认识的。随着各类现代风险事件的发生，作为世界各国反贫困的主要政策工具和手段，社会保障的产生、发展和变化直接与人们对贫困问题的认识和理解相关，与贫困归因、贫困风险的来源和特点相关。

社会工作是抵御和治理风险的重要力量，甚至可以成为一种社会保障机制。因此，社会工作在应对风险型贫困中能够发挥重要的作用。首先，从政策层面上，社会福利与社会工作之间具有同源、同构、共变和共生的内在逻辑关系，也有学者将社会工作者看作一种社会福利的发送体。因此，社会

① 陈劲，尹西明，赵闯，等. 反贫困创新：源起、概念与框架[J]. 吉林大学社会科学学报，2018，58(5)：33－44.

② 贾海彦，王晶晶. 后精准扶贫时期农村隐性贫困的精准识别与治理：基于异质性视角的贫困农户微观数据分析[J]. 河北经贸大学学报，2019，40(4)：65－76.

工作是社会宏观层面预防与抵御风险的一道保障线。① 其次，在社区和组织层面，社会工作能够通过赋权，借助多元的主体，发挥各类社会组织的主动性，积极搭建风险防控平台，提升全社会对风险的应对能力。最后，从个体层面来看，社会工作能够从服务对象出发，挖掘服务对象的潜能，引导他们自己面对生活、改变环境，并借此努力将服务对象培育成具有能动性、积极参与志愿行动的公民，从而使他们积极主动地面对生活中的各种风险。

第三节　“后脱贫时代”反贫困社会工作的转型

在中国“贫困”概念转型的背景下，社会工作需要重新反思和定位自己。在“后脱贫时代”，反贫困社会工作需要实现理念的转换、方法的革新和内容的拓展，最终实现自身的再定位和再思考，进行全方面、立体化的范式转型。

一、从修复者到预防者：反贫困社会工作角色定位的转换

“后脱贫时代”是一个高风险的时代。在全球化的冲击下，我们生活的世界充满了错位和不确定性，是一个“失去控制的世界”。吉登斯将风险划分为“人为的风险”和“外部的风险”两种，并认为当代社会的风险更多的是“人为的风险”，即由于人的活动带来的风险，包括行为、经济、技术、政治、组织等方面的风险。由于我国社会转型的现实，农业生产方式与现代工业化

① 彭华民. 中国组合式普惠型社会福利制度的构建[J]. 学术月刊，2011，43(10)：16－22.

生产模式同时并存，这使大量传统的风险和现代意义的风险共同存在。但在“后脱贫时代”，随着工业化、市场化、城市化的进一步推进，“人为的风险”开始增加，“外部的风险”不断减少。因此，作为社会福利的发送体，社会工作将难以回应即将面临的诸多困境，无法很好地处理新的风险对社会产生的诸多不良影响。因此，社会工作需要进行相应的调整，以更好地应对这种社会的转型。

在“后脱贫时代”，反贫困社会工作不能再将自己的视野局限于个案、小组或社区活动，而是要将它们放置于一个充满风险和不确定性的转型社会中，将个人如何面对这种风险社会、社会如何平稳转型作为自己的理论关怀和实践目标。① 因此，未来的反贫困社会工作要努力从修修补补的思维中解放出来，逐步回归到以人为本的理念，把自己视为风险转型和社会变革的行动者，将预防社会风险的发生作为自身的重要任务，强化“事先预防”思维，以有效地应对风险社会中的人为风险的不确定性。此外，反贫困社会工作还应推动建构社会风险预警机制，构筑“以人为本”的风险预防和治理机制，实现对贫困问题的预防。

二、从单一到多元：反贫困社会工作介入领域的转移

从目前我国反贫困社会工作的介入重点来看，其在地区上更加关注农村贫困，在领域上更加关注经济贫困，在主体上更加关注建档立卡贫困户。但是在“后脱贫时代”，随着“我国现行标准下农村贫困人口实现脱贫、贫困

① 姚进忠．风险社会治理的社会工作策略：基于吉登斯第三条道路的剖析[J]．社会主义研究，2014(4)：125－130.

县全部摘帽、解决区域性整体贫困问题”目标任务的完成，反贫困社会工作的重点领域也会发生转移。

首先，在“后脱贫时代”，过去大家认为不那么严重的城市贫困问题，特别是相对贫困问题会更加凸显出来。届时，虽然大部分人口仍然居住在农村，但随着我国城镇化和工业化的发展，农村劳动力更多转移到城市的趋势不可避免，会有越来越多的、大量从农村短期或长期流动到城市的人口。城市化不断吸纳农村人口，贫困也转移到城市，表现为部分人口收入的极端不稳定性或者没有收入来源。简言之，贫困问题将会更多地从农村地区向城市转移。因此，反贫困社会工作的介入领域也应向城市转移，城市反贫困社会工作应成为我们关注的重点。

其次，在“后脱贫时代”，经过前些年大力度、集中的脱贫攻坚，仍有一些弱势群体处于相对贫困的状态，面临较严重的发展和扶贫问题。如空巢老人、深度贫困地区的精神障碍患者、残疾人等弱势群体的贫困问题依然需要我们关注，依然需要反贫困社会工作的不间断介入。

最后，在“后脱贫时代”，单一的经济贫困已经成为过去，健康、文化、能力等多维度的贫困问题成了需要我们关注的重点。发展性社会工作、金融社会工作等应从单一的经济领域跳出，增加社会维度、文化维度，建构出一种全方位、立体化的反贫困社会工作。

三、从扶贫到助心：反贫困社会工作方法理念的革新

当前，社会工作对反贫困领域的介入在本质上是一种功能主义取向。社会工作强调受助者的问题倾向，主张运用社会工作专业知识和方法来解

决贫困问题。从本质上看，这是一种病理学取向的社会工作思维，即将社会工作者视为专家，以主导整个服务过程。虽然反贫困行动强调了社会工作“助人自助”的价值理念，但“助人自助”却是以提升扶贫对象的经济水平和生存能力为主，仍有强化扶贫对象的依赖性、弱化扶贫对象的自主性的风险，并未实现“扶贫先扶志，助人先助心”的脱贫目标。在“后脱贫时代”，随着绝对贫困成为过去时，扶贫对象的经济水平和生存能力已经不再是社会工作关注的重点，社会工作更应将培养扶贫对象积极向上的心智作为关注的重点。当然我们也应看到，这种积极向上的心智不一定是以经济为导向的。我们要将单纯的理性化思维与功利主义思想排除，聚焦如何形成一种传播“社会正能量”的社会工作，从而让每一个扶贫对象通过自身的努力脱贫，成为一个有益于社会的人。

第十二章　“后脱贫时代”反贫困社会工作理论的范式转型

相对贫困是我国社会主要矛盾转化的体现。中国特色社会主义进入新时代，我国社会主要矛盾已经转化为人民日益增长的美好生活需要和不平衡不充分的发展之间的矛盾。因此，相对贫困并不必然反映在绝对收入上，而具有主观与客观双重属性。在客观维度上，相对贫困反映的是发展的不充分和分配的不平衡；在主观维度上，相对贫困包含了更高层次的社会心理需要，体现出幸福感的不足。可见，在追求美好生活的“后脱贫时代”，相对贫困具有一定的主观情感意涵。相对贫困治理不仅需要追求一种经济的发展与社会的公正，同时也需要主观维度上的情感关怀。因此，“后脱贫时代”需要反贫困社会工作理论范式转型。本章主要结合我国精准扶贫和脱贫攻坚的历史过程，以及当下的现实情境展开讨论。

第一节　社会工作助力脱贫攻坚的理性范式

我国的扶贫开发、脱贫攻坚在政策执行上存在一定的难题，一些地区和群体的贫困问题难以用单一的物质扶贫方法加以解决。此外，“精英俘获”“瞄准偏差”“不可持续”等问题成为扶贫工作中“难啃的骨头”。这为社会工作的介入提供了空间，使反贫困社会工作的发展得以可能。可以说，作为一门助人的专业和职业，社会工作以其独特的助人理念和视角方法，按科学的程序和标准开展工作，在扶贫领域有着显著的优势，与反贫困实践高度耦合。① 具体而言，在脱贫攻坚的过程中，反贫困社会工作理论主要强调以下三种模式。

第一，以增能为核心的发展性社会工作。20 世纪 90 年代以来，吉登斯等学者开始倡导发展性社会政策。随后，以“增能”为核心的发展性社会工作产生。我国地域辽阔，人口众多，发展性社会工作尤为适合。在我国精准扶贫和脱贫攻坚实践过程中，发展性社会工作的运用已有不少案例，关于发展性社会工作的研究也较多。向德平和程玲在对发展性社会工作脉络系统梳理的基础上提出，发展性社会工作在我国反贫困领域具有巨大的介入空间。② 蒋国河等认为，发展性社会工作秉承“助人自助”的理念，以自我发展

① 王思斌. 精准扶贫的社会工作参与：兼论实践型精准扶贫[J]. 社会工作，2016(3)：3 - 9.

② 向德平，程玲. 发展性社会工作的脉络、特点及其在反贫困中的运用[J]. 西北师大学报(社会科学版)，2019，56(2)：47 - 52.

和自我赋能为导向，在扶贫领域能够形成发展的内生动力，具有持续功效。①邓锁认为，发展性社会工作能够将贫困者的生计发展嵌入在关系性脉络中，是一种经济与社会双重赋能的反贫困模式。②

虽然发展性社会工作以受助者可行能力建设为核心，强调经济与社会的协同发展，是对早期救济式扶贫的一种回应，但脱贫能力的提升并不意味着贫困问题得以彻底解决。当下，农村地区村民能力提升之后却缺乏发展动力的现象并不少见。

第二，以金融能力和资产建设为重点的金融社会工作。20世纪90年代初，以金融能力与资产建设为核心的金融社会工作逐渐形成，成了反贫困领域的一种新兴范式。③ 金融能力与资产建设构成了金融社会工作的基本理论框架，金融教育、金融咨询、金融训练、金融治疗、资产建设等构成了金融社会工作的实践手法。在中国社会经济环境变迁的大背景下，金融社会工作能够结合金融与财务的知识，有效地回应反贫困社会工作经济议题和财务技能缺失的问题，因而在反贫困社会工作实践中受到关注，也引起学术界探讨。我们应从社会工作教育和实践两个方面思考金融社会工作的发展路径。李迎生认为，金融社会工作能够提升反贫困的实际效能，如今，我国发展金融社会工作的条件也已具备，因此在我国，金融社会工作是一种反贫困的重要趋势。④ 王

① 蒋国河，平卫英，孙萍. 发展性社会工作视角下的农村反贫困实践：W县Y村妇女互助储金会的案例分析[J]. 江西财经大学学报，2018(6)：94-103.

② 邓锁. 经济赋能与社区融合：以一个西部地区的反贫困实践为例[J]. 中国农业大学学报(社会科学版)，2019，36(1)：59-69.

③ 方舒，兰思汗. 金融社会工作的本质特征与实践框架[J]. 社会建设，2019，6(2)：14-19.

④ 李迎生. 中国社会工作转型与金融社会工作发展[J]. 西北师大学报(社会科学版)，2020，57(3)：95-101.

思斌也肯定了社会工作增强贫困群体金融能力的重要性和必要性，认为金融社会工作是一个给社会工作扶危济困带来机会与挑战的全新领域。①

虽然金融社会工作重点强调经济的发展，能够长期而有效地解决贫困地区的绝对贫困问题，但人们对美好生活的追求并非仅仅体现在经济维度上，面对脱贫后农村地区的诸多社会问题，金融社会工作还难以解决。

第三，从个体视角转向系统视角的生态系统社会工作。生态系统理论主要从一般系统理论发展而来，回应社会工作领域中“社会”的缺失，强调“人在情境中”。社会工作参与反贫困实践，应通过主体系统、服务对象、工作过程、实施效果四大系统的联通联动，来实现脱贫的良好效果。② 李迎生和郭燕认为，应根据服务对象所处、所需的不同生态系统来制定帮扶方案，从而促使服务对象个人的生存环境恢复正常。③ 陈星星和徐选国将生态系统的概念从社会环境拓展至自然环境、生态环境，进而提出了绿色社会工作的新论述。④ 可以说，从个体视角向系统视角的转变是反贫困社会工作发展的重要方向。⑤ 反贫困社会工作的成功离不开系统与主体能力的有力结合，单一因素很难在其中发挥作用。生态系统视角下的反贫困社会工作着重关

---

① 王思斌.金融增能：社会工作的服务领域和能力建设[J].社会建设，2019，6(2)：3－6.

② 金昱彤.社会工作参与精准扶贫：从救助个案到改变系统[J].甘肃社会科学，2017(6)：165－170.

③ 李迎生，郭燕.推动社会工作精准介入反贫困实践[J].中国人民大学学报，2018，32(5)：92－103.

④ 陈星星，徐选国.绿色社会工作：迈向生态环境关怀的社会工作新论述：兼论对我国社会工作介入生态文明建设的启示[J].华东理工大学学报(社会科学版)，2018，33(3)：1－10.

⑤ 关信平.社会工作介入社会救助的需求、能力及体制机制分析[J].湖南师范大学社会科学学报，2017，46(1)：32－38.

注个体与环境各要素之间的相互作用，以及系统内与系统间的相互关系，这体现出了社会工作既有助于揭示致贫的深层原因，也能推动精准扶贫政策得以高效落实，更能助推贫困农户脱贫和可持续发展的生态体系的形成。

虽然生态系统社会工作超越了单一的经济维度，将社会建设和环境保护纳入了反贫困社会工作的范畴，但在“后脱贫时代”，农村精神贫困成为亟待解决的难题。对此，生态系统理论稍显乏力。

通过对反贫困社会工作范式的梳理，不难发现，社会工作助力脱贫攻坚大都聚焦于促进贫困地区经济发展和维护贫困地区社会公正，可以说，现有的反贫困社会工作范式更多的是一种“理性扶贫”。在精准扶贫过程中，社会工作提倡的“理性扶贫”能够克服“瞄准偏差”和“不可持续”两大难题，因此在解决绝对贫困的时代，能够发挥重要作用。然而，2020 年后，现行标准下的绝对贫困问题已然解决，届时单一强调经济发展和社会公正的“理性扶贫”已经不能满足贫困地区追求美好生活的全部需求。因此，在“后脱贫时代”，我们要关注贫困地区的情感和价值问题。

第二节 社会工作治理相对贫困的情感范式

早期理性主义下的贫困治理虽使贫困地区的生计问题得到了解决、经济环境得到了改善，但仍有诸多遗留问题阻碍着后续相对贫困的缓解与解决。①

① 王瑞华. 后精准脱贫时期社会工作参与乡村贫困治理的视角、场景与路径[J]. 深圳大学学报(人文社会科学版)，2020，37(4)：131－138.

笔者认为，这是理性扶贫所带来的一种“唯利主义文化”，或言之，是理性扶贫“情感维度”缺失所致。在“后脱贫时代”，面对相对贫困主观维度上的困境，金融社会工作、发展性社会工作、生态系统社会工作等理性主义下的反贫困社会工作模式已经难以应对，因而，我们需要一种社会工作介入贫困治理的情感逻辑。

情感是一个被多学科关注的概念，在社会治理和社会建设中，“情感”的因素亦是早有应用。① 何雪松认为，情感治理就是以情绪安抚和心灵慰藉为目标的制度化的或非制度化的情感回应，主要包括社会心态、群体心理、个体情绪三个层次。② 笔者认为，情感治理既是一种手段，也是一种目标。一方面，中国是一个人情社会，情感是一种动员社会参与、实现社会整合，去除消极情感、增强积极情感的社会治理手段；另一方面，情感治理也是“善治”这一治理目标的重要组成部分。③ 面对“后脱贫时代”的相对贫困，情感治理应成为一种重要范式。相对贫困具有情感维度的存在，反贫困社会工作服务对象的致贫原因虽各有不同，但在经济困难的同时，大都存有情感方面的纠结。故而，他们不仅需要通过社会工作的专业技术和社会资源，实现物质层面上的“助人自助”，也需要通过社会工作者的情感付出，达到精神层面上的自我提升。社会工作被视为一种“情感劳动”，其情感价值明显高于其他行业。④ 一线社会工作者在实务过程中，主要围绕“人”来开展服务，解决人

① 成伯清．社会建设的情感维度：从社群主义的观点看[J]．南京社会科学，2011(1)：70－76.
② 何雪松．情感治理：新媒体时代的重要治理维度[J]．探索与争鸣，2016(11)：40－42.
③ 俞可平．善治与幸福[J]．马克思主义与现实，2011(2)：1－3.
④ 郭景萍．社会工作：作为一种情感劳动的探讨[J]．广东社会科学，2007(4)：166－171.

的问题、缓解人的困难、修复人的关系、抚慰人的情感。因此，社会工作是情感治理的重要组成部分，情感是社会工作开展反贫困实践的主要途径和重要技术手段。笔者认为，情感可分为四种机制，社会工作正是有效利用这四种机制介入相对贫困的。

首先，情感是一种评价机制。情感具有丰富的内涵，高兴、愤怒、悲伤等都可以被称为情感，但情感也有积极与消极之分。在贫困治理的场域中，积极的情感抑或消极的情感成为一种评价机制。当一件事情被赋予积极的情感，人们就会争相追求；当一件事情被赋予消极的情感，人们则会避之若浼。因此，如果情感评判出现了偏差，就会出现类似“以贫为荣”的社会乱象。在“后脱贫时代”，我们不能只将贫困治理的评判标准放置在经济的维度，也应关注贫困地区的情感建构，进而纠正贫困群体情感导向中的偏差，提升贫困群体的积极情感。

其次，情感是一种动力机制。情感能量是社会互动真正的驱动力，是理性选择的总司令。① 可以说，情感是人行为的直接动力，无论团结抑或冲突，都必须由情感唤起，个人的行为或集体的行为也都是与情感联系在一起的。在贫困治理中，情感既有利于个体追求自我满足的目标，又有利于群体的团结，因此，我们可以从情感的角度唤起贫困者的脱贫动力。在“后脱贫时代”，相对贫困不再只是一种客观事实，还是一种主观感受，我们不能将致贫原因单一地归结于资源的匮乏和能力的不足。因此，我们在给受助者增能时，不仅需要给予他们能力和机会，更是需要增强他们的情感能量，协助他们运用情感的力量生成一种脱贫意识和内生动力。

① 特纳.社会学理论的结构：上[M].邱泽奇，等译.北京：华夏出版社，2001：107.

然后，情感是一种适应机制。情感与环境相关联，整个人的生长过程需要依靠情感的适应机制，包括：正确地理解、解释别人的情感，以适应社会的需要；控制自己的情感外部表现，以适应文化环境；借助情感的表达功能，以实现人际沟通和情感认同。在贫困治理中，扶贫资源的注入使贫困地区摆脱了贫困的困扰，但伴随着一种理性文化的“侵入”，贫困地区原生态的文化环境被破坏了。一些脱贫群体并不能做到对现有环境的情感认同，因此带来了一些不良之风。对此，我们需要建构一种情感适应机制，使脱贫者能够拥有一个有效的情感表达渠道，以适应现有的文化环境，实现良好的情感认同。

最后，情感是一种整合机制。诚如特纳所言，情感既能使社会结构和文化成为可能，也能使人与人彼此疏离，动员人们打破社会结构和文化传统。① 因此，情感能够实现一种社会整合，使个体通过情感的渠道，被集体吸引、着色，甚至同化，达到重塑情感共同体的效果。随着早期脱贫工作的开展，贫困地区在取得经济发展的同时，呈现出一种原子化、碎片化的状态，因此，在“后脱贫时代”，我们需要运用情感进行重新连接。

总之，在“后脱贫时代”，相对贫困成了一个亟待解决的问题，也是一个学术界关注的热点议题。社会工作是一门解决社会问题的专业，在脱贫攻坚中有着多重优势，发挥着重要的作用。因此，在解决相对贫困的过程中，社会工作自然也是不可或缺的。以往的反贫困社会工作实践及其研究大多从理性治理的视角，聚焦贫困地区的经济发展。可以说，无论从学理研究还是实践探索的角度来看，反贫困社会工作都不能忽略情感与价值的维度。

---

① 特纳，斯戴兹.情感社会学[M].孙俊才，文军，译.上海：上海人民出版社，2007：1.

实际上，在“后脱贫时代”，相对贫困这一概念具有一定的主观意涵，需要“情感式扶贫”的补足。因此，在介入贫困治理时，社会工作需要转变思路与逻辑，运用自身情感劳动的特质，在“后脱贫时代”发挥更重要的作用。需要指出的是，解决相对贫困并不能单一地强调情感治理，还应做到理性与情感的互构。具体而言，在解决相对贫困的过程中，理性治理是情感治理的基础与保障，情感治理是理性治理的补充与支撑。社会工作是一种爱的实践艺术，具有参与情感治理的优势，但治理相对贫困时，社会工作不能彻底抛弃以往理性治理的逻辑。笔者认为，解决“后脱贫时代”的相对贫困：从理性治理理论来看，社会工作主要是解决发展不平衡不充分的问题；从情感治理理论来看，社会工作主要是解决人们对美好生活的进一步追求的问题。

参 考 文 献

［1］ 迪顿.逃离不平等：健康、财富及不平等的起源[M].崔传刚，译.北京：中信出版社，2014.

［2］ 斯科伯特，孙平.发展中国家的贫困：定义、程度和意义[J].经济资料译丛，1995(4)：1－10.

［3］ 斯密.国民财富的性质和原因的研究：上卷[M].郭大力，王亚南，译.北京：商务印书馆，1972.

［4］ 雷诺兹.微观经济学：分析和政策[M].马宾，译.北京：商务印书馆，1982.

［5］ 国家统计局《中国城镇居民贫困问题研究》课题组.中国城镇居民贫

困问题研究[J]. 统计研究，1991(6)：12－18.

[6] 加尔布雷斯. 贫穷的本质[M]. 倪云松，译. 北京：东方出版社，2014.

[7] 郭熙保，罗知. 论贫困概念的演进[J]. 江西社会科学，2005(11)：38－43.

[8] 世界银行. 1990 年世界发展报告[M]. 北京：中国财政经济出版社，1990.

[9] 《2000/2001 年世界发展报告》编写组. 2000/2001 年世界发展报告：与贫困作斗争[M]. 世界发展报告翻译组，译. 北京：中国财政经济出版社，2001.

[10] 森. 以自由看待发展[M]. 任赜，于真，译. 北京：中国人民大学出版社，2002.

[11] 森. 贫困与饥荒：论权利与剥夺[M]. 王宇，王文玉，译. 北京：商务印书馆，2009.

[12] 洪朝辉. 论中国城市社会权利的贫困[J]. 江苏社会科学，2003(2)：116－125.

[13] 李刚，周加来. 中国的城市贫困与治理：基于能力与权利视角的分析[J]. 城市问题，2009(11)：55－59.

[14] LEWIS O. 贫穷文化：墨西哥五个家庭一日生活的实录[M]. 丘延亮，译. 台北：巨流图书公司，2004.

[15] 余德华. 论精神贫困[J]. 哲学研究，2002(12)：15－20.

[16] 缪尔达尔. 世界贫困的挑战：世界反贫困大纲[M]. 顾朝阳，等译. 北京：北京经济学院出版社，1991.

[17] 朱霞梅.反贫困的理论与实践研究：基于人的发展视角[D].上海：复旦大学,2010.

[18] KUZNETS S. Economic growth and income inequality [J]. The American economic review, 1955, 45(1): 1 - 28.

[19] 夏英.贫困与发展[M].北京：人民出版社,1995.

[20] 徐永祥,刘振.社会工作学科的先行者：里士满学术思想述评：写在《社会诊断》问世百年之际[J].学术界,2017(11)：221 - 231.

[21] 程萍.社会工作介入农村精准扶贫：阿马蒂亚·森的赋权增能视角[J].社会工作,2016(5)：15 - 23.

[22] 林顺利,孟亚男.嵌入与脱嵌：社会工作参与精准扶贫的理论与实践[J].甘肃社会科学,2018(3)：9 - 15.

[23] 徐选国.中国社会工作发展的社会性转向[J].社会工作,2017(3)：9 - 28.

[24] 向德平,姚霞.社会工作介入我国反贫困实践的空间与途径[J].教学与研究,2009(6)：22 - 26.

[25] 韩芳.农村社会工作概论[M].北京：知识产权出版社,2017.

[26] 葛志军,邢成举.精准扶贫：内涵、实践困境及其原因阐释：基于宁夏银川两个村庄的调查[J].贵州社会科学,2015(5)：157 - 163.

[27] 左停,齐顾波,唐丽霞.新世纪我国农村贫困和反贫困的新特点[J].贵州社会科学,2009(7)：46 - 52.

[28] 耿新.精准扶贫的差别化政策研究：以扶持人口较少民族发展为例[J].中国农业大学学报(社会科学版),2017,34(5)：33 - 41.

[29] 古学斌,张和清,杨锡聪. 地方国家、经济干预和农村贫困：一个中国西南村落的个案分析[J]. 社会学研究,2004(2)：79－88.

[30] 颜廷武. 返贫困：反贫困的痛楚与尴尬[J]. 调研世界,2005(1)：37－39.

[31] 张国红. 探究中国的反贫困与返贫困[J]. 学习与探索,2005(4)：200－202.

[32] 陈标平,吴晓俊.“破”农村返贫困境,“立”可持续扶贫新模式：农村反贫困行动60年反思[J]. 生产力研究,2010(3)：60－61.

[33] 姚进忠. 阐释与激活：社会工作理论的实践逻辑演进与本土化探究[J]. 华东理工大学学报(社会科学版),2014,29(5)：9－19.

[34] 尹新瑞. 国际社会工作本土化研究的回顾与省思：兼论对我国社会工作本土化的启示[J]. 华东理工大学学报(社会科学版),2019,34(4)：1－13.

[35] 文军,何威. 从“反理论”到理论自觉：重构社会工作理论与实践的关系[J]. 社会科学,2014(7)：65－78.

[36] HOWE D. An introduction to social work theory：making sense in practice[M]. London：Wildwood House Limited，1992.

[37] PAYNE M. 现代社会工作理论[M]. 何雪松,等译. 上海：华东理工大学出版社,2005.

[38] 蒋国河,平卫英,孙萍. 发展性社会工作视角下的农村反贫困实践：W县Y村妇女互助储金会的案例分析[J]. 江西财经大学学报,2018(6)：94－103.

[39] SOLOMAN B B. Black empowerment: social work in oppressed communities[M]. New York: Columbia University Press, 1976.

[40] 范斌. 弱势群体的增权及其模式选择[J]. 学术研究,2004(12):73-78.

[41] 郑广怀. 伤残农民工：无法被赋权的群体[J]. 社会学研究,2005(3):99-118.

[42] 陈树强. 增权：社会工作理论与实践的新视角[J]. 社会学研究,2003(5):70-83.

[43] 徐立娟,刘振,田雄. 赋权增能与系统建构：社会工作介入教育扶贫的经验反思：以H大学云南省S村暑期教育项目为例[J]. 华东理工大学学报(社会科学版),2020,35(2):62-72.

[44] 弗莱雷. 被压迫者教育学[M]. 顾建新,赵友华,何曙荣,译. 上海：华东师范大学出版社,2014.

[45] 谢若登. 资产与穷人：一项新的美国福利政策[M]. 高鉴国,译. 北京：商务印书馆,2005.

[46] 米奇利. 社会发展：社会福利视角下的发展观[M]. 苗正民,译. 上海：格致出版社,2009.

[47] 张秀兰,徐月宾,梅志里. 中国发展型社会政策论纲[M]. 北京：中国劳动社会保障出版社,2007.

[48] DORE M M. Functional theory: its history and influence on contemporary social work practice[J]. Social service review, 1990, 64(3): 358-374.

[49] LUNDBLAD K S. Jane Addams and social reform：a role model for the 1990s[J]. Social work，1995，40(5)：661－669.

[50] CROCKER R H. Social work and social order：the settlement movement in two industrial cities，1889－1930[M]. Chicago：University of Illinois Press，1992.

[51] TROLANDER J A. Social change：settlement houses and Saul Alinsky，1939－1965[J]. Social service review，1982，56(3)：346－365.

[52] ABRAMOVITZ M. Social work and social reform：an arena of struggle[J]. Social work，1998，43(6)：512－526.

[53] NARAYAN L. Freire and Gandhi：their relevance for social work education[J]. International social work，2000，43(2)：193－204.

[54] LAVERGNE R. Regional integration and cooperation in West Africa：a multidimensional perspective[M]. Trenton：Africa World Press，1997.

[55] REISCH M. Social justice and multiculturalism：persistent tensions in the history of US social welfare and social work[J]. Studies in social justice，2007，1(1)：67－92.

[56] MIDGLEY J. Issues in international social work：resolving critical debates in the profession[J]. Journal of social work，2001，1(1)：21－35.

[57] HARE I. Defining social work for the 21st century：The

International Federation of Social Workers' revised definition of social work[J]. International social work，2004，47(3)：407－424.

[58] BAK M. Can developmental social welfare change an unfair world?[J]. International social work，2004，47(1)：81－94.

[59] MIDGLEY J，CONLEY A. Social work and social development：theories and skills for developmental social work[M]. Oxford：Oxford University Press，2010.

[60] 陆德泉.社会发展视角探索社会工作的本土化策略：以南非建构发展性社会工作体系的路径为例[J].中国农业大学学报(社会科学版)，2017,34(3)：35－45.

[61] HOLLISTER D C. Social work skills for social development[J]. Social development issues，1977(1)：9－20.

[62] SPERGEL I A. Social development and social work[J]. Administration in social work，1978，1(3)：221－233.

[63] MAYADAS N S. WATTS T D. ELLIOTT D. International handbook on social work theory and practice[M]. Westport：Greenwood Publishing Group，1997.

[64] MIDGLEY J. Involving social work in economic development[J]. International social work，1996，39(1)：13－25.

[65] KRETZMANN J P，MCKNIGHT J L. Building communities from the inside out：a path toward finding and mobilizing a community's assets[M]. Chicago：ACTA Publications，1993.

[66] PATEL L. Developmental social policy, social welfare services and the non-profit sector in South Africa [J]. Social policy and administration, 2012, 46(6): 603 - 618.

[67] LOMBARD A. Social work: a social partner in economic development [J]. Social work/maatskaplike werk, 2014, 44(2): 121 - 142.

[68] 向德平,程玲.发展性社会工作的脉络、特点及其在反贫困中的运用[J].西北师大学报(社会科学版),2019,56(2):47 - 52.

[69] GRAY M. Developmental social work: a "strengths" praxis for social development [J]. Social development issues, 2002, 24(1): 4 - 14.

[70] SALEEBEY D. The strengths perspective in social work practice: extensions and cautions[J]. Social work, 1996, 41(3): 296 - 305.

[71] ESTES R J. Trends in world social development: the social progress of nations, 1970 - 1986[M]. New York: Praeger, 1988.

[72] ESTES R J. Developmental social work: a new paradigm for a new century[EB/OL]. [2020 - 08 - 02]. https://www.researchgate.net/profile/Richard-Estes-3/publication/229002360_Developmental_Social_Work_A_New_Paradigm_for_a_New_Century/links/0046352960b305b303000000/Developmental-Social-Work-A-New-Paradigm-for-a-New-Century.pdf.

[73] 马凤芝.社会发展视野下的社会工作[J].广东社会科学,2014(1):222 - 228.

[74] LOMBARD A. The implementation of the White Paper for Social Welfare：a ten-year review [J]. The social work practitioner-researcher，2008，20(2)：154 - 172.

[75] GRAY M，LOMBARD A. The post-1994 transformation of social work in South Africa[J]. International journal of social welfare，2008，17(2)：132 - 145.

[76] LOMBARD A，KEMP M，VILJOEN-TOET N，et al. An integrated developmental model for poverty reduction in South Africa：an NGO's perspective[J]. Journal of community practice，2012，20(1 - 2)：178 - 195.

[77] BUTTERFIELD A K，ABYE T. Learning from Africa：publication and research[J]. Journal of community practice，2012，20(1 - 2)：211 - 217.

[78] PATEL L，HOCHFELD T. Developmental social work in South Africa：translating policy into practice[J]. International social work，2013，56(5)：690 - 704.

[79] 张和清，杨锡聪，等. 社区为本的整合社会工作实践：理论、实务与绿耕经验[M]. 北京：社会科学文献出版社，2016.

[80] 陈友华，祝西冰. 中国社会工作实践中理论视角的选择：基于问题视角与优势视角的比较分析[J]. 山东社会科学，2016(11)：73 - 79.

[81] SOUSA L，RIBEIRO C，RODRIGUES S. Intervention with multi-problem poor clients：towards a strengths-focused perspective[J].

Journal of social work practice, 2006, 20(2): 189 - 204.

[82] 童敏.从问题视角到问题解决视角：社会工作优势视角再审视[J].厦门大学学报(哲学社会科学版),2013(6): 1 - 7.

[83] RAPP C A. The strengths model: case management with people suffering from severe and persistent mental illness[M]. New York: Oxford University Press, 1998.

[84] SALEEBEY D. Response to "ending social work's grudge match"[J]. Families in society, 2004, 85(4): 588 - 590.

[85] 王笃强.贫穷·文化与社会工作：脱贫行动的理论与实务[M].台北：洪叶文化事业有限公司,2007.

[86] SALEEBEY D.优势视角：社会工作实践新模式[M].杜立婕,袁园,译.上海：华东理工大学出版社,2015.

[87] SALEEBEY D. The strengths perspective in social work practice[M]. 4th ed. Boston: Allyn & Bacon, 2005.

[88] 宋丽玉,施教裕.优势观点：社会工作理论与实务[M].北京：社会科学文献出版社,2010.

[89] SIMON B L. The empowerment tradition in American social work: a history[M]. New York: Columbia University Press, 1994.

[90] COHEN B Z. Intervention and supervision in strengths-based social work practice[J]. Families in society, 1999, 80(5): 460 - 466.

[91] HORNE M. Values in social work[M]. 2nd ed. Aldershot: Ashgate, 1999.

[92] 宋丽玉. 精神障碍者之复健与复元：一个积极正向的观点[J]. 台湾中华心理卫生学刊,2005,18(4)：1-29.

[93] 何雪松. 社会工作理论[M]. 上海：上海人民出版社,2007.

[94] RAPP C A, GOSCHA R J. The strengths model：case management with people with psychiatric disabilities[M]. 2nd ed. Oxford：Oxford University Press, 2006.

[95] 张和清,杨锡聪,古学斌. 优势视角下的农村社会工作：以能力建设和资产建立为核心的农村社会工作实践模式[J]. 社会学研究,2008(6)：174-193.

[96] 宋丽玉,曾华源,施教裕,等. 社会工作理论：处遇模式与案例分析[M]. 台北：洪叶文化事业有限公司,2002.

[97] FREIRE P. Education for critical consciousness[M]. New York：Seabury Press, 1973.

[98] GUTIÉRREZ L M. Working with women of color：an empowerment perspective[J]. Social work, 1990, 35(2)：149-153.

[99] ROSE S M. Advocacy/empowerment：an approach to clinical practice for social work[J]. The journal of sociology & social welfare, 1990, 17(2)：41-51.

[100] ANDERSON S, WILSON M, MWANSA L, et al. Empowerment and social work education and practice in Africa[J]. Journal of social development in Africa, 1994, 9(2)：71-86.

[101] GUTIÉRREZ L M, DELOIS K A, GLENMAYE L.

Understanding empowerment practice: building on practitioner-based knowledge[J]. Families in society, 1995, 76(9): 534 - 542.

[102] GUTIÉRREZ L M, LEWIS E A. Empowering women of color [M]. New York: Columbia University Press, 1999.

[103] GUTIÉRREZ L M, PARSONS R J, COX E O. Empowerment in social work practice: a sourcebook[M]. California: Brooks/Cole Publishing Co., 1998.

[104] ADAMS R. 赋权、参与和社会工作[M]. 汪冬冬,译. 上海: 华东理工大学出版社,2013.

[105] LEE J A B. The empowerment approach to social work practice: building the beloved community [M]. 2nd ed. New York: Columbia University Press, 2001.

[106] NARAYAN D. Empowerment and poverty reduction: a source book[M]. Washington DC: World Bank Publications, 2002.

[107] DARWIN C. The origin of species[M]. Ware: Wordsworth Edition Ltd, 1998.

[108] RICHMOND M E. Social diagnosis[M]. New York: Russell Sage Foundation, 1917.

[109] SHEFFIELD A E. Three interviews and the changing situation[J]. Social forces, 1924, 2(5): 692 - 697.

[110] HAMILTON G. Theory and practice of social case work[M]. 2nd ed. Rev. New York: Columbia University Press, 1951.

[111] PARSONS T. Social systems and the evolution of action theory [M]. New York：Free Press，1977.

[112] VISKOVATOFF A. Foundations of Niklas Luhmann's theory of social systems[J]. Philosophy of the social sciences，1999，29(4)：481 - 516.

[113] BERTALANFFY L. The history and status of general systems theory[J]. Academy of management journal，1972，15(4)：407 - 426.

[114] GOLDSTEIN H. Social work practice：a unitary approach[M]. Columbia：University of South Carolina Press，1973.

[115] GOLDSTEIN W N. Toward an integrated theory of schizophrenia [J]. Schizophrenia bulletin，1978，4(3)：426 - 435.

[116] PINCUS A，MINAHAN A. Social work practice：model and method[M]. 6th ed. Itasca：F. E. Peacock Publishers，1976.

[117] BRONFENBRENNER U. The ecology of human development：experiments by nature and design [M]. Cambridge：Harvard University Press，1979.

[118] 扎斯特罗，柯斯特-阿什曼. 人类行为与社会环境[M]. 师海玲，孙岳，等译. 北京：中国人民大学出版社，2006.

[119] 付立华. 社会生态系统理论视角下的社区矫正与和谐社区建设[J]. 中国人口·资源与环境，2009，19(4)：125 - 128.

[120] GERMAIN C B. An ecological perspective in casework practice[J].

Social casework，1973，54(6)：323－330.

[121] GERMAIN C B，GITTERMAN A. The life model of social work practice[M]. New York：Columbia University Press，1980.

[122] GERMAIN C B，BLOOM M. Human behavior in the social environment：an ecological view[M]. 2nd ed. New York：Columbia University Press，1999.

[123] MEYER C H. Clinical social work in the eco-systems perspective [M]. New York：Columbia University Press，1983.

[124] 文军. 社会工作模式：理论与应用[M]. 北京：高等教育出版社，2010.

[125] PINDERHUGHES E B. Empowerment for our clients and for ourselves[J]. Social casework，1983，64(6)：331－338.

[126] UNGAR M. A deeper，more social ecological social work practice [J]. Social service review，2002，76(3)：480－497.

[127] MATTHIES A L，TURUNEN P，ALBERS S，et al. An eco-social approach to tackling social exclusion in European cities：a new comparative research project in progress[J]. European journal of social work，2000，3(1)：43－52.

[128] NÄRHI K，MATTHIES A L. The ecosocial approach in social work as a framework for structural social work[J]. International social work，2018，61(4)：490－502.

[129] PEETERS J. Social work and sustainable development：towards a social-ecological practice model[J]. Journal of social intervention：

theory and practice, 2012, 21(3): 5 - 26.

[130] RICHMOND M E. What is social case work?: an introductory description[M]. New York: Russell Sage Foundation, 1922.

[131] ADDAMS J. Democracy and social ethics[M]. Urbana: University of Illinois Press, 2002.

[132] GERMAIN C B. Time: an ecological variable in social work practice[J]. Social casework, 1976, 57(7): 419 - 426.

[133] GERMAIN C B. General-systems theory and ego psychology: an ecological perspective[J]. Social service review, 1978, 52(4): 535 - 550.

[134] GERMAIN C B. Social context of clinical social work[J]. Social work, 1980, 25(6): 483 - 488.

[135] SIPORIN M. Ecological systems theory in social work[J]. Journal of sociology & social welfare, 1980, 7(4): 507 - 532.

[136] PAYNE M. Modern social work theory[M]. 4th ed. Basingstoke: Palgrave Macmillan, 2014.

[137] 卓彩琴.生态系统理论在社会工作领域的发展脉络及展望[J].江海学刊,2013(3): 113 - 119.

[138] PARDECK J T. Social work practice: an ecological approach[M]. London: Greenwood Publishing Group, 1996.

[139] PARDECK J T. An ecological approach for social work practice[J]. The journal of sociology & social welfare, 1988, 15(2): 133 -

142.

[140] KEMP S P, WHITTAKER J K, TRACY E M. Person-environment practice: the social ecology of interpersonal helping [M]. New York: Aldine de Gruyter, 1997.

[141] NAESS A. Ecology, community and lifestyle [M]. Cambridge: Cambridge University Press, 1989.

[142] PEETERS J. The place of social work in sustainable development: towards ecosocial practice [J]. International journal of social welfare, 2012, 21(3): 287 - 298.

[143] BRADSHAW T K. Theories of poverty and anti-poverty programs in community development [J]. Community development, 2007, 38(1): 7 - 25.

[144] 金昱彤. 社会工作参与精准扶贫：从救助个案到改变系统[J]. 甘肃社会科学,2017(6)：165 - 170.

[145] SCOTT J W. French feminists and the rights of "man": Olympe de Gouges's declarations[J]. History workshop journal, 1989, 28(1): 1 - 21.

[146] SANDS R G, NUCCIO K. Postmodern feminist theory and social work[J]. Social work, 1992, 37(6): 489 - 494.

[147] COLLINS B G. Defining feminist social work [J]. Social work, 1986, 31(3): 214 - 219.

[148] GRINGERI C E, Roche S E. Beyond the binary: critical feminisms

in social work[J]. Affilia, 2010, 25(4): 337 - 340.

[149] DOMINELLI L. Social work: theory and practice for a changing profession[M]. Malden: Polity Press, 2004.

[150] 黄丹. 破除社会工作中的"性别盲":《女性主义社会工作：理论与实践》评介[J]. 社会工作,2016(5): 120 - 124.

[151] DORE M M. Feminist pedagogy and the teaching of social work practice[J]. Journal of social work education, 1994, 30(1): 97 - 106.

[152] SAULNIER C F. Incorporating feminist theory into social work practice: group work examples[J]. Social work with groups, 2000, 23(1): 5 - 29.

[153] GIDDINGS P. In search of sisterhood: Delta Sigma Theta and the challenge of the Black sorority movement[M]. New York: William Morrow, 1988.

[154] NES J A, IADICOLA P. Toward a definition of feminist social work: a comparison of liberal, radical and socialist models[J]. Social work, 1989, 34(1): 12 - 21.

[155] DONOVAN J. Feminist theory: the intellectual traditions of American feminism[M]. New York: Ungar, 1985.

[156] SCOTT D. Practice wisdom: the neglected source of practice research[J]. Social work, 1990, 35(6): 564 - 568.

[157] FOUCAULT M, GORDON C. Power/knowledge: selected interviews

and other writings：1972－1977[M]. New York：Pantheon Books，1980.

[158] FLAX J. Thinking fragments：psychoanalysis，feminism and postmodernism in the contemporary West[M]. Berkeley：University of California Press，1990.

[159] DOMINELLI L. Women and community action：local and global perspectives[M]. 3rd ed. Bristol：Policy Press，2019.

[160] 童敏.社会工作的能力视角：一种以人为本的研究策略[J].马克思主义与现实,2008(1)：114－118.

[161] 何艳婷.女性主义社会工作的渊源和发展：对传统的批判及其专业性的重塑[J].社会工作(下半月),2010(7)：16－19.

[162] STRIER R，BINYAMIN S. Developing anti-oppressive services for the poor：a theoretical and organisational rationale[J]. The British journal of social work，2010，40(6)：1908－1926.

[163] KELSO W A. Poverty and the underclass：changing perceptions of the poor in America[M]. New York：New York University Press，1994.

[164] POGGE T. Freedom from poverty as a human right：who owes what to the very poor? [M]. Oxford：Oxford University Press，2007.

[165] 国风,魏晓东,董锁成.历史的壮举：中国农村反贫困历程[M].太原：山西人民出版社,2003.

[166] 毛泽东. 毛泽东选集：第 2 卷[M]. 2 版. 北京：人民出版社，1991.
[167] 国家农业委员会办公厅. 农业集体化重要文件汇编[M]. 北京：中共中央党校出版社，1982.
[168] 施由明，刘清荣. 从毛泽东到胡锦涛：中国扶贫开发理论的不断深化[J]. 农业考古，2007(6)：332－337.
[169] 王瑞芳. 告别贫困：新中国成立以来的扶贫工作[J]. 党的文献，2009(5)：44－50.
[170] 林卡，范晓光. 贫困和反贫困：对中国贫困类型变迁及反贫困政策的研究[J]. 社会科学战线，2006(1)：187－194.
[171] 张磊. 中国扶贫开发政策演变：1949—2005 年[M]. 北京：中国财政经济出版社，2007.
[172] 黄英君，苗英振，蒋径舟. 我国政府反贫困政策回顾、反思与展望：基于社会资本投资的视角[J]. 探索，2011(5)：154－158.
[173] 邓小平. 邓小平文选：第 3 卷[M]. 北京：人民出版社，1993.
[174] 许庆. 家庭联产承包责任制的变迁、特点及改革方向[J]. 世界经济文汇，2008(1)：93－100.
[175] LIN Y F. Rural reforms and agricultural growth in China[J]. The American economic review，1992，82(1)：34－51.
[176] 财政部农业司扶贫处. 从“四到省”到“四到县”：扶贫开发工作责任制的探索及完善[J]. 农村财政与财务，2008(7)：6－8.
[177] 康晓光. 中国贫困与反贫困理论[M]. 南宁：广西人民出版社，1995.
[178] 汪三贵. 中国的农村扶贫：回顾与展望[J]. 农业展望，2007(1)：6－8.

[179] 楚永生. 新时期中国农村贫困的特征、扶贫机制及政策调整[J]. 宏观经济研究,2008(10):55-58.

[180] 李小云. 我国农村扶贫战略实施的治理问题[J]. 贵州社会科学,2013(7):101-106.

[181] 新华社. 中国共产党第十八届中央委员会第五次全体会议公报[EB/OL]. (2015-10-30)[2020-08-01]. http://www.moe.gov.cn/jyb_xwfb/s6052/moe_838/201510/t20151030_216609.html.

[182] 林雪霏. 扶贫场域内科层组织的制度弹性:基于广西 L 县扶贫实践的研究[J]. 公共管理学报,2014,11(1):27-38.

[183] 周黎安. 转型中的地方政府:官员激励与治理[M]. 上海:格致出版社,2008.

[184] 韦伯. 支配社会学[M]. 康乐,简惠美,译. 桂林:广西师范大学出版社,2010.

[185] 默顿. 社会理论和社会结构[M]. 唐少杰,齐心,等译. 南京:译林出版社,2006.

[186] 农业农村部扶贫办. 发挥产业扶贫在脱贫攻坚中的根本支撑作用[J]. 党建,2019(11):33-34.

[187] 王艳慧,钱乐毅,陈烨烽,等. 生态贫困视角下的贫困县多维贫困综合度量[J]. 应用生态学报,2017,28(8):2677-2686.

[188] 向德平,向凯. 多元与发展:相对贫困的内涵及治理[J]. 华中科技大学学报(社会科学版),2020,34(2):31-38.

[189] FUCHS V R. Redefining poverty and redistributing income[J]. The

public interest，1967，14(8)：86－94.

[190] 郭熙保. 论贫困概念的内涵[J]. 山东社会科学，2005(12)：49－54.

[191] 关信平. 论现阶段我国贫困的复杂性及反贫困行动的长期性[J]. 社会科学辑刊，2018(1)：15－22.

[192] 邢成举，李小云. 相对贫困与新时代贫困治理机制的构建[J]. 改革，2019(12)：16－25..

[193] 王曌，唐钧. 现代贫困研究：从绝对到相对再到多维[J]. 河海大学学报(哲学社会科学版)，2020，22(6)：83－89.

[194] 张立冬. 中国农村多维贫困与精准扶贫[J]. 华南农业大学学报(社会科学版)，2017，16(4)：65－74.

[195] 李小云，许汉泽. 2020 年后扶贫工作的若干思考[J]. 国家行政学院学报，2018(1)：62－66.

[196] 沈扬扬，詹鹏，李实. 扶贫政策演进下的中国农村多维贫困[J]. 经济学动态，2018(7)：53－66.

[197] 王小林，冯贺霞. 2020 年后中国多维相对贫困标准：国际经验与政策取向[J]. 中国农村经济，2020(3)：2－21.

[198] 贺雪峰. 论后扶贫时代的反贫困战略[J]. 西北师大学报(社会科学版)，2021，58(1)：14－21.

[199] 陆汉文，杨永伟. 从脱贫攻坚到相对贫困治理：变化与创新[J]. 新疆师范大学学报(哲学社会科学版)，2020，41(5)：86－94.

[200] 郝晓薇，黄念兵，庄颖. 乡村振兴视角下公共服务对农村多维贫困减贫效应研究[J]. 中国软科学，2019(1)：72－81.

[201] 陈劲,尹西明,赵闯,等.反贫困创新:源起、概念与框架[J].吉林大学社会科学学报,2018,58(5):33-44.

[202] 贾海彦,王晶晶.后精准扶贫时期农村隐性贫困的精准识别与治理:基于异质性视角的贫困农户微观数据分析[J].河北经贸大学学报,2019,40(4):65-76.

[203] 彭华民.中国组合式普惠型社会福利制度的构建[J].学术月刊,2011,43(10):16-22.

[204] 姚进忠.风险社会治理的社会工作策略:基于吉登斯第三条道路的剖析[J].社会主义研究,2014(4):125-130.

[205] 王思斌.精准扶贫的社会工作参与:兼论实践型精准扶贫[J].社会工作,2016(3):3-9.

[206] 蒋国河,平卫英,孙萍.发展性社会工作视角下的农村反贫困实践:W县Y村妇女互助储金会的案例分析[J].江西财经大学学报,2018(6):94-103.

[207] 邓锁.经济赋能与社区融合:以一个西部地区的反贫困实践为例[J].中国农业大学学报(社会科学版),2019,36(1):59-69.

[208] 方舒,兰思汗.金融社会工作的本质特征与实践框架[J].社会建设,2019,6(2):14-19.

[209] 李迎生.中国社会工作转型与金融社会工作发展[J].西北师大学报(社会科学版),2020,57(3):95-101.

[210] 王思斌.金融增能:社会工作的服务领域和能力建设[J].社会建设,2019,6(2):3-6.

[211] 李迎生，郭燕. 推动社会工作精准介入反贫困实践[J]. 中国人民大学学报，2018，32(5)：92－103.

[212] 陈星星，徐选国. 绿色社会工作：迈向生态环境关怀的社会工作新论述：兼论对我国社会工作介入生态文明建设的启示[J]. 华东理工大学学报(社会科学版)，2018，33(3)：1－10.

[213] 关信平. 社会工作介入社会救助的需求、能力及体制机制分析[J]. 湖南师范大学社会科学学报，2017，46(1)：32－38.

[214] 王瑞华. 后精准脱贫时期社会工作参与乡村贫困治理的视角、场景与路径[J]. 深圳大学学报(人文社会科学版)，2020，37(4)：131－138.

[215] 成伯清. 社会建设的情感维度：从社群主义的观点看[J]. 南京社会科学，2011(1)：70－76.

[216] 何雪松. 情感治理：新媒体时代的重要治理维度[J]. 探索与争鸣，2016(11)：40－42.

[217] 俞可平. 善治与幸福[J]. 马克思主义与现实，2011(2)：1－3.

[218] 郭景萍. 社会工作：作为一种情感劳动的探讨[J]. 广东社会科学，2007(4)：166－171.

[219] 特纳. 社会学理论的结构：上[M]. 邱泽奇，等译. 北京：华夏出版社，2001.

[220] 特纳，斯戴兹. 情感社会学[M]. 孙俊才，文军，译. 上海：上海人民出版社，2007.

后　记

自2013年习近平总书记提出"精准扶贫"战略思想后，在全党全社会的广泛参与下，我国脱贫攻坚战取得了全面胜利。回顾我国脱贫攻坚历程，作为社会公平正义的倡导者和实践者，社会工作凭借着自身的专业优势，在其中发挥了不可小觑的作用。当前，社会工作介入脱贫攻坚的合法性已经取得了学界的共识，反贫困社会工作的功能定位、专业方法、内在机理等一系列问题也开始引起学者们的关注。在此背景下，编写组撰写此书希冀能够为我国反贫困社会工作的研究和发展贡献一份微薄之力。

本书由天津理工大学社会发展学院的徐丽敏、刘振、栾卉、杨亮承、徐立娟老师共同完成。徐丽敏和刘振负责总体构思、撰写提纲，栾卉和杨亮承参与研讨提纲。本书的具体写作分工如下：第一章、第三章、第四章由徐丽敏、刘振撰写；第十二章由刘振、徐丽敏、徐立娟撰写；第二章、第十一章由徐立娟撰写；第五章、第八章、第九章由栾卉撰写；第六章、第七章由杨亮承撰写；第十章由徐丽敏、杨亮承撰写。全书由徐丽敏统稿，栾卉负责文字校对，社会发展学院的研究生刘蕊参与了格式修订工作。笔者在此对所有参与本书编写的老师和研究生表示感谢。由于水平有限，本书难免存在诸多不足之处，敬请读者批评指正。

在“后脱贫时代”，反贫困社会工作依然有重要的发展和研究意义，并且会面临诸多新的研究议题。因此，对反贫困社会工作的研究依然任重道远！

徐丽敏

内 容 提 要

反贫困社会工作是社会工作的一个重要分支和领域。本书第一部分阐述反贫困与社会工作，在对贫困、反贫困与社会工作的关系进行梳理的基础上，明确了反贫困社会工作的本质，以及社会工作介入反贫困实践的空间、途径与实践意义。第二部分评介反贫困社会工作的理论与实践，对西方社会工作中的一些流派进行了介绍，包括发展性视角下的反贫困社会工作、优势视角下的反贫困社会工作、赋权视角下的反贫困社会工作、生态系统视角下的反贫困社会工作、女性主义视角下的反贫困社会工作。第三部分为中国反贫困社会工作的本土化探索，在回顾中国反贫困行动的实践逻辑与现实路径的基础上，思考“后脱贫时代”反贫困社会工作的发展趋势。